인생 문장

인생 문장

조 패슬러 엮음 | 홍한별 옮김

Light
the
Dark

일러두기

· 외래어는 외래어표기법을 따르되 관용적 표기와 동떨어진 경우 절충하여 통용되는 표기를 따랐다.

· 국내 정식 발표된 작품은 국내판 제목을 표기하였고, 국내에 정식 발표되지 않은 경우 원어 제목을 번역하여 표기한 후 원어를 병기하였다.

· 이 책에 실린 작품은 원서의 인용 구절을 역자가 번역한 것으로, 예외적인 경우 본문에 따로 출처를 표기하였다.

· 인용문 중 내용상 원문이 필요한 경우에만 원문을 함께 실었다.

· 책과 신문·잡지 등의 매체명은 『』, 단편 수록작은 「」, 단행본이나 매체의 시리즈 이름, TV 프로그램·영화·노래 등의 제목은 ◇로 표기하였다.

＊

＊

"어느 날 책 한 권을 읽었고 내 삶이 완전히 달라졌다."

— 오르한 파묵, 『새로운 인생』

들어가며

솔직히 말하겠다. 서문을 쓰기가 정말 힘들었다. 지금 여러분이 읽는 이 글을 쓴다고 끙끙 앓았다. 글이 쉽게 쓰일 때가 드물다는 것은 알지만 이 글은 식은 죽 먹기일 줄 알았는데 뜻밖이었다.

글을 쓰는 목적은 단순했다. 이 선집을 소개하기만 하면 되니까. 이 책은 2013년 『애틀랜틱The Atlantic』 온라인에 내가 만든 코너 「바이 하트By Heart」에 실린 글을 밑천으로 만들었다. 몇 년 동안 내가 해 온 일이 이 코너의 취지를 설명하는 일이었다. 여러 예술가들(작가가 다수였다)에게 문학 작품에서 가장 좋아하는 구절을 골라 달라고 요청했다. 평생 읽은 것 중에서 가장 강렬하게 뇌리를 강타한 구절을 골라, 그 구절을 곰곰이 들여다보며 자기에게 어떤 영향을 미쳤는지, 왜 그게 중요한지 설명해 달라 했다. 이렇게 모인 글은 창의적 정신이 어떻게 작동하는지, 곧 예술가들은 어떻게 사고하고 어떻게 영감을 얻고 어떻게 작품을 만들어 내는지를 볼 흔치 않은 기회가 된다.

그런데 이 글들을 하나의 틀로 묶는 일이 생각보다 훨씬 어려웠다. 잡지에 실은 글은, 전화 통화나 카페에서 나눈 대화에서 시작된 생각을 작가들이 글로 옮겨 적고, 내가 편집해 다시 글쓴이에게 보내어 다듬고 마무리하는 방식으로 완성했다. 이 글들은 회고록이자 문학비평이자 작법 수업이자 공개 작업실이었다. 정체성, 역경, 윤리, 미학 등 주제도 묵직하면서 폭넓었다. 각자 관심사가 매우 다양한 작가들이 경험이라는 깊은 우물에서 끌어 올린 글이었다. 『애틀랜틱』에 올릴 글을 얻으려고 150명이 넘는 사람들과 대화를 나누고 이 책을 완성하기 위해 추가로 글을 모으면서 나는 영원한 학생이 된 기분이었다. 창의적 글쓰기와 문학뿐 아니라 사회학, 심리학, 정치학에 관해서도 배웠다. 매주 새로운 훌륭한 교사와 독대하는 셈이었다.

이런 즐거움도 있는 반면, 모든 작가에게 똑같은 질문을 던졌음에도 답변이 너무나 다채롭고 풍성해서 전부를 아우르는 단 하나의 주제를 찾을 수 없어 막연하기도 했다. 내가 사랑하는 많고 많은 글 가운데에서 가장 좋아하는 문장 하나를 꼽는 일에 버금갈 만큼 힘든 일이었다.

그러다가 갑자기 길이 보였다. 이 책 속의 작가들이 뭔가 막다른 길에 맞닥뜨렸을 때 종종 했던 경험처럼, 다른 책 안에서 돌파구를 찾은 것이다.

바로 오르한 파묵의 소설 『새로운 인생』에서 였다. 이 책은 이런 놀라운 문장으로 시작한다. "어느 날 책 한 권을 읽었고 내 삶이 완전히 달라졌다." 얼마나 충격적인 시작인가! 파묵은 우리가 책의 첫 장을 펼칠 때 하는 기대, '자 어서 나를 매혹시켜 봐' 하는 마음을 고스란히 받아치며 허구화된 무아지경의 독서 경험을 들려준다. 소설 속 화자는 책을 읽으며 머리가 둥실 떠오르는 듯한 기분에 빠진다. 책장에서 빛이 나는 것 같다. 그 순간 화자는 깨닫는다. 이제는 전과 같을 수가 없음을, 이걸 읽고 모든 게 달라졌음을.

아무 생각 없이 책꽂이에서 뽑아 펼쳐 든 소설이었는데, 이 문장이 눈에 들어왔고 내 눈을 믿을 수가 없었다. 마치 나를 위해 쓴 글 같았다. 내가 소개하려는 책이 바로 그런 책이었으니까! 그 글을 읽으며 어떤 관점으로 책을 엮어야 할지 번뜩 아이디어가 떠올랐다.

여기 실린 글에는 전부 책이 사람을 바꾸어 놓는 순간이 들어 있다. 고심하여 배열된 단어로 이루어진 짧은 글에 삶이 바뀔 정도의 타격을 받는 짜릿한 순간이다. 이 결정적 만남이 수십 년 전의 일이건 혹은 바로 지난주에 겪었던 일이건 작가들이 하는 말은 똑같다. '어떤 글을 읽었고, 그 이후로 나는 달라졌다.' 어쩌면 판타지라고 느낄 수도 있다. 파묵은 소설에서 화자의 머리가 둥실 천장까지 떠올라 빛을 발하는 책장을 내려다본다고도 표현했다. 그렇지만 이 선집에 글을 실은 작가들은, 아니 예술 작품을 접하고 자신이 달라졌다고 느낀 적이 있는 사람이라면 누구나, 파묵의 묘사가 실제 경험과 그리 멀지 않다고 느낄 것이다.

에이미 벤더는 월리스 스티븐스의 시구를 읽자 진한 에스프레소 몇 잔을 마셨을 때처럼 가슴이 마구 뛰고 머릿속에 폭죽이 터지는 것 같았다고 한다. 메리 게이츠킬은 『안나 카레니나』의 한 구절을 읽고 말 그대로 "벌떡 일어났다"고 말한다. 글이 너무 강렬해서 차마 앉아서 삼킬 수가 없었기 때문이다. 데이비드 미첼은 좋아하는 제임스 라이트의 시가 "두개골을 녹인다"고 멋지게 표현했다. 강렬한 빛과 열의 이미지와 두개골이 녹아 정신과 자아가 바깥 세계와 자유로이 뒤섞이는 이미지가 떠오른다. 딱 맞는 때에 딱 맞는 글을 맞닥뜨리면 **정말** 그런 느낌이 든다. 이 책은 설명하기 힘든 이런 경험을 구체적인 언어로 표현하려는 시도다.

책이 내 인생을 바꾸어 놓았다는 것은 진정 어떤 의미인가? 이토록 강렬한 교감의 순간에, 머릿속에 헬륨이 가득 찬 것 같고 발이 땅에서 둥둥 떠오르는 것 같은 순간에 실제로 어떤 일이 일어나는 걸까? 여러 해 동안 작가들과 인터뷰를 하면서 나는 이렇게 간단하게 말할 수 있게 되었다. 문제가 해결된다고. 과학자들이 '아하!의 순간'이라고 부르는 순간과 비슷하게 복잡한 문제의 해결책이 느닷없이 떠오른다. 이런 기이한 고양된 감정, 중대한 깨달음을 얻었다는 인식이 글에 담겨 있다. 생각이 태어나서 성숙해 가는 예측할 수 없는 경로, 창의적 영감이 탄생하고 자라고 견고한 형태를 취해 가는 과정의 지도도 볼 수 있다.

또한 창조적 돌파구를 찾는 순간을 엿볼 수도 있다. 나에게 파묵의 책이 그랬던 것처럼, 어떤 책이 앞으로 나아갈 길을 가리켰던 경험을 들려준다. 예를 들면 포르투갈 작가 안토니우 로부 안투네스의 뱀처럼 구불구불 나아가는 리듬에서 비엣 타인 응우옌은 베트남전 소설을 쓰는 데 필요한 목소리를 발견했다. 응우옌은 그 소설로 데뷔해 퓰리처상을 받았다.

작가들이 예술적 역경을 극복한 이야기에서 글쓰기에 관한 통찰을 얻을 수도 있다. 글을 시작하고 마무리하는 법, 플롯과 인물, 소리와 리듬을 만드는 방식, 영감을 얻고 슬럼프를 이겨 내는 방법들을 일러 준다. 그렇지만 재미없고 빤한 글쓰기 강의와는 전혀 다르다. 훨씬 유용하면서 어떤 창조적 활동에도 적용할 수 있다. 작가들이 구체적인 문제를 실제로 날마다, 책마다 어떻게 풀어 나갔는지 들려준다.

삶의 돌파구를 찾은 작가들도 있다. 이들은 자기가 누구인지, 어떻게 살고 싶은지에 대한 근본적인 인식을 얻게 된 경험을 공유한다. 누구나 명징한 답을 얻는 것은 아니다. 때로는 책이 나를 확장시켰다는 느낌, 답을 얻은 것은 아니지만 더 나은, 더 뚜렷한 질문을 갖게 되었다는 느낌일 때도 있다. 파묵의 주인공은 이렇게 말한다.

> 나는 이 빛 안에서 다시 태어날 수도 있었다. 혹은 그 안에서 길을 잃을 수도 있었다. 나는 이미 이 빛 안에서 내가 아직 알지도 받아들이지도 못한 존재의 그림자를 느꼈다…… 책장을 넘기며 새로운 단어들을 읽을 때마다 내 삶은 송두리째 변하고 있었다.

책장을 펼치면 어떤 세상 안에 살게 된다. 다시 책장을 넘기면 또 전혀 다른 세상이 있다. 단어가 쓰인 방식에 깃든 무언가가 작가들을 순식간에 나이 들게 하고 어떤 사람이 되어야 할지 순간 엿보게 한다.

에이미 벤더가 이야기하는 월리스 스티븐스의 시 「마음속 연인의 마지막 독백」은 경계를 무너뜨리는 상상의 힘에 관한 시다. 스티븐스는 세상에 활기를 불어넣는 우리의 상상력과 창의성에 대해 노래한다. 이 힘은 신적인 것에 견주어도 모자라지 않다고.

우리는 신과 상상력이 같은 것이라 말한다……
가장 높은 초는 얼마나 높은 곳까지 어둠을 밝히는지.

이 책에서 되풀이해서 이야기하는 경험도 바로 그런 것이다. 정신의 높다란 초가 백열하며, 불분명하고 알 수 없고 간과되고 잊힌 것을 또렷하게 비추는 순간, 어둠을 밝히는 순간이다.

독자 여러분이 구하는 것도 그런 것이 아닌가. 이 글들이 이야기하는 만남, 몇 마디 말이 두개골 뚜껑을 열고 빛을 쏟아붓는 순간? 지금 여러분이 이 책을 손에 들고 있는 이유도 그것이리라고 생각한다. 한 문단, 한 문구, 딱 맞는 단어 단 하나로도 삶이 달라질 수 있다. 이 책은 이런 순간들을 향해 가는 길을 지도로 만든 것이다. 좋은 책을 모아 놓은 헌책방 안을 돌아다닐 때의 경험을 떠올릴 수 있기를 빈다. 어쩌면 이번에 우연히 발 디딘 길이 이전과 이후를 뚜렷이 나누는 선이 될지 모른다는 기대감이 차오르는 감각을 느껴 보라. 누렇게 바래고 닳아 부드러워진 종이 냄새가 나지 않는가? 손끝이 책등에 스치는 감촉이 느껴지지 않는가? 책 한 권을 뽑아 보라. 한 권 한 권 거기에 있는 데에는 이유가 있다. 그 책이 여러분의 삶을 바꾸어 놓을 수도 있다.

조 패슬러

목차

2장
작가의 문장

3장
사랑하는 문장

1장

인생의
문장

*
*

기쁨을 감수해야 한다. 쾌락 없이는 살 수 있지만,

기쁨 없이는 안 된다. 즐거움 없이는.

이 세상이라는 무자비한 불구덩이에서

고집스럽게 기쁨을 받아들여야 한다.

— 잭 길버트, 「변론 취지서 A Brief for the Defense」

엘리자베스 길버트 ─────────────

1969년생 미국의 소설가이자 저널리스트. 『먹고 기도하고 사랑하라』, 『빅매직』,
『결혼해도 괜찮아』, 『모든 것의 이름으로』, 『시티 오브 걸스』, 『순례자들』 등의
저자다.

*

이 문장 같은
사람이 되고 싶다

2006년 녹스빌에 있는 테네시대학교에서 문예 창작 과목을
가르쳤다. 해마다 다른 객원교수를 초빙해 맡기는 자리였다.
나는 나의 전임 객원교수였던 작가의 성이 나처럼 길버트라
는 사실을 알고 관심이 생겼다. (나는 이 교수직을 '길버트 자리'라
고 부르자고 농담을 하고 다녔다.) 잭 길버트라는 시인이라는데 들
어 본 적 없는 이름이었다. 그래서 그 사람에 대해 알아봤는
데 학생들에게 무척 깊은 인상을 남긴 모양이었다. 전해 들은
이야기가 내 마음을 사로잡았다. 잭 길버트는 학생들에게 시
에 관해서나 어떻게 등단할 것인가 같은 것들은 별로 가르치

지 않았다고 한다. 대신 학생들이 대담하고 충만한 삶을 살도록 고무하려고 애썼다고.

한 대학원생에게 들은 이야기인데, 어느 날 수업이 끝나고 나가려는데 잭 길버트가 팔을 붙잡았다고 한다.

"자네는 시인이 될 용기가 있나?" 잭 길버트가 물었다. "자네 안에 감추어진 보석이 그렇다고 말하라고 간청하네!"

이런 말들 때문에 학생들 모두 그에게 푹 빠졌다.

나도 잭 길버트의 시집을 구해서 읽기 시작했다. 나 역시 홀딱 빠져 버렸다. 시뿐만 아니라 그의 독특한 삶에도 매혹되었다. 그는 바로 나의 계관시인이 되었고 지금까지도 여전히 그 자리를 지키고 있다. 그가 다루는 소재, 글을 쓰는 방식, 시에 대한 소명 의식에 매료되었기 때문이다.

잭 길버트는 1920년대 피츠버그에서 태어났다. 철강 공장에서 일하다가 공장을 그만두고 시인이 되었다. 1960년대에 첫 책을 냈는데 퓰리처상 후보에 올랐고 예일상을 수상했다. 그때 길버트는 카리스마 있고 엄청나게 잘생기고 아름답고 매력적인 사람이었다. 다시 말해 젊은 시인의 이상이었다. 시인이 누리기 힘든 인기를 얻었고 『보그』에 사진이 실리기도 했다. 그 명성만으로 오랫동안 편히 살아갈 수 있었을 것이다. 하지만 그러는 대신에 잭 길버트는 사라져 버렸다.

그는 유럽으로 건너가 20년을 살았다. 그리스의 어느 산

꼭대기에서도 살았고 덴마크에서도 살았으며 이탈리아로 건너가서는 연애를 했고, 발표하지는 않았지만 시를 계속 썼다. 그렇게 근근이 살아가는 동안 대중에게 완전히 잊힌 존재가 되었다. 명성에는 아무 관심이 없었고 유명세를 지긋지긋해했다. 오직 시에 집중하고자 했고, 그렇게 쓴 시를 20년마다 한 번씩 발표했다. 평생 중요한 인터뷰를 딱 두 번 정도 했는데, 『패리스 리뷰Paris Review』에 실린 탁월한 인터뷰와 유명한 편집자 고든 리시와 한 인터뷰가 있다. 고든 리시는 잭 길버트에게 은둔 생활이 시인으로서 경력에 어떤 영향을 미쳤는지 물었다. 길버트는 웃음을 터뜨리며 이렇게 대답했다. "치명적이었겠지요. 하지만 상관없어요!"

길버트의 작품은 휘트먼과 비견할 만하다. 장대하고, 낭만적이고, 열정적이다. 신, 성, 사랑, 고통, 구원 같은 거대한 신비에만 관심을 쏟는다. 그에 못 미치는 것은 다루지 않는다. 그 자신도 그에 못 미치는 것은 집적대지 않는 삶을 살았다.

내가 가장 좋아하는 그의 시는 말년에 쓴 「변론 취지서」다. 이 시에는 젊은이는 흉내 낼 수 없는 원숙함이 담겨 있다. 지혜나 식견의 수준은 구약 전도서에 비견할 정도다. 이 시는 인간 의식 깊은 곳의 트라우마를 다룬다. 이런 고통 가운데에서 우리는 무엇을 해야 하나? 우리는 어떻게 살아야 하나?

시의 시작 부분은 이렇다.

사방에 슬픔. 사방에 학살. 어딘가에서

아기들이 굶주리지 않으면 다른 곳에서

굶주린다. 콧구멍에 파리가 드나들고.

세상이 얼마나 처참한지, 얼마나 불공평하고 얼마나 서글 픈지를 인지하며 시작한다. 그다음에는 평생에 걸쳐 신중히 관찰한 경험을 토대로 기아에 시달리는 마을 우물가의 여인 들을 이렇게 그린다. "함께 웃는다 / 지금까지 겪은 고통과 / 앞날의 끔찍함 사이에서." 시인은 캘커타의 끔찍한 거리를 묘 사하고 뭄바이에서 감금된 성매매 여성의 웃음을 전한다. 인 간에게는 최악의 상황에서도 기뻐할 수 있는 능력, 버틸 수 있는 능력이 있다. 고통에도 불구하고 생겨나는 기쁨이 아니 라 고통 속에서 생겨나는 기쁨이다.

우리는 흔히 세계관을 잘못된 이분법으로 나눈다. 세상이 처참하다고 말하는 사실주의자 혹은 세상은 경이롭다며 고통 에서 눈을 돌리는 순진한 낙관주의자, 둘 중 하나가 된다. 그 중간에 있는 잭 길버트의 시선이 나는 훨씬 좋다. 길버트는 세상은 처참하면서 **또한** 경이롭다고 말하며 우리에게는 기쁨 의 의무가 있다고 한다. 그래서 이 시의 제목은 「변론 취지서」 이고 이 시가 변론하고 옹호하는 것은 기쁨이다. 진정하고 성 숙하고 진실한 기쁨이며 값싸게 얻는 무지한 기쁨이 아니다.

길버트는 세상의 공격에 맞설 쾌락의 옹성을 짓자고 말하지 않는다. 경이로운 순간의 기적에 대해, 그리고 이 모든 고통에도 그 순간이 왜 가치 있는지에 대해 이야기한다. 이 시에서도 특히 다음의 행들은 내가 지금까지 읽은 글 가운데에서 가장 중요한 구절이다.

> 기쁨을 감수해야 한다. 쾌락 없이는 살 수 있지만,
> 기쁨 없이는 안 된다. 즐거움 없이는.
> 이 세상이라는 무자비한 불구덩이에서
> 고집스럽게 기쁨을 받아들여야 한다.

내가 어떤 사람이 되고 싶은지 이 구절이 명확하게 정의하고 있다. 어둠 속에 살 때조차도 '고집스러운 기쁨'에 매달리는 사람. 나는 두 가지를 동시에 내 안에 품고 싶다. 가장 암울한 상황에서도 기쁨과 경이를 마음속에 기를 수 있으면 좋겠다.

그럴 수 있는 사람을 살면서 운 좋게 실제로 만나기도 한다. 1990년대 초에 식당 종업원으로 일할 적에 노숙자 한 분이 가끔 와서 카운터 앞에 앉곤 했다. 우리 모두 그 사람을 좋아하게 되어 공짜로 먹을 것을 내주었다. 영민하고 박식하고 책을 많이 읽은 사람이었다. 뭘 잘 알지도 못하면서 까불던

스물두 살의 내가 『지상에서 영원으로』라는 아름다운 소설을 쓴 제임스 존스를 '원 히트 원더'라고 부르자(스물두 살 철부지가 할 만한 어리석은 소리였다) 그 사람이 이렇게 지적했다. "이봐 젊은이, 걸작 **한 편** 쓰고 난 다음에는 그렇게 말해도 돼."

그는 젊은 시절 피아노 연주자가 되려고 했는데 막 유명해지려는 때에 사고로 손가락을 잃었다고 했다. 피아니스트라는 목표는 물 건너가고 말았다. 그는 돈은 아주 많지만 불안정한 가정에서 자랐는데 손가락을 다쳐 병원에 입원하기 전에는 다정함을 거의 느끼지 못했다고 한다. "간호사들에게 따뜻이 돌봄을 받았는데 생전 처음 누려 본 경험이었어." 남자는 손가락이 하나 없는 손을 들어 보이며 이렇게 덧붙였다. "(손가락을 잃었지만) 그럴 가치가 있었지!"

잭 길버트가 말하는 고집스러운 기쁨이란 이런 것이다. 무한한 슬픔을 아주 작은 은총의 순간과 견주어 보고, 그래도 인간으로 사는 것이 가치가 있다고 말하는 것.

젊은 사람은 그런 시를 쓸 수 없다. 나이가 들어서도 삶의 순간을 자세히 들여다본 적 없는 사람이라면 쓸 수 없다. 바로 이것이 잭 길버트의 핵심이다. 열심히 관심을 기울이고 놓치지 않으려 하고 눈을 돌리지 않으려 한다. 길버트의 시 가운데 시적 자아와 신 사이의 대화로 이루어진 시가 있는데, 이 시에서 신이 그 기이한 삶을 버린다면 명성을 누리게 해

주겠다고 한다. 그러나 그는 제안을 받아들이지 않고 이렇게
말한다.

> 빠지게 하소서
> 사랑에, 마지막으로, 애원했다.
> 유한성을 가르치고 겁을 주어
> 현재로 내모소서.

그는 무언가 진짜를 달라고 요구한다. 삶을 허비하지 않
겠다고 한다. '겁을 주라'고 기도하는 사람이 어디 있나? 참으
로 대담한 기도다. 번지점프나 서핑 같은 것을 할 때처럼 겁
에 질리게 하라는 의미가 아니다. 심연의 가장자리에 서서 안
을 들여다보겠다, 눈을 똑똑히 뜨고 자세히 바라보겠다는 의
미다. 문학에 대한, 그리고 삶에 대한 헌신이다.

나의 이모할머니 롤리 할머니에게서도 비슷한 면을 본 적
이 있다. 롤리 할머니의 삶은 순탄하지 않았지만 이분만큼 고
집스럽게 기쁨을 느끼는 사람은 본 적이 없다. 할머니가 여든
다섯 살이 되신 해에 뵈러 간 적이 있는데 이렇게 말씀하셨
다. "나한테 뭐가 생겼는지 아니, 리즈?"

"뭔데요?"

"암이 있어." 그러고는 활짝 웃음을 지었다. "정말 **재미있지**

않니?"

이것 역시 고집스러운 기쁨이다. 어떤 것에서나, 가장 힘든 것일지라도, 깊은 곳에서 흥미로운 점을 본다. 마치 폴리애나(엘리너 포터의 1913년 베스트셀러 아동문학 『폴리애나』의 주인공으로 낙천주의자의 대명사 —옮긴이)가 하는 말처럼 들리겠지만, 정말로 그렇게 할 수 있는 사람은 결코 순진무구한 사람이 아니다. 스티브 잡스가 죽기 전에 마지막으로 이렇게 말했다고 하던데 비슷한 맥락이 아닐까. 오 우아. 오 우아. 오 우아.

죽음의 순간에도 순연한 경이를 느끼는 힘.

잭 길버트는 「변론 취지서」에서 이런 경험을 직접적으로 이야기한다. "신의 기관차가 우리를 치고 달린다면 / 우리는 최후가 장대했음에 감사해야 한다." 내가 늘 기대는 구절이다. 어떤 삶이었든 간에 장대했다, 우리가 살았고 죽었다는 사실이 **장대**하다는 말이다. 내가 살았고 죽었다는 사실에 경이와 감사를 느낄 수 있다니 이보다 더 위대한 소명이 있을까. 삶을 사는 최고의 방식이고 내가 지금까지 접해 본 모든 사고방식을 능가한다. 어떤 것보다도 마음에 든다.

늘 불안하고 용기가 없어 힘겨워하는 나는, 고통과 역경에 경이를 느낄 수 있는 순전한 헌신에 깊은 감동을 받는다. 그렇게 할 수만 있다면 어떤 것이든 하나의 퍼즐이 된다. 재앙은 극적으로 고조된 퍼즐에 불과하다. 글을 쓰다가 장애물을 맞닥뜨렸을 때도 고집스러운 기쁨에 매달리는 것이 나에게는 최선의 방법이다. 실상 글쓰기도 비극, 재앙, 감정, 실패 등으로 가득한 매우 극적인 추구다. 일이 잘되지 않을 때의 고통을 비극이 아니라 신기함으로 바라볼 수 있게 되자 작가로서의 길이 한결 수월해졌다.

그러니까 어떻게 하면 이 퍼즐을 해결할 수 있을까? 이 책을 쓸 수 있을 줄 알았는데 안 써지다니 재미있네,라고 생각하는 것이다. 이 일이 너무 끔찍하니까 고통을 잊기 위해 11시까지 술이나 마셔야겠다,라고 생각하는 대신에. 여러 해 동안 나는 거의 정신 수련을 하듯이 이 연습을 되풀이했다. 혼란스러운 싸움을 하지 않기 위해 이런 태도를 기르려고 정말 많이 노력했다. 이제는 글을 붙들고 싸우다가 피투성이가 되어서 나오지 않는다. 영감을 주는 뮤즈를 붙들고 씨름을 하지도, 따지지도 않는다. 자기혐오, 경쟁심 등 작가의 경력과 삶을 망치는 숱한 것들을 떨쳐 버리려고 애쓴다. 기쁨을 고집하려고 노력한다.

작가들한테는 독일 낭만주의에서 비롯한 관념이 있어서 예술을 하면서 고통스럽지 않으면 제대로 예술을 하는 게 아니라고 생각하곤 한다. 나는 늘 그 생각에 의문을 가졌다. 그래서 잭 길버트에게 끌리는 것일 수도 있다. 특히 잭 길버트가 비트 세대 작가들을 두고 재능은 뛰어나지만 그것을 실현하지 못하고 낭비해 버렸다며 거리를 두었다는 사실을 알고 더 좋아졌다. 비트 작가들은 문학과 삶에 대해 경외감이 없어서 취하지 않은 절제된 삶을 살려 하지 않았다. 이런 태도도 낭만주의적 관점에서 나온 것이다. 창작 과정에 대해 우리가 하는 말들을 보면 이런 식이다. "혈관을 열어 피를 흘려라." "소중한 것들을 죽여라." 나는 사람들이 자기 작품을 두고 이런 식으로 말하는 것을 들으면 울고 싶다. "마침내 그 녀석의 등골을 분질렀어." 어떻게 자기 작품과 이런 극악한 관계를 맺을 수가 있는지. 척추를 부러뜨리려고 애쓴다고? 이러니 당연히 글을 쓰면서 극도의 스트레스에 시달릴 수밖에. 창작 활동이 전장이 되어 버린다. 세상을 살아 본 사람이라면 싸움을 걸면 상대도 맞서기 마련임을 알 텐데.

내가 정말 아끼고 나름 조언도 하는 명민한 젊은 작가가 있다. 그 작가가 책을 완성하고 나서 나에게 섹스와 죽음의 언어로 승리를 알린 적이 있다. "나는 내 책을 사랑해요. 내가 죽인 기분이에요. 그런데 어찌나 섹시한지요. 이 책을 세상에 내놓아서 모든 사람이 다 씹할 수 있게 하고 싶어요!"

스물다섯 살이니까, 이해해 줘야겠지. 하지만 내가 가 본 다른 곳에는 작품을 두들겨서 순종하게 만들어야 한다고 생각하지 않는 곳도 있었다. 인도네시아 예술가들은 작품을 시작하고 마칠 때 감사 기도를 드린다. 작품 활동이 경건한 협동 과정과 비슷하다. 나는 이런 태도에 좀 더 공감한다. 여전히 우리에게 강력한 영향을 미치는 독일 낭만주의보다 훨씬 이전부터 사람들은 그래 왔을 거라고 생각한다. 존경하는 마음으로 무언가와 협업한다고 생각하는 편이, 그것을 제압하고 숨을 끊으려고 하는 것보다 좋다.

그렇지만 이렇게 쓰고 이렇게 살려면 용기가 필요하다. 시를 아주 좋아하는 삼촌께 잭 길버트의 시를 알려 드렸다. 그런데 삼촌 반응이 미적지근하길래 이유를 물었다가 이런 말을 들었다. "시는 좋은데, 읽다 보면 내가 용감하고 흥미로운 삶을 살지 않은 것 같은 생각이 들어서 그래." 잭 길버트의 시를 읽을 때는 이런 고통과 기쁨이 같이 찾아온다. 길버트는 독자들에게 타협 없는 도전을 던진다. 네 삶을 최대로 살아라. 이런 면에서 내가 너무나 되고 싶은 무언가의 본보기가 되어 준다. 그런데 가끔 나는 옆길로 비껴가서 여기에서 멀어지기도 한다. 순전히 시적 신비만을 탐구하면서 살기보다 안정과 인정을 더 갈망할 때도 있기 때문이다.

"시인이 될 **용기**가 있나?"라고 길버트는 대학원생에게 물었다고 한다. 진지하게, 밀도 있게, 움츠리지 않고, 삶과 예술에서 경이로 우리를 겁에 질리게 하는 것들을 제대로 보려면 용기가 필요하다. 안전한 느낌을 주는 것들을 주변에 두려고 하다 보면 그 안에 갇혀 버릴 수 있다. 우리는 야심과 야망을 품지만 한편으로 불안하기 때문에 안정을 희구한다. 흔히 젊을 때 용감하게 모험을 하라고들 한다. 그리고 열심히 잘 살았다면 어쩌면 은퇴한 뒤에도 그렇게 살 수 있을 거라고 말한다.

잭 길버트는 그런 생각을 단칼에 거부한다. 아니야, 그런 게 아니라 나는 삶의 모든 날을 그렇게 살 거야. 그리고 정말로 그렇게 했다.

*

*

표범이 사원으로 들어와 제물로 바친 술을 찌끼까지 남김없이
마셔 버린다. 이런 일이 되풀이되고 또 되풀이된다. 마침내 이런
일이 있을 것까지 미리 고려하여 의식의 일부로 삼는다.

— 프란츠 카프카, 「사원의 표범Leopards in the Temple」

조너선 레섬

1964년생 미국의 작가이자 교수. 저서로는 『머더리스 브루클린』, 『그녀가 테이블 너머로 건너갈 때』, 『고독의 요새The Fortress of Solitude』 등이 있다. 전미도서비평가 협회상, 세계환상문학상 등을 수상했다.

*

내가 카프카에게
매료된 이유

카프카의 『성』을 처음 읽었을 때가 아마 열다섯 살 때였을 것이다. 쇼켄 출판사에서 나온 낡은 하드커버 책을 내가 다니던 음악예술 고등학교(음악과 시각예술 전공자들이 다니는 뉴욕시 공립학교다) 도서관에서 찾았다. 나는 도서관 죽돌이었는데 학교 도서관은 당시 별로 인기 있는 장소가 아니었다. 도서관에는 온갖 종류의 신기한 하드커버 책이 많았고 상당수는 곰팡이가 슬고 있었다. 도시 곳곳에 있는 헌책방에도 자주 갔는데 그때만 해도 월세가 싸서 기이한 아지트 같은 느낌의 헌책방이 꽤 많다. 책이 빼곡한 책방을 늙은 주인이 지키면서 책

을 팔 생각도 별로 없는 듯 괴팍한 성미를 부려 손님들 절반
은 쫓아 버리곤 했다.

　그때는 종류를 불문하고 소설을 최대한 많이 읽으려고 하
던 때였다. 나침반으로 삼을 만한 것이 없었다. 그냥 뭐든 닥
치는 대로 읽으려고 했고 특히 카프카의 작품을 열심히 읽었
다. 그전에 SF 소설을 읽었고 보르헤스도 진작 발견했는데 어
째서인지 이런 책들이 카프카로 연결된다고 생각했다. 내가
뭔가 암울하고 환상적이고 고딕적인 것을 좋아하니까 카프카
도 마음에 들 것 같았다. 그래서 결말에 무슨 일이 일어나는
지 알아내려는 생각으로 『성』을 빠르고 맹렬하게 읽었다. 나
는 당연히 책은 전부 어딘가를 향해 간다고 생각했고, 이 책
은 누가 보기에도 성을 향해 가고 있었다. 위대하고 장엄한
무언가가 기다리고 있을 게 분명했다. 책 제목이 『성』이니 마
땅히 성 안에서 대단한 절정에 도달하지 않겠는가? 나는 완
전히 집중해서 책을 읽었다. 나를 K.와 동일시하며 한 줄 한
줄 나아가면서 어떤 계시를 기다렸다. 그런데 이야기가 벼랑
끝에서 떨어지듯 그냥 끝나 버리자 나는 격분했다. 환불이라
도 받고 싶었다(돈을 한 푼도 안 쓰긴 했지만). 이렇게 유명한 책
이 이렇게 극단적으로 불만족스러울 수 있다니 믿기지 않았
다. 이런 생각을 한 기억이 난다. **독자를 이렇게 심하게 엿 먹이는
사람이 어떻게 유명한 작가인거지?** 나한테는 망작 이상도 이하도

아니었다.

그런데 시간이 흐르고 책에 농락당했다는 격한 감정이 지나가고 나자 카프카를 더 읽고 싶은 생각이 들었다. 다시 그 기분을 느끼고 싶었다. 그래서『소송』을 읽었다.

『소송』은 10대 때 내 독서 경험에서 가장 중요한 책이다. 그 책이 내가 작가가 되게 했다. 지금의 나를 만들었다. 내가 카프카의 책을 더 읽지 않았더라도, 단편, 잠언집, 일기, 아버지에게 보내는 편지까지 나아가지 않았더라도(결국 20대에 이 글들까지 전부 읽어 치웠다)『소송』한 권만 읽었고『성』이 기억 뒤편 어딘가에 있는 정도였다고 하더라도 나는 가장 좋아하는 작가로 카프카를 꼽았을 것이다. 나는 카프카에 사로잡혔다.

나에게는 어떤 작가가 좋아지면 전작을 다 읽는다는 원칙이 있다(그레이엄 그린, 셜리 잭슨, 필립 K. 딕을 이미 그렇게 완독했다). 당장 전부 읽어야 한다는 것은 아니고, 모든 책을 다 구할 수 없을 때도 있었다. 그렇지만 내가 언젠가는 그 작가가 쓴 책들이 꽂힌 책장을 완파하리라는 것은 확실했다. 20대 중반에 카프카의 책 중에 구할 수 있는 것은 다 읽었던 것 같다. 표범에 관한 잠언을 읽은 게 그 무렵이었다.

표범이 사원으로 들어와 제물로 바친 술을 찌끼까지 남김없이 마셔 버린다. 이런 일이 되풀이되고 또 되풀이된다. 마침 내 이런 일이 있을 것까지 미리 고려하여 의식의 일부로 삼 는다.

아마 잠언집을 거의 마지막으로 읽었던 듯하다. 내 독서 취향이 그렇다. 나는 이야기를 좋아한다. 애초에 나를 문학의 세계로 이끈 것과는 관련이 없는 잠언이나 경구 따위는 굳이 찾아 읽지 않았다. 나는 전형적인 독자다. 인물이 등장하고 여러 사건과 상황이 벌어지는 이야기를 원한다. 그게 내가 책 을 읽는 이유고, 카프카에 처음 낚인 것도 극단적이고 기이하 지만 강력한 서사 때문이었다. 보르헤스가 카프카에 대해 쓴 글이 있는데, 보르헤스는 그리스 철학자 제논이 카프카의 전 신이라며 카프카의 서사는 모두 제논의 역설을 바탕으로 한 다고 말한다. 제논의 역설은 우리가 목표물까지의 거리의 절 반에 도달하고 또 다음 남은 거리의 절반에 도달하기를 계속 할지라도 결코 목표물에는 다다를 수 없다는 논변이다. 최고 로 좌절스러운 형태의 서사 진행이지만 그래도 어쨌든 앞으 로 나아가기는 한다. 미로 같고 강박적이고 사람을 사로잡는 몽환적인 서사다. 이런 점 때문에 나는 카프카를 읽었고 카프 카의 철학적 암시(그게 대체 뭔지 명확히 말하기는 어렵지만)를 내 것으로 받아들였다. 그 시작은 이야기였다.

「사원의 표범」도 아주 짧고 짧지만 하나의 이야기다. 상당히 긴 기간에 걸쳐 일어난 격렬하고도 흥미진진한 플롯이 있다. 그런데 특히 우리를 사로잡는 것은 '표범을 의식에 포함시키기까지 얼마나 걸렸을까?' 하는 의문이다. 문명의 시간이 수백 년 흐르고 난 뒤에야 조상들을 개탄하게 만들던 표범이 의식의 일부가 되었을까? 아니면, 이를테면—지난 수요일까지는 문제라고 생각하다가 이번 주에는 이 문제를 우회하기로 결론을 내린 걸까? 그 사이에 얼마나 오랜 시간이 흘렀든 간에 혼란을 세계관에 통합함으로써 갈등을 해결하겠다는 결정을 내리는 강력한 서사적 상황이 내포되어 있다.

한편 이 이야기는 M. C. 에셔의 그림처럼 보이기도 한다. 에셔도 열다섯 살 때 내가 끝내준다고 생각했던 대상 가운데 하나다. 어째서 그런지 명확히 설명할 수는 없지만 이런 위상학적 특성이 내가 카프카에게 끌리는 지점이기도 하다. 표범은 외부 요소인데 최종적으로 내부에 딱 들어맞는다. 처음에는 음의 공간처럼 보이는 것을 이루지만, 실은 그 음의 공간이 양의 공간을 완성하는 데 필수적인 요소가 된다. 에셔의 그림에서라면 사원과 술잔이 밝은색으로 두드러지는 그림인데 어쩐지 그 나머지 음의 공간이 표범처럼 보이기 시작하다가, 그제야 깨닫는 것이다. 잠깐, 이거 표범 그림이잖아. 두 가지가 공간적으로 상호 의존하게 되는 음양의 특성이 있다.

나는 「사원의 표범」이 고급문화와 하급문화의 알레고리라고 생각한다. 문학 장르로서 소설을 정의하라고 하면 나는 망설임 없이 대중적인 것을 통합하는 것이 소설의 특징이라고 말한다. 소설은 거리와 시장과 대중문화의 언어를 게걸스레 받아들인다. 사실 소설은 처음에는 숙적이라고 생각했던 것으로 스스로를 다시 채우려는 욕구에 따라 움직인다. 사람들은 늘 소설을 시상대에 올리고 예배당의 마크 로스코 그림이나 베토벤 교향곡처럼 고양된 예술 형태로 추키고 싶어한다. 소설이 순수하고 고상한 형태이기를 바라는데, 소설이 우리 삶을 바꾸어 놓고 고양감을 불러일으키니 그런 것을 기대할 만도 하다. 그렇지만 사실 소설은 본디 일상에서 흔히 보는 갑남을녀로 이루어진다. 이들을 순수하게 정화할 수는 없다. 대중적 요소를 제거할 수는 없다. 그러니 표범과 술잔을 고결한 충동과 천박한 소재 사이를 중재하는 소설가의 순수하지 못한 위치의 상징으로 볼 수 있다.

　새로운 세대의 소설가들은 표범을 불러들일 방법을 찾아야 한다. 이전 세대는 받아들이지 않았을 무언가를. **나조차도**, 내가 좋아하는 광고, 만화책, 장르소설, 통속소설, 로큰롤 등 통속적이고 상업적인 내용을 소설에 잔뜩 넣으면서 내가 물을 흐리고 있다는 생각을 했다. 그렇다고 해서 안 할 수는 없었다. 그러다 보니 소설을 신성화하려는 시도에 맞서고 싶었다. 나는 생각했다. '사실 생각해 봐. 디킨스도 그랬잖아.' 이렇게 나는 그것을 의식에 통합시켰다.

「사원의 표범」 이야기를 보통 사람이건 예술가건 두렵고 위협적인 존재로부터 자신을 보호하려는 시도는 어리석은 일이라는 의미로 받아들일 수도 있다. 왜냐하면 표범이 없다면 의식이 얼마나 따분하겠는가? 표범이 올 수도 있음을 아는데도 표범이 없는 의식을 보고 싶을 사람이 있을까? 엊저녁 소설 수업에서 나는 학생들에게 이렇게 말했다. 의식을 안전하게 만들고, 우러러볼 수 있고 구원받을 만한 인물만 등장시키려는 충동은 극히 따분하고 뭔가 수상쩍기도 하다고. 무언가로부터 자신을 보호하려고 그러는데, 그럴 필요가 있나? 뒤섞임은 타격을 입힐 수 있지만, 그런 타격은 반드시 필요하다. 표범이 오기 전 의식은 무엇을 기원하는 것이었을까? 어쩌면 표범이 오지 않게 해 달라는 의식이었을지도 모른다. 그렇지만 기원하는 바가 이루어지기를 진심으로 바라지는 않는다. 타격과 경악이 바랄 수 있는 최선이고, 그것에 마음을 열어야 한다.

어떻게 보면 나는 브루클린을 배경으로 한 두 권의 소설 『머더리스 브루클린』과 『고독의 요새』를 쓰면서 그걸 알게 되었다. 이 두 소설은 내가 태어난 고향에 얽힌 불안과 트라우마를 다룬다. 그곳에 대한 가장 격렬하고 혼란스러운 감정,

반항심과 자긍심과 당혹감, 그리고 내가 그곳으로부터 다급하게 멀리 떠나왔기 때문에 실은 정당화할 수 없는 소유욕으로 책을 썼다. 브루클린이 내 것이라고 주장할 자격이 나에게 있기나 했을까? 그럼에도 나는 문을 열었다. 그것도 우연히, 투렛 증후군을 앓는 탐정이라는 깜찍하고 영리한 설정을 떠올리고 브루클린을 그릴 수 있었다. 반드시 브루클린에 대한 책일 필요는 없었고 나도 그전까지는 브루클린을 배경으로 삼은 적이 없었다. 그렇지만 그 탐정을 이 배경에 가져다 놓음으로써 나의 불안감에 접근해 이 책에서 불안감을 철저하게 다룰 수 있었다. 그렇게 해서 나는 표범은 잔에 담긴 술을 마셔야만 했다고 스스로 선언했다.

『고독의 요새』가 나에게 있어 표범을 들여놓은 책이다. 그 이후로 실망과 당혹감이 나에게는 늘 가장 절실한 주제가 되었다(카프카에게도 실망과 당혹감이 매우 중요했다고 생각한다). 표범 이야기에서는 술잔이 바닥이 나는데, 그리하여 또 이런 의문이 솟는다. 원래는 누가 마실 잔이었나? 어차피 버려질 거였다면 뭐하러 그걸 아껴 두나? 이 이야기는 애초에 무언가를 지켜야 한다는 생각이 어리석다고 말하는 우화이기도 하다.

이런 여러 층위의 상징과 은유가 있기도 하지만 나는 여기에 진짜 동물이 나온다는 게 특히 좋다. 유령이 아니다. 가고일이나 골렘도 아니다. 표범이다. 여기에는 분명 어떤 의미가 있다. 얼마 전까지만 해도 전혀 입 밖에 내어 이야기하지 않았던 나의 호기심과도 상관이 있다. 아마도 내가 열한 살 무렵에 읽고 처음으로 사랑하게 되었던 책이자 어린이 책에서 문학으로 넘어가는 통로가 되었던 『이상한 나라의 앨리스』에서부터 시작된 호기심일 것이다. 그다음으로 나한테 가장 중요한 책이 된 잭 런던의 작품들이나, 필립 K. 딕의 『안드로이드는 전기양을 꿈꾸는가?』에도 진짜 동물이 등장해서 사람에게 비밀 혹은 꾸지람 혹은 수수께끼를 남긴다. 동물은 해석할 수 없는 암호지만 우리가 어떻게든 따라야 하는 메시지를 전해 준다.

문학적 상징으로서 동물이 나에게 얼마나 큰 의미가 있는지 사실 전에는 미처 알아차리지 못했다. 나의 첫 소설 『총, 가끔 음악Gun, with Occasional Music』에는 말하는 동물이 잔뜩 나온다(하드보일드 탐정소설과 『이상한 나라의 앨리스』가 합해진 것 같은 책이다). 그다음에 쓴 『만성 도시Chronic City』에서는 뉴욕시에 호랑이가 있다는 게 일종의 사원의 표범 같은 의미를 띤다고 생각한다. 호랑이는 도시 삶의 온갖 곳에 끼어든다. 누구도 해석할 수 없는 메시지를 전한다. 내가 카프카 글 중에서 첫손에 꼽을 정도로 좋아하는 작품이 「굴」이다. 두더지 비슷한 존재가 나오는데 서술 과정에서 거의 성스러운 존재로 변한다. 이 인물은 동굴 속에 숨어 있는 작가의 마음과 비슷하다. 내면적, 외면적으로 침잠하며 밖으로 나오기를 겁내는 동시에 말할 수 없을 정도로 엄청난 가치의 무언가가 묻힌 동굴을 지키고 있다. 카프카는 「학술원에 드리는 보고」에서는 유인원을 주인공으로 삼았고 「어느 개의 연구」도 썼고 『변신』에는 벌레가 나온다. 카프카는 누가 뭐래도 동물 작가다. 잭런던이나 손턴 버기스 같은 동물 작가다. 변방까지, 가장 먼경계에 도사린 것까지 나아가려는 도시적 충동이다. 이 이야기의 표범이 우리가 속한 동물 세계의 일부라거나, 표범의 무심함 혹은 적대감을 우리는 영구히 알 수 없지만 그래도 우리자신을 알게 해 줄 열쇠를 품고 있으므로 반드시 알아야 한다는 의미라고 해도 지나치지 않다고 생각한다.

이 모든 이야기가 단 세 줄의 짧은 글에 다 들어 있다. 읽어 보면 마치 성서처럼 느껴진다. 한 사람의 작가가 어떻게 이런 글을 쓸 수 있을까? 그런데 카프카의 잠언 가운데 이런 글이 한두 개가 아니다. 인간의 의식 그 자체를 상징하는 것 같고 인간의 소스 코드 안에 바로 새겨지는 것만 같다. 이 글을 읽을 때는 처음 읽었을 때의 느낌이 없다. 항상 알았던 것이라는 느낌이 든다.

*
*

에덴에서 노를 저으며 —

아, 저 바다!

내가 그저 오늘밤

당신에게 배를 댈 수 있다면!

— 에밀리 디킨슨, 「거친 밤 — 거친 밤! Wild Nights – Wild Nights!」

엠마 도노휴

1969년생 아일랜드 출신의 소설가, 시나리오작가이자 문학사학자. 저서로 『룸』, 『러니드 바이 하트』, 『더 원더』 등이 있다.

*

이상하고 맛이 간 나의 롤 모델

우리 어머니는 영어 선생님이고 책을 좋아하는 사람이었는데 가끔 나에게 에밀리 디킨슨 시를 읊어 주시곤 했다. 어머니가 디킨슨을 외우셨던 까닭은 시가 짧기도 하고 장중한 단어 뭉치로 된 시보다 기억하기 쉽기 때문일 것이다. 어머니가 들려주시던 시 가운데 가장 먼저 떠오르는 시는 「파리가 웅웅거리는 소리를 들었다—내가 죽을 때—I heard a Fly buzz—when I died—」이지만 다른 시들도 있다. 심지어 내가 태어나기 전에 부모님은 내 이름을 에밀리라고 지을 생각도 했다고 한다. 내가 세상에 나오던 해에 에밀리 디킨슨에 관한 책을 쓰고 있던 아버지의 소망이었다. 하지만 어머니가 엠마를 고집했다. 어머니도 디킨슨을 엄청나게 좋아하는 팬이었지만.

나는 에밀리로 밀고 나갔어야 한다고 생각한다. 나는 그 이름을 더 좋아했을 것이다. 하지만 어머니는 차마 그럴 수 없었을 것 같다. 에밀리 디킨슨이 삶에서 행복과 성취를 이룬 사람은 아니었으니까. 실비아 플라스의 이름을 따서 실비아라는 이름을 붙여 주는 것이나 다름없는 일이라 생각하셨을 것 같다.

어머니가 자주 들려주시던 시 가운데 하나인 「거친 밤―거친 밤!」이 10대 때 나에게 매우 중요한 시가 됐다. 아마 열네 살 때 내가 여자아이를 좋아한다는 걸 알고 그 시를 다시 찾아 읽었던 것 같다. 1980년대 아일랜드에서 나는 내가 레즈비언이라는 걸 깨달았는데 그 사실을 누구에게도 말할 수 없었다. 그때 아일랜드 문화에서는 나와 동일시할 수 있는 사람을 어디에서도 찾을 수 없었다. 그래서 에밀리 디킨슨을 이용했다. 디킨슨의 시와 편지를 보면 디킨슨은 남자뿐 아니라 주변 여자들에 대해서도 열렬한 감정을 품은 것 같았다. 나는 이런 생각을 했다. '내가 있는 지금 이곳에서 내가 괴물일지는 모르겠지만, 그래도 나는 에밀리 디킨슨처럼 될 수 있잖아. 꼭 정상이어야 하나?'

그때 내가 쓴 글들은 대부분 이 시처럼 사랑하는 '너'에게 쓴 서정시였다. 내가 사랑 시만 쓰지는 않았지만 사랑 시를 쓸 때는 항상 '내'가 '너'에게 말을 거는 시를 썼다. 말을 거는 대상의 성별을 명시할 필요가 없으므로 '너'라는 대명사는 벽장 밖으로 나오지 않은 레즈비언의 좋은 친구다. 구체성이 없어서 더욱 매력적인 데다가 '너'라는 말이 친근하게 독자를 바로 끌어들인다(그래서 대중가요에서도 '너'라는 대명사를 줄곧 사용한다). 그러면 독자는 누군가 사랑하는 사람에게 말을 거는 상황을 떠올리면서 그 사랑하는 사람이 누구일지에 대해서 마음껏 상상할 수 있다.

시의 첫 부분은 이렇다.

> 거친 밤 — 거친 밤!
> 내가 당신과 함께할 수 있다면
> 거친 밤이 우리에겐
> 열락이 되리!

나에게는 시 전체가 낭만적이고 성적인 사랑을 강력하게 날것으로 표현하는 것처럼 느껴진다. 가장 강하게 다가오는 것은 압도적인 갈망의 느낌이다. 사실 상당히 강렬하고 대담한 도입부다. 디킨슨은 누군가에게 '배를 대고 싶다'고 말하는데 매우 육체적이고 내밀한 이미지다.

디킨슨이 누구를 상대로 말하고 있는지는 모른다. 성별은 물론이고 구체적인 부분을 전혀 알 수 없다. 화자와 애정의 대상 사이의 관계를 정의하기도 어렵다. 화자는 연인과 안락한 삶을 누리다가 안타깝게 헤어지게 된 걸까? 아니면 멀고 먼 곳의 누군가를 그리워하는 걸까? "내가 당신과 함께할 수 있다면"은 어쩌면 스토커가 하는 말일 수도 있다. 아주 모호하다.

이 시가 마음을 움직이는 까닭은 화자에게서 아주 살짝 히스테리의 기미를 느낄 수 있기 때문이다. 한순간은 아, 정말 멋진 로맨스의 주인공이야,라고 생각하다가 그다음 순간에는 혹시 스토커는 아닐까 생각하게 된다. 살짝 심란한 감정 때문에 독자는 더 짜릿함을 느낀다. 디킨슨은 안전함, 안락함, 집의 이미지를 제시하지만 그 아래에 살짝 맛이 간 기운이 있다.

내가 에밀리 디킨슨을 좋아하는 까닭 가운데는 무언가 생생한 이미지가 항상 있다는 점이 있다. 그 이미지 하나하나가 정확히 무얼 의미하는지는 확실히 알 수 없으나. 시어는 몇 개 안 되지만, 디킨슨이 자세히 부연하지 않고 풍부한 모호함의 여지를 드넓게 남겨 놓았기 때문에 각 단어를 하나하나씩 몇 시간이고 논할 수 있다. 첫눈에는 항구에 몰아치는 바람, 나침반, 해도 등 멋지고 구체적인 이미지가 들어와 이 시가 무슨 이야기를 하려는지 알 것 같다. 하지만 이 시는 '아, 너랑

같이 집에 있으니까 좋다'고만 하는 시는 아니다. 시를 들여다보기 시작하면 이런 생각이 든다. 잠깐만. 배를 댔다고 생각했는데, 그다음에는 다시 항해를 하고 있고, 그런데 또 범선을 탄 게 아니라 노를 젓고 있다. 이미지들이 쉽게 맞아떨어지지 않고 저 바다와 항구 사이에서 계속 왔다 갔다 하는 것 같다. 어떻게 에덴에서, 보통 육지이자 작물이 풍성한 낙원으로 생각하는 에덴에서 노를 젓고 있지? 배가 정박한 건가 아닌가? 바다에서 항구로 이어지는 명확한 진행이 없다. 디킨슨의 시에는 사랑스러운 복잡성이 감춰져 있다.

나는 구체적인 이미지를 좋아하고, 철학에는 젬병이다. 내 파트너가 학자고 아버지도 학자라 학자들과 어울릴 일이 많은데, 그들이 자크 데리다 따위를 논하기 시작하면 머리가 어질어질해지고 늘 이렇게 말하고 싶어진다. "아, 그거 약간…… 바나나 같은 건가요?" 나는 구체적인 이미지로 생각할 때 머리가 가장 잘 돌아가는 것 같다.

우리는 누구나 자신의 책에 장대한 생각을 넣고 싶어 한다. 하지만 책을 쓸 때 주제를 너무 깊이 파고들면 무슨 일이 일어나는지에 대한 거대한 이론들이 머리를 가득 채우게 된다. 그걸 다 쳐내고 싶지는 않지만, 그렇다고 인물들이 추상적이고 진부한 언어로 토론하는 대화를 넣어 책을 무겁게 만들고 싶지도 않다.

내 소설 『더 원더』를 예로 들 수 있겠다. 나는 주인공이 자기 나라 사람들, 그러니까 영국인들이 아일랜드 대기근에 대해 어떤 책임을 져야 한다는 사실을 마침내 깨닫게 하려고 애썼다. 그렇다고 생경하게 정치적 주장을 펼치고 싶지는 않았다. 그래서 주인공이 시골길을 따라 걷다가 이 길이 굶주리는 아일랜드 사람들이 구호금을 받기 위해 노역을 해서 만든 길이며, 길을 닦다가 길 위에서 쓰러져 죽으면 그 자리에 바로 묻었다는 사실을 알게끔 만들었다. 이 장면은 기분 좋게 시작한다. 온통 푸르르고 전원적인 풍경이다. 그런데 주인공이 발아래 풀이 불룩 튀어나온 부분에 흙덩이가 아니라 두개골이 있다는 사실을 문득 깨닫는다.

이렇게 하여 주인공은 정보를 통해서가 아니라 몸으로 무언가를 느끼게 된다. 신학이나 정치 토론이나 누가 아일랜드 대기근에 책임이 있느냐 등의 대화를 거쳐 이 같은 생각을 하게 될 수도 있지만, 생생하고 구체적인 이미지를 제시하면 독자의 관심을 끌고 독자가 더 쉽게 이해하고 더 오래 기억할 수 있게 된다.

나는 글을 쓸 때 단어를 가지고 전에 존재하지 않았던 무언가를 만들어 내는 데서 쾌감을 느낀다. 어릴 때부터 늘 그랬다. 나는 글쓰기가 정말 좋다. 고통스러워하며 글을 쓰는 작가들하고는 좀 다른 듯하다. 내가 늘 아름다운 글을 쓰는 것은 아니지만 지금까지 없던 새로운 것을 상상하고 그걸 제대로 표현하기 위해 끝없이 단어를 만지작거리는 일이 그저 좋다.

전에는 생전에 쓴 시가 죽은 뒤에 발견된다는 생각이 어쩐지 좋았다. 어릴 때 나는 출간되리라고는 전혀 생각하지 않고 그 순간을 위해 쓴 『안네의 일기』가 진정 순수한 글이라고 생각했다. 디킨슨도 마찬가지여서, 디킨슨이 생전에 시 한두 편을 출판하려고 하다가 거절당한 뒤에 그냥 쌓아 놓기만 했다는 사실이 마냥 좋았다. 죽은 뒤에야 작품이 발표되었다는 사실이 너무나 낭만적이라고 생각했다. 나도 그렇게 되고 싶었다. 가장 잘 쓴 글을 모아 놓았다가 죽은 뒤에 누군가에게 발견되어 책으로 나오는 게 작가가 되는 마땅한 방법이라고 생각했던 것 같다. 이상한 사례를 작가로서 삶의 모델로 삼은 셈이다.

여하튼 그 생각이 마음속 어딘가에 늘 남아 있다. 디킨슨은 여전히 나에게 가장 중요한 본보기다. 그저 열정이 이끄는 대로 따라가 나만의 시를 쓰라고 말해 주는. 출간되든 말든 신경 쓸 필요도 없다고. 오직 글쓰기의 희열을 위해서 쓰라고.

에밀리 디킨슨이 「거친 밤―거친 밤!」에서 부르는 사람은 누구일까? 낯선 사람? 연인? 친구? 19세기 여성들은 친구끼리도 흔히 이런 표현을 써 가며 편지를 주고받았고 요즘 우리처럼 친구와 연인 사이를 뚜렷하게 구분하지 않았다. 그밖에도 여러 가능성이 있을 수 있다. 죽음을 대상으로 쓴 시도 열정적이고 친밀하고, 신을 부르는 시에서도 비슷하게 압도적인 갈망이 느껴진다. 이 시의 중심 이미지, 길고 힘든 항해와 입항의 이미지는 전통적으로 연인을 잃는 것보다는 하늘나라로 가는 것의 의미로 읽히곤 했다. 에밀리 디킨슨은 약간은 미친 신비주의자니 하늘나라로 가는 일에 대한 생각에도 격렬한 폭풍을 담을 법도 하다.

물론 작가의 삶이 어떠했는지, 누구를 상대로 글을 썼는지는 본질적인 문제가 아니라고 할 수도 있다. 시는 그 자체로 읽어야 한다고도 말한다. 하지만 삶과 시 사이에는 신비로운 긴장이 있기 마련이고 에밀리 디킨슨의 시처럼 수수께끼 같은 작품이라면 더욱 그러하다. 디킨슨 시집은 만약 무인도에 가게 된다면 꼭 가져가고 싶은 책 가운데 하나다. 어떤 시들은 대체 무슨 이야기를 하는지 전혀 모르겠지만 상관없다. 그 시들이 정말, 정말 이상하다는 게 좋다. 에밀리 디킨슨의 시는 그 어느 누구의 것과도 다르다.

*
*

젊은이 나는 당신을 아는 것 같소 — 이 얼굴은 그리스도의 얼굴이오

죽었고 성스러운 우리 모두의 형제, 그리고 여기 다시 누워 있소.

— 월트 휘트먼, 「흐릿한 잿빛 새벽에
막사에서 본 광경A Sight in Camp in the Daybreak Gray and Dim」

찰스 시믹 ──────────────────────────────

1938년~2023년. 세르비아 출신의 미국의 작가, 번역가, 교수. 저서로는 『어디 숨
었니, 페페?』, 『세상은 끝이 아니다The World Doesn't End』 등이 있다. 퓰리처상, 맥아
더 펠로십 등을 수상했으며, 2007~2008년 미국 계관시인을 역임했다.

*

보고 싶지 않은
진실도 보게 하는
시의 힘

내 나이대의 사람은 누구나 그랬겠지만, 그때는 전쟁이 삶의
일부였다. 나는 1938년에 태어났고 고향인 세르비아 베오그
라드에 폭탄이 떨어지기 시작했을 때는 세 살이었다. 1944년
10월에 베오그라드가 해방되었을 때는 여섯 살이었고 우리
식구는 시내 중심에 살았다. 부모님은 늘 바쁘셔서—무엇 때
문에 바빴는지는 모르겠지만—우리는 그냥 거리를 쏘다니며
놀았다. 엄청나게 많은 것을 봤다. 아이들이 보아서는 안 되
는 것들을. 가령 죽은 사람이라든가.

우리 집에서 심심하면 입에 올리는 이야기가 있는데, 내

가 어느 날 독일 돌격대 군모를 쓰고 집에 돌아온 일이다. 나는 어렴풋하게만 기억한다. 러시아군이 베오그라드를 해방시켰을 때다. 우리 집 근처에 교회가 있었는데 교회 묘지로 들어가 보니 독일군 시체가 있었다. 군모가 비스듬히 옆으로 떨어져 있었다. 내가 그 군인의 얼굴을 똑바로 쳐다보지 않은 것은 확실히 기억난다. 너무 무서워서 볼 수가 없었다. 그런데도 군모를 가져왔다. 우리 집에서 이 이야기가 계속 회자되는 까닭은 내가 독일군 시체의 군모를 가져왔다는 사실 때문이 아니었다. 제2차 세계대전 동안에는 그보다 더 끔찍한 일들도 허다하게 있었으니까. 군모에서 내 머리로 이가 옮아 머리를 박박 깎아야 했다고, 그 이야기를 하고 또 했다.

내가 열여섯 살 때 미국으로 이민을 왔는데 오자마자 사람들이 나에게 말했다. "찰리, 너도 한국에 가야 할 거야!" 물론 그렇게 되지는 않았다. 나이가 너무 어렸기 때문이었다. 그래도 마음속에 늘 두려움이 있었다. 어릴 때 『시카고 선타임스』에서 아르바이트를 하던 때도 생각난다. 토요일 아침 신문의 판을 짜는 조판실이라는 곳에서 잡일을 했다. 전날 저녁에 봉급을 받아서 기분 좋게 출근했는데 그곳에서 일하는 사람 한 명이 나한테 소리를 질렀다. "이봐, 시믹, 너 레바논에 가겠다!" 해병대를 레바논에 파병할 때였다. 나는 겁에 질려 기분이 엉망이 되어 버렸다. '나는 레바논에 가고 싶지 않아!'

라고 생각했다. 그 후로도 내내. 나는 베트남전 발발 전에 군에 다녀왔으나, 다음에 입대한 내 동생은 베트남에 파병되었고, 그 뒤 제1차 걸프 전쟁이 발발했을 때는 내 아들이 거기에 가게 될지 몰라 전전긍긍했다.

물론 요즘은 전쟁이 곧 대학살을 의미하지는 않는다. 하지만 베트남전 때는 밤늦게까지 자지 않고 있다가(그 무렵에 나는 당연히 그랬다) 열한 시에서 자정 사이 텔레비전을 켜면 베트남전 다큐멘터리 영상이 나왔다. 도저히 잊을 수가 없는 생생한 장면이었다. 죽은 베트남 사람들. 헬리콥터에서 죽은 베트남 사람들에게 기관총을 난사하는 장면. 죽거나 다친 채로 누워 있는 미군. 베트남전은 이런 영상을 공개한 마지막 전쟁이 되었다. 영상을 공개했을 때에 어떤 위험이 있는지 교훈을 얻었을 테니까. 이런 맥락에서 나는 이 시를 읽는다.

자주 읽지는 않지만, 「흐릿한 잿빛 새벽에 막사에서 본 광경」을 읽을 때마다 나는 목이 멘다. 이번 가을 학기 수업 시간에 읽으려다가 심하게, 엄청나게 흔들리고 말았다. 너무 잘 아는 시라 다음에 뭐가 나오는지 빤히 아는데도 그랬다.

남북전쟁이 휘트먼 시 세계에서 대전환점이 되었다. 휘트먼이 그전에 쓴 시, "아, 우리는 얼마나 위대한 국가인가, 영광스러운 앞날을 위해 나아가는!" 하며 에머슨 같은 낙관주의에 가득 차 쓴 시를 읽다 보면 가끔 돌아 버릴 것 같기도 하다.

어쨌든 휘트먼은 미국을 진심으로 믿었고 인류의 밝은 앞날을 보았다. 활기차고 매력 넘치는 미국인들에게 온갖 좋은 일들이 일어날 거라고 기대했다. 그러다가 그때, 쾅, 전쟁이 터졌다.

1862년 휘트먼의 동생이 전장에서 부상을 입었고 휘트먼은 동생을 찾으러 갔다. 그러다가 워싱턴 D. C. 근방 병원에서 상처 처치사로 일했다. 아프고 죽어 가는 사람들을 돌보는 일이었다. 이 무렵부터 휘트먼의 시에 비극적 정조가 들어간다. 휘트먼은 전과 전혀 다른 사람이 되었다. 예를 들어 링컨을 생각하면서 쓴 시 「라일락이 마당에 마지막으로 피었을 때 When Lilacs Last in the Dooryard Bloom'd」에서는 맹목적 애국주의 같은 것은 눈을 씻고 찾으려 해도 볼 수 없다. 그저 비극만이 가득하다.

「흐릿한 잿빛 새벽에 막사에서 본 광경」은 화자가 잠에서 깨어 막사에서 나와 천으로 덮인 채 일렬로 놓인 시신을 보는 장면에서 시작한다.

흐릿한 잿빛 새벽에 막사에서 본 광경,
잠 못 이루고 일찍 막사에서 나와
찬 공기 속에서 천천히 야전병원 옆을 따라 걷는데
들것 위에 놓인 세 개의 형체가 밖에 그렇게 내버려진 채로 있다.

넉넉한 갈색 모직 담요가 각각 위에 덮였다,

암울하고 묵직한 담요로 전부 덮었다.

그저 담담하다. 불필요한 단어는 하나도 없다. 다 깎아 내고 꼭 필요한 것만 남겼다. 전체가 쉽게 이해되고 생생하고 통렬하고 괴롭다. '찬 공기 속에서'가 우리를 바로 그곳 한가운데에 갖다 놓는다. '잠 못 이루는' 화자, 이런 일들을 전날에도 이미 겪었던 화자와 그곳에 함께 있는 것이 어떤 느낌인지 우리는 안다. 수의처럼 덮인 군용 담요 따위의 묘사가 마음을 건드린다. 아무것도 밖으로 나온 게 없다. 한쪽 발이 삐죽 나와 있다거나 그럴 만도 한데 전체가 완전히 덮였다. 이 담요는 차마 들추고 싶지 않다.

그런데 휘트먼은 그렇게 한다. 이 시에는 일종의 안무 같은 움직임이 있다. 휘트먼은 담요를 하나씩 들추고 안을 들여다본다.

호기심에 나는 걸음을 멈추고 조용히 서서,

가벼운 손끝으로 가장 가까운 첫 번째 담요의 머리께를 들어 올린다,

이렇게 수척하고 어두운 얼굴의, 머리가 희끗하고 늙수그레

한, 눈가가 움푹 팬 당신은 누구요?

나의 소중한 전우 당신은 누구요?

그리고 두 번째로 건너가—사랑스러운 나의 아이 너는 누구
냐?

아직 뺨이 통통한 귀여운 소년 너는 누구냐?

휘트먼은 공감한다. 이들이 쉬이 꺼지고 만 특별한 목숨
이라는 것, 헤아릴 수 없이 많은 이 가운데 세 개의 사례임을
안다. 이 시의 처음부터 공감은 가장 강력한 감정 가운데 하
나다. 시를 읽다 보면 이 노인 때문에 정말 가슴 아파진다. 물
론 아이 —영웅이 되려고 참전했다가 죽고 만 어린 목숨에 대
해서도 마찬가지다. 시 전체가 감정으로 진동하는 전깃줄 같
다. 이 시는 화자가 담요를 들치고 충격에 휩싸여 시신의 얼
굴을 마주 볼 때, 절제하면서 동시에 감정적일 수 있다.

그리고 이 충격적인 마지막 연이 나온다.

다음에 세 번째로 가니—아이도 노인도 아닌 얼굴, 아름다
운 황백색 상아처럼 고요한,

젊은이 나는 당신을 아는 것 같소—이 얼굴은 그리스도의
얼굴이오

죽었고 성스러운 우리 모두의 형제, 그리고 여기 다시 누워 있소.

우리는 그리스도 혹은 그리스도 비슷한 사람을 계속해서 죽이고 또 죽인다. 우리의 집단적 광기를 마주하는 장면이다. 물론 휘트먼의 시대에는 예수를 그 자리에 놓은 시를 신성모독이라고 생각하는 사람이 많았다. 하지만 그게 바로 이 시의 힘이다. 나는 내 시든 남의 시든 시를 읽으면서 눈물을 글썽이는 사람은 아니다. 그런데 이 시를 읽다가 눈이 촉촉해진 채로 내 감정을 설명하려고 애쓰자 학생들이 불편한 기색으로 나를 보았다.

의미를 좀 더 넓혀서, 그 아래에 무엇이 있는지 도무지 보고 싶지 않은 다른 담요들이 있다. 담요 아래에는 거창한 단어지만 일종의 진실, 우리가 보고 싶지 않은 진실이 있다. 거리에서 마주친 얼굴, 힘들어하는 사람, 고통받는 사람일 수도 있다. 우리는 고개를 돌린다. 모든 것을 다 볼 수는 없으니까. 하지만 나는 독자가 가끔이라도 그렇게 하게 만드는 시, 보게 만드는 시를 좋아한다.

휘트먼은 그걸 아주 잘 한다. 도시 사람이고 기자다 보니 관찰력이 있다. 다른 사람들이 보지 못하는 작은 드라마들을 예민하게 알아차린다. 휘트먼은 거리에서 칼 가는 사람을 구경하는 아이들에 관한 아름다운 시를 썼다. 불꽃이 튀는 모습을 보며 아이들 눈이 점점 휘둥그레진다는 시다.

나는 42년 전부터 뉴햄프셔에 있는 작은 마을에서 숲과 산에 둘러싸여 살고 있다. 산이라고 **부르긴** 하지만 사실 언덕에 가깝다. 도시에 있을 때는 온갖 게 눈에 들어온다. 시골에서는 눈에 들어오는 게 별로 없다. 시골에 살면 시간이 더 많지만 나는 마치 앞을 보지 못하는 사람처럼 아무것도 보지 못한다. 나는 어릴 때 여러 종류의 나무나 새 따위를 구분하는 법을 배우지 못했다. 그러니 시골에서는 관찰하는 능력에 한계가 있다. 좁은 흙길이나 오솔길을 따라 산책을 한참 해도 주위에서 일어나는 일을 대부분 놓친다.

내가 도시에서 자란 탓일 거다. 내 상상력은 철저하게 도시와 연결되어 있다. 누군가가 거리에서 걸어가는 모습을 보면 직업이 무엇일지, 어떤 사람일지 등을 생각한다. 도시에서 나는 관찰자가 되어 몇 시간이고 사람 구경하면서 보내곤 한다.

1964년 내가 초기작인 「나이프Knife」, 「포크Fork」, 「스푼Spoon」 등의 시를 썼을 때 나는 뉴욕 13번가와 유니버시티 플레이스 교차로에 있는 작고 허름한 아파트에 살았다. 여름이었는데 밥을 먹고는 식탁 위에 놓인 나이프, 포크, 스푼을 보고 있었다. 그때 이 세 물건이 정말 재미있다는 생각이 문득 들었다. 한 개는 싸구려 식당에서 훔쳤고, 또 하나는 다른 어딘가에서 가져온 것이었다. 이런 생각을 했다. '아, 시믹 씨, 이걸 가지고 시를 쓸 수 있는지 한번 봅시다.' 포크와 나이프는 날마다 쓰는 물건이지만 그걸 가지고 시를 쓰는 사람은 없으니까.

그래서 시를 썼고 『쿼털리 리뷰 오브 리터러처Quarterly Review of Literature』라는 잡지사에 보냈다. 편집자가 거절하면서 답장을 보냈는데 이런 내용이었다. "시믹 씨, (……) 당신이 매우 지적인 젊은이임을 알 수 있습니다." 그걸 보고 나는 고개를 갸웃했다. 뭘 어떻게 안다는 거지? 편지에는 이어 이렇게 적혀 있었다. "왜 이런 물건들에 대한 시를 쓰지요? 식사 도구 같은 중요하지 않은 물건을 소재로 글을 쓰는 이유가 무엇입니까?"

나는 그 편지를 들고 도서관으로 갔다. 아무것도 모르는 얼간이 같으니라고! 6월의 석양에 대한 시를 쓰란 말이야? 화가 나기도 했고 동시에 승리감도 들었다. 이제부터 나는 이걸 할 거야, 이건 내 거야, 하는 생각이었다. 길을 찾은 것 같았다. 거기에서 오는 기쁨이 있었다.

나에게 이상적인 시는 한 번만 읽고도 일차적 의미로 뜻을 파악할 수 있는 시다. 접근 가능성이 핵심이라고 생각한다. 일단 출발점이 있어야 한다. 평범하고 단순해 보이지만 낯선 무언가가 있는 시 — 실은 평범하지 않아서 다시 읽고 생각하게 하는 시, 읽을 때마다 시의 다른 차원에 도달하게 되는 시를 쓰는 게 나의 야심이다. 열 줄에서 열다섯 줄 정도 되는 짧지만 맹렬한 시를 써서, 휘트먼의 시와 비슷하게 독자가 읽고 또 읽고 싶어지게 만드는 무언가가 되기를 바란다.

나는 이런 꿈을 꾼다. 독자가 서점에서 시집 코너를 훑어본다. 한 권을 뽑아 몇 편을 읽는다. 그런 다음 책을 다시 꽂는다. 이틀 뒤에, 새벽 네 시에 잠자리에서 벌떡 일어나 생각한다. '그 시 다시 읽고 싶어! 어디에 있지? 그 책을 구해야겠다.'

*

*

밥짓녘 때 미끈접 설냥이들

젖은덕 둥글게 뚫파내리고

재재새 하나같이 가녀리고

길 잃은 돈동이들 꿍얼거렸네.[*]

'Twas brillig, and the slithy toves

Did gyre and gimble in the wabe:

All mimsy were the borogoves,

And the mome raths outgrabe.

— 루이스 캐럴, 「재버워키」

* 송무 기획·전국국어교사모임 엮음, 국어시간에 세계시 읽기, 휴머니스트,
  2020년(개정 2판), 126p

제시 볼 ————————————————

1978년생 미국의 소설가이자 시인. 『센서스』, 『자살 치료법A Cure for Suicide』, 『침묵이 시작되면Silence Once Begun』 등의 저서가 있다.

*

당신이 몰랐던
무의미의 의미

내가 어릴 적에 우리 아버지는 형과 어머니, 나에게 책을 소리 내어 읽어 주곤 했다. 『이상한 나라의 앨리스』와 『거울 나라의 앨리스』를 그렇게 여러 차례 몇 주에 걸쳐 읽어 주셨다. 우리 모두 가장 좋아하는 책이었다.

　우리 네 식구는 롱아일랜드 작은 도시 외곽의 기찻길 옆에서 똘똘 뭉쳐 살았다. 형과 나는 하루 종일 숲을 쏘다녔고, 저녁이 되어 아버지가 집에 돌아오면 그게 엄청난 일인 양 법석을 떨었다. 무척 가난하다 보니 어머니는 소소한 일을 중대한 사건처럼 만들려고 늘 애썼다. 그래서 아버지가 일을 마치고 돌아오는 것이 큰 행사가 되었다. 우리는 숲에서 달려나가 아버지를 맞았고 아버지는 다가오며 늘 이렇게 말했다.

그러면 네가 재버워크를 죽였느냐?
이리 오너라 내 빛나는 아들아!

그러면 형과 나는 신이 났다. 내가 정말 '빛나는 아들'이라고 생각하지는 않았지만 숲에서 재버워크를 처단하고 있었다고 상상하면 너무 좋았다.

나는 학교에서 문제를 많이 일으켰다. 유치원 다닐 때 발달이 더뎌서 특수반에 들어갔다. 선생님들은 나에게 별 기대가 없었다. 그러다가 심리 평가를 받았는데―사실 지금으로부터 1년 전에 어머니 집에서 옛 물건 상자를 뒤지다가 그 결과지를 발견했다―나의 여러 자질, 성향, 가능성에 전부 점수를 매긴 꽤 자세한 검사였다. 내 점수는 무척 낮았다. 총평으로 내 뇌에 어떤 손상이 있을 가능성이 있다고 했으니 만약 그게 사실이라면 지금까지 꽤 잘 버틴 셈이다.

그런데 딱 하나 내가 아주 높은 점수를 받은 분야가 있었다. 어른 수준을 뛰어넘는 점수였다. 뭐냐면 길고 의미 없는 구절을 되풀이하는 능력이었다. 내 나이 집단을 넘어섰을 뿐 아니라 가능한 최고 점수를 받았다. 지금 이걸 보니 무척 중대한 의미가 있는 것처럼 생각된다. 내가 평생 쏟아 온 터무니없는 노력의 중심에 바로 무의미nonsense가 있기 때문이다.

　무의미에 대한 흔한 오해가 있는데, 무의미한 것은 그저 우스꽝스러운 것일 뿐이라는 생각이다. 무의미는 '의미가 아닌 것'이 아니라 의미의 가장자리에서 작동하는 것이다. 실은 의미가 가득하다. 그러면서 보편적 이해를 거부하는 것이 무의미다.

　루이스 캐럴이 쓴 앵글로색슨 시의 한 연이 「재버워키」가 되었다고 알고 있다(무의미 시는 잘 알려진 배경을 바탕으로 그것을 깨뜨리는 방식으로 작동하곤 한다). 캐럴은 『캔터베리 이야기』와 『진주The Pearl』(14세기 중세 영어로 쓰인 알레고리 시다―옮긴이), 또 내가 가장 좋아하는 『가윈 경과 녹색기사』 등 멋진 작품의 언어를 가지고 논다. 『엑세터 북Exeter Book』(10세기의 앵글로색슨 시집 필사본으로 엑세터 성당에서 소장하고 있다―옮긴이)에 나온 수수께끼 등 더 오래된 글도 이용한다. 고대 영어와 중세 영어 전통에 속하는 두운식 운문의 놀라운 세계와 풍부한 소리의 역사를 끌어들여 활용한다. 그리하여 이런 시가 나왔다.

'Twas brillig, and the slithy toves

Did gyre and gimble in the wabe:

All mimsy were the borogoves,

And the mome raths outgrabe.

밥짓녁 때 미끈접 설냥이들

젖은덕 둥글게 뚫파내리고

재재새 하나같이 가녀리고

길 잃은 돈동이들 꿍얼거렸네.

다른 무언가 이치에 닿는 말 대신에 하는 말이 아니다. 사실은 아주 정확한 말이다. 이 시가 하는 역할을 더 잘할 수 있는 다른 말을 찾아 대신 넣을 수 없다. 이 시에는 캐럴이 앵글로색슨 단어의 소리, 색채, 방향성에서 느끼는 진실이 담겨 있다.

글을 쓸 때는 어떤 주인에 봉사하느냐의 문제가 중요하다. 만약 누군가에게 변기를 뚫으라고 말하고 싶다면, 구체적인 목적을 담아 말한다. 가서, 변기를 뚫어라. 성공할 수도 있고 아닐 수도 있다. 그런데 만약 내가 봉사하고 싶은 주인이, 내 경험의 총체를 무슨 수를 써서든 앵글로색슨 시 한 편으로 전달하는 것이라면 어떻게 할까? 그럴 때 무의미가 역량을 발휘한다. 무에서 유를 만들기 때문에 혹은 의미가 없기 때문에 경이로운 것이 아니라, 실제로 의미가 넘쳐 나기 때문에 경이롭다. 아무 할 말이 없을 때가 아니라 아주 많은 것을 말하고 싶을 때에 이런 것이 나온다.

이 시는 앵글로색슨 시의 소리에 관한 구체적인 통찰을 제공하면서 동시에 명료한 해석을 피한다. 보통 글을 쓸 때는 정확한 의사소통을 목적으로 할 때가 많다. 어떤 사람 머릿속에 존재하는 정밀한 진술을 다른 사람 머릿속에도 존재하도록 옮기고 싶은 것이다. 하지만 나는 캐럴이 생각하는 의사소통이 한층 더 재미있다고 생각한다. 캐럴은 창작한 텍스트를 독자의 정신과 충돌하는 사물이라고 본다. 충돌을 통해 제삼의 것, 전혀 예측할 수 없는 무언가가 만들어진다. 캐럴은 그 결과물에 완전히 만족하기 때문에 「재버워키」를 무엇보다도 재미있고 아름답고 사랑스럽게 만들 수 있었다. 이 시는 독자가 「재버워키」의 벡터를 따라 어딘가로 갈 수 있게 짜여 있지만 그게 어디일지는 독자 자신 말고 아무도 알 수 없다.

하지만 이런 경험을 하려면 믿음이 있어야 한다. 그래서 시가 의미와 무의미 사이를 오가는 것이다. 캐럴은 신비로운 생물과 싸우러 나서는 영웅의 서사라는 발을 디딜 단단한 땅을 독자에게 준다. 그러면 이게 무슨 뜻인지 독자가 자신감과 확신을 가지고 해석해 나갈 수 있다. 그게 가능한 까닭은 캐럴이 빈틈없는 작가라는 크나큰 믿음을 이미 쌓아 올렸기 때문이다. 캐럴은 논리학자이고 게임을 좋아하는 사람이고 극도로, 심지어 진을 빼놓을 정도로 철저한 사람이다. 이런 사람이 무의미 시를 쓰겠다고 결심했다면, 전적으로 믿을 수 있을 테니 완전히 몸을 내맡겨도 된다.

어떤 종류의 작품이든 가장 중요한 것은 그게 선물이어야 한다는 점이다. 쓴 사람이 아니라 독자가 작품을 가져야 한다. 완전히 주어져야만 하는 것이다. 「재버워키」는 이런 식으로 주어지기 때문에 여기에 자신의 내면세계를 결합해도 된다고 확실히 믿을 수 있다. 잘못 읽었다고 두려워할 필요가 없다. 이것은 나의 시다,라는 게 중요하다.

나는 글을 쓸 때 그 글이 보기에 아름다운지, 흠잡을 만한 구석이 있는지 아닌지를 크게 중요하게 생각하지 않는다. 글이 옳은 방향을 가리켜서 독자의 마음속에서 무언가가 일어나게 하면 된다. 이것과 반대 방향으로 가면, 겉보기에는 아름답고 완벽해 보이지만 아쉽게도 좀 따분한 산문이 된다. 완벽하게 들어맞기 때문에 헐뜯을 수도 없다. 들여다보면 모든 걸 다 갖추었고 정확하고 등등 그렇다. 그런데 사실 무언가 너덜너덜하고 이상하게 생긴 것이 글로서는 쓸모 있고 효과적일 수 있다. 마음속에서 반드시 일어나야 하는 폭발을 일으키기 때문이다.

내 글쓰기의 중심 원칙은 다닐 하름스에게서 얻었다. 하름스가 이런 말을 했다.

시는 유리창에 집어 던졌을 때 그 유리를 깨야 한다.

효과가 가장 중요하다는 말이다. 나는 이런 접근법을 따르려고 한다. 글을 유려하게 잘 썼다고 만족하지 말고 글의 효과를 추구해야 한다.

우리에게 주어진 시간이 극히 짧다는 사실을 생각해 볼 때 현실적인 방법이기도 하다. 이런 이야기를 들었다고 해 보자. "당신 할머니는 5분 안에 돌아가실 겁니다. 들어가서 할머니에게 무언가 멋진 이야기를 해 드리세요. 아름다운 이야기를 듣고 싶어 하십니다." 이런 상황에서 심사 위원에게 제출할 글을 쓸 때처럼 완벽하게 조화롭고 균형 잡히고 풍자적이고 위트 있고 정확한 글을 작성할 수는 없다. 『뉴요커』 필진이 칭찬할 만한 글을 쓸 것도 아니다. 그저 할머니와 내가 공유하는 언어의 범위 안에서, 모든 제약을 무너뜨리고 울림을 일으키려고 해야 한다. 이 울림이 유일한 목적이다. 울림이 없는 것은 전부 갖다 버린다. 그게 진짜배기다.

그러려면 단어를 소리로 생각하는 게 가장 중요하다. 글을 읽을 때는 사실상 그 단어의 소리를 머릿속에서 듣게 되기 때문이다. 소리는 언어들 가운데 인공적이고 낡은 것과 꼭 필요하고 진짜인 것을 가리는 좋은 기준이 된다. 어떤 작품을 읽었는데 거기 담긴 내용이 잘 와닿지 않는다면, 문명의 기념비 전부를 버팀목으로 삼아야만 무슨 의미인지 해독할 수 있을지도 모른다. 하지만 '이 글을 제대로 읽으려면 다른 책 50권을 읽어야 한다'는 말은 받아들일 수 없다. 작품은 그 안에 해석을 위한 도구를 모두 갖추고 있어야 한다. 무엇이 꼭 필요하고 진짜인지는 소리에서 단서를 얻을 수 있다.

내가 글을 쓸 때, 특히 탄력을 받아 글이 잘 풀릴 때는 글을 쓰면서 동시에 작은 소리로 웅얼웅얼 읽는다. 공공장소에서 혼자서 중얼거리고 있자면 좀 창피하기는 하다(가능한 한 다른 사람들에게서 멀리 떨어져 앉으려고 한다). 글을 다 쓰고 나서 다시 들여다볼 때 자기 글이 어떤지 잘 모르겠다는 사람도 있다. 자기 작품을 제대로 보고 판단하려면 어떻게 해야 하는가? 소리 내어 읽는 것도 한 가지 방법이다. 약간 어렵게 느껴지는 사람, 그 사람이 어떻게 생각할지 의견이 신경 쓰이는 사람에게 읽어 주면 좋다. 소리 내어 읽다 보면 건너뛰고 싶은 부분, 들려주고 싶지 않은 부분이 나온다. 그 부분이 약한 구석이다. 그냥 혼자 눈으로 읽어서는 이런 부분을 발견하기가 어렵다. 하지만 소리를 듣고 느끼면 평가하기가 더 쉬워진다.

우리 아버지는 「재버워키」를 날마다 집으로 돌아오는 일상적 순간을 더 신나고 즐거운 일로 만드는 수단으로 사용했다. 시를 사용하는 훌륭한 방법이다. 문학을 사용하는 데에는 옳거나 그른 방법이 없다. 하지만 소리를 입으로 전하고 말하고, 다시 말해서 아름다운 의식儀式의 순간으로 만드는 것은 시를 사용하는 특히 눈부신 방법일 것이다. 어쩌면 우리는 그런 것에 도달하려고 애써야 할지 모르겠다.

*
*

나도, 다른 어느 누구도 당신 대신 그 길을 갈 수 없다,
당신 스스로 가야 한다.

그 길은 멀지 않고 닿을 수 있는 거리에 있다,
태어났을 때부터 그 위에 있었으면서 모를 수도 있고,
물 위 땅 위 어디에나 있을 수도 있다.

— 월트 휘트먼, 「나 자신의 노래」

에이미 탄 ─────────────────────

1952년생 미국 작가. 『조이 럭 클럽』, 『부엌신의 아내』, 『환생』, 『접골사의 딸』, 『경이의 골짜기The Valley of Amazement』 등이 있다. 중국계 이민자의 딸로 태어나 주로 모녀 관계와 중국계 미국인들의 삶을 그렸다. 미국 국가 인문학 훈장, 아시아-태평양 미국 문학상 수상, 미국 공로 아카데미에서 주는 골든 플랫 어워드 등을 수상했다.

*

이 문장이 곧
내 삶과 내 글이다

내 소설 『경이의 골짜기』에서 에드워드 아이보리라는 인물이 월트 휘트먼의 「나 자신의 노래」 중 이런 구절을 암송한다.

> 나도, 다른 어느 누구도 당신 대신 그 길을 갈 수 없다,
> 당신 스스로 가야 한다.
>
> 그 길은 멀지 않고 닿을 수 있는 거리에 있다,
> 태어났을 때부터 그 위에 있었으면서 모를 수도 있고,
> 물 위 땅 위 어디에나 있을 수도 있다.

이 소설을 쓸 때 서양인이며 상인의 아들인 에드워드가 어떻게 중국에 오게 됐을까를 고민하다가 이 구절을 발견했다. 소설을 쓰는 도중에 책장에서 아무 시집을 꺼냈다가 맞닥뜨렸다. 단어들이 책장 위에서 나를 바라보고 있었다. 그때 깨달았다. '에드워드라는 인물이 이런 거야.' 아니 그게 다가 아니었다. '내 글이 이런 거야. 내 삶이 통째로 이런 거야.'

누구도 나의 길을 대신 갈 수 없다. 스스로 가야 한다. 이런 믿음은 사실 어린 시절에 생겨난 것이다. 나는 태어나면서 신앙이 자동으로 주어지는 가정에서 자랐다. 우리 아버지는 기술자면서 침례교 목사기도 했다. 나는 매주 일요일이면 교회에 갔고 여름방학 때는 날마다 교회에 갔다. 성경 공부 모임에 가고, 성가대 연습에 가고, 기타 등등 교회 활동이 끝이 없었다. 나는 행동거지를 바르게 하려고 정말 열심히 노력했다. 예수님 말씀에 귀를 기울이고 하느님이 이끄는 대로 가려고 애썼다. 그런데 그럴 수가 없었다. 착한 침례교도가 되려고 최선을 다했지만 한편으로 마치 내가 사기꾼인 것 같은 기분이었다.

그러다가 어느 해에는 정말로 믿으려고 간절히 애를 썼다. 오빠가 뇌종양으로 앓아누운 것이다. 집에서도 교회에 가서도 믿음의 강도를 드높였다. 우리가 정말 열심히 믿으면 오빠를 구할 수 있을 거라고 생각했다. 그런데 오빠는 좋아지지 않았다. 오히려 아버지마저 쓰러졌고, 뇌종양 진단을 받았다. 그래서 강도를 더욱, 최고조로 올렸다. 그랬으나 두 사람 모두 세상을 떴다.

내가 정말 착하게 살려고 특별히 노력하던 그해에 나는 금지된 책을 읽었다는 이유로 교회 상담 교사에게 가야 했다. 우리 아버지가 죽어 가고 있을 때, 하느님과 아버지를 실망시켰다는 꾸지람을 들으면서, 나는 교회 상담 교사에게 성추행을 당했다. 이런 경험들이 쌓여 결국 나는 모태에서 물려받은 신앙을 버렸다. 세상을 바라보는 나만의 방법을 스스로 찾겠다고 마음먹었다.

그런데 뜻밖의 아군이 있었다. 아버지가 돌아가시고 난 뒤에, 전에는 몰랐던 어머니의 온갖 믿음이 겉으로 드러났다. 여태 어머니가 신실한 침례교도인 척하고 있었다는 걸 알게 되었다. 어머니는 저주, 업보, 재수, 액운, 풍수 등등 온갖 것을 믿었다. 어머니의 무정형 믿음 체계를 보자 나도 어떤 것이 나에게 맞느냐에 따라 나의 철학을 고를 수 있다는 생각이 들었다. 지금까지 보고 안 것을 바탕으로 개인적 사고의 틀을 발전시킬 수 있었다. 살아남기 위해 필요한 생각은 받아들이고 나를 무겁게 짓누르는 것들은 버리면 된다 싶었다.

어머니의 열린 태도는 여전히 나에게 자극이 된다. 나는 좋은 의미의 회의주의자가 되려고 애쓴다. 모든 것에 의문을 품지만 또 어떤 것에도 열려 있으려고 한다. 나에게 흔들림 없는 믿음이란 없다. 내 가치 체계는 경험과 함께 바뀌고 자란다. 상황이 바뀌면 내 믿음도 달라진다.

그래서 복음주의 같은 방식은 거부한다. 다른 사람에게서 무언가를 이끌어 내려고 굴욕을 주는 방법도 거부한다. 하지만 내가 다른 사람의 방식에 동의하지 않는다고 해서 다른 사람의 필요를 함부로 판단할 권리가 나한테 있다고는 생각하지 않는다. 휘트먼이 말하듯 우리는 근본적으로 모두 혼자다. 동반자는 있을 수 있지만 나로 사는 게 어떤 것인지 진정 아는 사람은 아무도 없다. 그러니 아무도 나에게 세상을 어떻게 이해해야 하는지 일러 줄 수 없고 나도 다른 사람에게 어떻게 살라고 말할 수 없다.

우리는 독특하기 때문에 특별하고, 그렇기 때문에 각자의 인식은 귀하다. 하지만 그래서 외롭기도 하다. 이런 외로움은 '혼자'인 것과는 또 다르다. 사람들에게 둘러싸여 있어도 외로울 수 있다. 내가 말하는 이 감정은 우리가 진정 어떤 사람인지를 다른 사람과 온전히 나눌 수는 없다는 인식에서 나온다. 나는 아주 어릴 때 절절하게 이런 느낌을 받았다. 여섯 살인가 일곱 살 때 내 감정을 정확히 표현하는 단어를 찾으려고 유의어 사전을 뒤적이곤 했다. 그런데 딱 맞는 단어를 찾을 수가 없었다. 무언가를 다른 방식으로 말하면 의미가 미묘하게 달라진다는 건 알았다. 이를테면, '떨어지다'와 '내던져지다'의 차이를 느낄 수 있었다. 하지만 내가 슬픔 비슷한 감정을 느낄 때에 내 안에서 느껴지는 전부를 담은 단어를 찾을 수는 없었다. 언제나 단어가 못 미친다고 느꼈고 말로는 내 감정을 절대로 표현할 수 없으리라고 생각했다. 영원히. 지금도 내 생각과 감정, 내가 본 것을 전부 통째로 표현하기는 어렵다.

하지만 이런 외로움이 글쓰기의 동력이다. 언어는 사람이 교감하는 최선의 방법이기 때문이다. 나는 인물의 진실을 포착하고 이에 더해 내 감정의 진실을 담기 위해서는 글을 미시적으로 써야 한다는 것을 알게 되었다. 인물을 구성하는 아주 작은 세부 사항에 초점을 맞춘다. 한 사람 한 사람의 관점이 절대적으로 유일무이해진다. 나는 글을 쓸 때 개인의 의식을 형성하는 구체적 사건과 관계를 전부 밝힌다. 어떤 순간에 어떤 사람이 어떻게 행동하는가를 보여 주는 것만으로는 충분하지 않다. 동작 하나하나에 영향을 미치는 개인사 전체와 맥락을 제공하고 싶다.

언젠가 미국시민자유연맹ACLU의 명예 자문위원 자리를 권유받은 적이 있다. 나는 ACLU를 정말 존경하고 이들이 해내는 중요한 일을 높이 평가하지만, 이렇게 대답했다. "여러분은 먼 거리에서 거시적으로 사물을 바라보지만 저는 미시적으로 바라봅니다." 나는 이야기가 시작되는 아주 작은 끄트머리에 있다. 그래서 **모든** 사람을 향해 무언가가 이렇게 되어야 **한다**고 말할 수는 없을 것 같다. 나는 일반화하는 방식으로는 사고하지 않는다. 이야기는 현미경 수준의 세부 사항에서, 개인의 삶을 구성하는 상세한 내용에서 시작되기 때문이다. 이곳이 나의 영역이다.

글을 쓸 때 나는 이 인물들이 무엇을 생각하고 어떻게 행동할지, 어떤 일이 일어날지, 모든 가능성에 열려 있다. 그렇게 하려면 손으로 글을 써야 가장 잘된다. 그래서 초고를 쓸 때는 손으로 쓴다. 그러면 모든 특별한 정황, 합해져 진실을 만들어 내는 사소한 세부 요소에 예민하게 열려 있을 수 있다.

이야기를 쓰기 시작할 때도 그렇지만 한창 쓰는 도중에는 더더욱 인물이 살아가면서 바뀌는 상황과 역경들을 마주할 때 어떤 생각을 할지 확립하는 일에 많은 정성을 쏟아야 한다. 사랑에 빠지거나, 누군가의 죽음을 겪거나, 혹은 자기가 죽는다고 생각할 때 인물들은 어떻게 반응하며 어떤 경험 때문에 이렇게 반응하는 걸까? 인물이 삶의 여러 상황에 어떤 신념 체계로 반응할지에 대해 나는 열린 태도를 유지해야 한다. 나는 휘트먼이 "물 위 땅 위 어디에나 있을 수도 있다"고 한 것처럼 하나의 길로 제한하지 않고 드넓은 공간을 탐색할 수 있게 할 것이다.

나의 초고는 혼란의 도가니다. 모든 가능성에 마음을 열려고 하다 보면 무정부 상태가 펼쳐진다. 그렇다면 내가 생산적인 방향으로 가고 있는지 아닌지 어떻게 알 수 있을까? 인물의 삶에 어떤 일이든 일어날 수 있다면 어떤 세부 사항에 집중하는 게 도움이 될지 어떻게 결정할 수 있을까?

내가 처음 소설을 쓰기 시작했을 때 누군가가 스즈키 순류가 쓴 『선심초심』이라는 책을 나에게 주었다. 이 책은 이렇게 시작한다.

초심자의 마음에는 여러 가능성이 있지만 전문가의 마음에는 가능성이 아주 적다.

나는 초심자의 마음으로 돌아가 내가 지닌 가정이나 평소의 생각, 혼동, 이야기의 진행 경로를 제한하는 빤한 결론들을 최대한 떨쳐 버리도록 애써야 한다. 전제와 결론을 가지고 시작하면 무척 위험하다. 그러면 가능성이 닫혀 버린다. 인내심을 갖고 마음을 열면 어느 순간 내가 표현하려고 하는 말 없는 감정이 어디인지 알 수 없는 종착점으로 이야기를 이끌고 갈 것이다.

그래서 나는 최대한 많이, 현미경처럼 자세하게 보려고

애쓴다. 이런 연습을 할 때 오래된 가족사진을 쓰면 도움이 된다. 이미지를 최대한 크게 확대한 다음에 픽셀 하나하나를 살핀다. 보통 우리가 사진을 볼 때는 이런 식으로 보는 게 아니라 전체 형태를 파악하고 중심 이미지에 초점을 맞추기 마련이다. 하지만 일부러 구석에서 시작해서 모든 세부 사항을 다 보려고 해 본다. 그러면 이상한 일이 일어난다. 전에는 알아차리지 못했던 부분을 보게 되는 것이다. 때로는 내 가족의 이야기에서 매우 중요하고 결정적이지만 미처 알아차리지 못했던 세부 사항을 발견하게 된다. 이런 과정이 내가 작업하는 방식의 은유다. 글쓰기도 자세히, 아주 꼼꼼히 바라보고 뜻밖의 자리를 살피고 이렇게 찾아낸 것을 수용하는 과정이다.

그래서 나는 조사하고 집필하는 단계에서 너무 자세하게 들어가는 오류를 범하곤 한다. 결국에는 95퍼센트는 버리게 된다. 그래도 그 과정이 좋다. 글 쓰는 과정의 일부이기 때문이다. 시간 낭비라고 생각한 적은 없다. 글을 쓰는 도중에는 어디로 갈지 알 수가 없다. 내가 무엇에 대해서도 결론을 내리지 않는 것도 같은 이유다. 고정된 믿음을 가지지 않는 것도. 무엇을 믿고 어떤 결론을 내릴지에 대해 나는 늘 유동적이다. 물론 이야기는 어딘가로 가기는 가야 한다. 아니면 책을 완성해 넘길 수가 없을 테니까(어쩌면 언젠가는 그렇게 해 볼 수도 있을 것 같다. 그냥 나만을 위해, 글 쓰는 과정 자체를 목적으로 삼고 영원히 쓰는 거다). 하지만 언젠가는 마무리를 지어야 하니까 그 시점에는 작법을 따른다. 무정부 상태에서 이것저것 모든 것을 해 본 다음 기술을 적용하는 것이다. 손으로 쓴 초고를 컴퓨터 스크린으로 옮긴다. 그러면 그게 작업 감독이 되어 채찍을 휘두른다. 이제는 가고 싶다고 아무 데로나 갈 수 없고, 방에 앉아 어질러진 것을 치워야 한다.

그렇지만 나에게 글쓰기에서 가장 중요한 부분은 마음을 여는 것이다. 새로운 생각에, 다른 사고의 틀에, 처음에는 이해하지 못하던 세부 사항에 마음을 연다. 나는 휘트먼이 "물 위에 있을 수도 있다"고 말하는 것이 좋다. 물은 내가 얼마 전에 새로 발견한 길이기도 하다. 나는 원래 물을 무서워했다. 바다에는 절대 들어가지 않았고 혹시 들어가게 되면 겁에 질렸다. 수면 아래에 뭐가 있는지 보이지 않아서 무서웠다. 바다는 너무나 광대해서 거기에서 무엇이든 나올 수 있을 것 같았다.

그런데 내 친구 중에 아직 발견되지 않은 생명체를 찾는 해양생물학자들이 있는데, 이 친구들이 물 밑 세상을 한번 구경해 보라고 나를 부추겼다. 그래서 예순 살 생일 때 먼 바다에 있는 섬에 가서 일주일 내내 스노클링을 했고 볼 수 있는 한 최대한 많은 것을 봤다. 심지어 상어도 봤다! 바나 전체가 놀이동산이 되었다. 어떻게 이 세상, 이렇게 거대한 세상, 우리가 사는 육지보다 더 큰 세상을 모르고 살았을까? 우리의 삶이나 일에도 꿈조차 꾸지 못했던 거대한 가능성이 있으리란 것을 일깨워 주는 은유처럼 느껴지는 경험이었다.

＊
＊

나는 뒤로 눕는다. 날이 어두워지고 저녁이 다가올 때.

말똥가리가 집을 찾으려 머리 위로 지나간다.

나는 인생을 낭비했다.

— 제임스 라이트, 「미네소타 파인섬에 있는 윌리엄 더피 농장에서
해먹에 누워Lying in a Hammock at William Duffy's Farm in Pine Island, Minnesota」

데이비드 미첼 ────────────

1969년생 영국 작가. 저서로는 『클라우드 아틀라스』, 『야코프의 천 번의 가을』, 『유령이 쓴 책』, 『블랙스완그린』 등이 있다. 코먼웰스상, 영국 도서상 수상을 수상했다.

*

내 두개골을
녹이는 시

내가 책을 출간한 작가가 되기 전, 스물아홉 살쯤 되었을 때 (이 글을 쓰는 지금은 마흔다섯이다) 서점에서 시집 코너를 훑어보고 있었다. 제임스 라이트라는 처음 들어보는 시인의 얇은 시집 『가지는 부러지지 않을 것이다 The Branch Will Not Break』를 발견했다. 그 시집을 넘겨보다가 발견한 시는 지금까지 내가 읽어 본 가장 아름다운 글로 남아 있다. 「미네소타 파인섬에 있는 윌리엄 더피 농장에서 해먹에 누워」라는 짧은 시다. 시집을 사서 이 시를 내 책상 위쪽에 붙여 놓고 또 내가 일하는 장소마다 붙여 놓았다. 살면서 무슨 일이 일어나든 간에 눈을 들면 언제나 글로 만들어진 해먹을 찾을 수 있도록.

시에서 화자는 주로 빈둥거리며 여름날을 보내면서 주변 풍경을 묘사한다.

> 머리 위쪽에 보이는 구릿빛 나비,
> 검은 나무껍질 위에 잠들어
> 녹색 그늘 아래에서 나뭇잎처럼 파닥인다.

나는 이 시의 느긋한 리듬(해먹에 누워 있으니 당연히 느긋할 수밖에 없다)이 좋다. '구릿빛', '검은', '녹색' 같은 색채도 좋다. 색조가 섬세하고 절묘하다. "나는 뒤로 눕는다. 날이 어두워지고 저녁이 다가올 때" 등 요란한 언어를 쓰지 않는 것도 마음에 든다. '저녁이 다가온다'는 말은 문학적인 표현이라기보다 그냥 우리가 쓰는 일상어라 해도 좋을 정도다. 또 독자가 공간 안에서 구체적으로 자리를 잡을 수 있게 해 주는 전치사를 쓰는 것도 좋다. "위over", "아래down", "속으로into", "오른편에on my right" 등이 나온다. 행마다 "텅 빈", "위낭" 등 핵심어가 있고, 거의 암호문처럼 짜여 있다. 한 단어 한 단어 다 쓸모가 있다. 요란하지 않고, 영리하고, 기만적일 정도로 단순하다.

그런데 시의 마지막 부분에 뜻밖의 반전이 있다.

말똥가리가 집을 찾으려 머리 위로 지나간다.
나는 인생을 낭비했다.

이 마지막 행을 어떻게 받아들여야 할까? 시인이 쓴웃음을 터뜨리며 이 문장을 내뱉는 소리가 들리는 것 같다. 나 인생을 낭비했어! 그러면서 웃고 있다. '어이쿠, 또 그랬네. 시간을 버렸네.' 그는 생각한다—'그래도 적어도 난 낭비했단 사실은 알아.' 그렇다고 해서 평생을 전부 허비한 것은 아니고, 시인도 그렇다는 사실을 안다. 해먹에 드러누워서 세상을 잠시 멈추어야 이 시에서처럼 뚜렷하게 볼 수 있다. 시인은 전에도 이 해먹에 올라간 적이 있고, 이런 순간을 보낸 적이 있고, 대체로 긍정적인 경험이었다. 몸에서 힘을 쭉 빼지만 그렇다고 우울에 빠지지는 않는다. 슬픔, 갈망, 그리움, 그리고 쓸쓸함이 있다. 자조하듯 허탈하게 내뱉는 웃음이다.

나에게 이 시가 소중한 까닭은 이 순간에 머무르라고 일깨워 주기 때문이다. 이미 일어난 일을 붙들고 괴로워하거나 아직 일어나지 않은 일을 두고 쓸데없이 고민하지 말라고 한다. 시는 현재에 살라고 당부한다. 평소에는 보지 못하는 주변에 있는 아름다움을 그냥 보라고.

우리는 현재에 남아 있기를 어려워한다. 생각이 원숭이처럼 과거의 정글과 미래의 숲에서 정신없이 뛰어다닌다. 그런데 라이트의 시가 말한다. 멈춰! 그냥 멈춰. 진정하고 차분히 주위를 둘러봐. 이 시는 바라보는 행위에 경의를 표하고 어서 그렇게 하라고 부추긴다.

그런데 나는 그걸 늘 잊는다. 자꾸 잊는다. 이 시가 말하는 것을 명심하고 하루 중 0.1퍼센트의 시간이라도 내어 속도를 늦추고 자세히 들여다볼 수만 있다면, 그날은 좋은 날이 될 것이다. 깨어 있는 날. 하지만 대개는 그 정도조차도 하기 힘들다.

세상은 늘 우리 주의를 흐트러뜨린다. 인간이라는 종이 가진 창의성의 대부분은 정말 중요한 일로부터 우리 주의를 돌리도록 정신을 빼앗는 새로운 방식을 찾는 데에 투입된다. 예를 들어 인터넷은 치명적이다. 그래서 끝없이 정신을 흩뜨리는 것들 틈새에서 집중을 유지하는 일이 가장 중요하다. 우리에게는 고작해야 그럭저럭 반쯤 괜찮은 부모가 되는 일과 이에 더해 한 가지 일 정도를 더 할 여유밖에는 없으니까.

나에게 그 한 가지 일은, 글을 쓰는 것이다. 시간을 짜내기 위해 내가 쓰는 몇 가지 방법이 있다. 첫째, 다른 것은 모두 잊는다. 둘째, 강제성을 부여한다. 무조건 컴퓨터 앞으로 가서 전원을 켠다. 그럴 기분인지 아닌지 생각하지 않고 다른 생각은 다 떨쳐 버리고 파일을 연다. 일단 파일을 열고 나면 이제 안전하다. 화면에 단어가 나타나면 거기에 주의가 팔린다.

물론 주의를 파는 것이 아니라 그게 내 일이지만. 이렇게 해서 잘되면 아주 좋다. 물론 절제력이 있는 사람이라면 이렇게 자신을 몰아가야 할 필요가 없을 수도 있겠지만 나는 그렇게 한다. 좋아, 일할 시간이야,라고 마음을 잡고 단어를 마주보는 순간 주의를 뺏으려 하는 다른 것들 전부를 뒤로 밀어낼 수 있다.

세 번째로 브라우저 홈 화면을 기본 화면에서 바꾸지 않고 그대로 둔다. 그 사이트는 좀 재미가 없으니까. 가장 좋아하는 신문 사이트를 홈으로 설정하면 끝장이다.

이게 생계유지 수단이라는 걸 잊지 말아야 한다. 출판사에서 열심히 일하는 사람들이, 보너스를 받고 애들을 키우고 주택 담보 대출금을 갚기 위해 내 다음 책을 기다리고 있다. 무의미하게 세월을 흘려보내지 않는 것이 이 사람들에 대한 나의 의무다. 물론 무엇보다도 일차적으로는 나를 위해서고 내 책을 위해서지만, 그런 책임감만으로는 일이 진행되지 않는다 싶을 때는 내 생계뿐 아니라 다른 사람의 생계도 여기에 달려 있다는 걸 떠올리면 좋다.

나는 파일을 열기 위해서 이런 회초리들을 사용한다. 일단 열기만 하면 안전하다. 고비를 넘기고 무사히 집으로 돌아왔다.

집중력을 유지하고 자세히 들여다보는 것과 실제로 글을

쓰는 행동 사이에 어떤 관계가 있다고 나는 생각한다. 자세히 보는 연습을 많이 할수록 어떤 장면을 더 설득력 있게 그릴 수 있다. 사물과 사람과 빛과 시간과 분위기와 공기 사이의 관계를 보는 데 익숙해진다. 이게 우리가 제임스 라이트가 말하는 해먹의 순간을 누릴 때 하는 일이자, 어떤 장면을 생생히 그리기 위해서 해야만 하는 일이기도 하다. 작가들은 모두 그렇게 할 거라고 생각한다. 내가 이 분야에 특별히 재능이 있다고 생각하지는 않지만, 세상을 지각하는 기술과 어떤 장면에 사물과 사람을 생생하게 담는 기술에 서로 겹치는 부분이 있다면 여기에서 그 연결 고리를 찾을 수 있을 것이다.

나는 작품에 미래나 먼 과거에 일어난 장면을 쓸 때가 많다. 직접 경험한 적이 없고 경험할 수도 없는 시간과 공간 한가운데에 빠져들려면 어떻게 해야 할까?

글쎄, 이렇게 물어보고 싶다. 여러분과 오대조 할아버지 사이의 차이는 뭘까? 어떤 점 때문에 다르다고 할 수 있을까?

나는 이거라고 생각한다. 당연히 여기는 바가 다르다는 점.

우리가 삶, 권리, 주변 사람들에 대해 당연히 여기는 것들이 달라졌다. 인종, 젠더, 섹슈얼리티, 일, 신 등에 대해. 국가와의 관계. 건강관리, 교육, 여가 등 국가의 의무와 책임. 이런 것들에 관해 무얼 당연히 여기느냐가 한 문화와 다른 문화를, 한 세대와 다른 세대를 구분하는 지점이 된다.

그러니까 미래에 대해 글을 쓸 때에는 미래 사람들이 무얼 당연히 여길지를 생각해 내려고 하면 된다. 2014년에 발표한 내 소설 『뼈 시계The Bone Clocks』에는 두 가지 시간대의 다른 미래가 나온다. 2025년은 출간 후 고작 11년 뒤니까 몇 가지 새로운 기계들이 더해졌을 뿐 우리가 사는 곳하고 크게 다르지 않다. 2040년대는 더 극적인 변화가 일어나 있다. 석유가 이제 나오지 않는다. 이때 사람들이 비행기를 타고 한두 시간 만에 수백 킬로미터를 이동하는 것에 대해 어떻게 생각할지 떠올려 본다. 아니면 대양을 가로질러 대화를 나누는 것에 대해서나. 인간 역사 전체의 관점에서 보면 정말 신기한 일이다. 전에는 그냥 **불가능**한 일이고 상상조차 하지 못할 일이었다. 지금은 주머니에서 장치를 꺼내어 뉴질랜드 오클랜드에 있는 사람과 대화할 수 있다. 그러면서도 그걸 기적으로 여기지 않는다는 사실이 기적이다. 이런 기술—스마트폰을 꺼내 지구상 어디로든 전화를 거는 기술이 생겨난 지는 10년, 20년밖에 되지 않았다. 그런데도 우리는 이미 당연한 것으로 여긴다. 우리 시대에 산다는 것은 그런 것이다.

화력발전소를 돌릴 석유가 없으면 전력망이 가동되지 않고 우리가 쓰는 장비에 전력을 공급할 수도 없다. 그러면 이런 장비들을 당연하게 여기고 사용할 수 없게 될 것이다. 우리 후대는 '우리 할아버지는 오클랜드에 있는 사람에게 전화로 연락할 수 있는 시대에 살았대, 세상에!'라고 말하며 경탄할 것이다. 이런 식으로 다른 시대의 이야기에 자신을 투사하면 된다. 그때 사람들이 무엇을 당연히 여기고 무엇은 그러지 않을지 상상할 수 있다.

다른 시대나 다른 문화에 속하기 때문에 당연히 여기는 것도 제각각 다른 여러 세계가 펼쳐져 있으면 비슷한 점과 다른 점이 무엇인지 살펴볼 수 있다. 변화에 대해 생각해 볼 수 있다. 변화라는 것은 참 흥미롭지 않은가? 그런데 일단 변화란 무엇일까? 변화는 바람처럼 눈에 보이지 않지만, 태풍이 불 때를 생각하면 영향은 확실히 느낄 수 있다. 내 책이 드넓은 범위의 시간과 문화를 가로지르다 보니 원래는 보이지 않거나 만질 수 없는 것들을 눈에 보이게 그릴 수 있는 것 같기도 하다. 초점을 맞출 수 없는 것에 초점을 맞추게 하기도 한다.

그러다 보면 변하지 않는 것이 무엇인지도 살펴보게 된다. 예를 들면 우리는 지금 어느 때보다도 더 세상이 빨리 변한다고 믿는다. 하지만 종교개혁 시대의 영국에 사는 사람들도 이렇게나 세상이 빨리 변하다니 믿을 수가 없다고들 했을 것이다. 아니면 산업혁명이나 남북전쟁 동안이나 20세기에 독일과 러시아와 영국과 미국의 폭탄이 사방에 떨어지던 때에 살았다고 하더라도 마찬가지다. 변화가 급격히 빠르게 일어난다고 느꼈을 것이다. 우리는 모든 것이 디지털화되며 마치 새로운 현실이 도래한 듯 느끼지만, 그건 우리 세대만의 생각일 수도 있다. 우리 세대에 일어나는 변화의 양상이 그런 것일 뿐일지도 모른다. 다시 말해 우리 세대만이 특별한 것은 아니다.

변화와 영속성이 모든 소설의 기본적인 주제라고도 말할 수 있다. 기억과 정체성도 여기에 추가할 수 있겠다. 아무리 애를 써도 소설에서 변화를 완전히 빼 버릴 수는 없다.『뼈 시계』에서는 이 주제가 특히 두드러지지만 다른 어디에서든 볼 수 있는 테마다. 제임스 라이트의 시도 마찬가지다. "작년에 떨어진 말똥이 / 금덩이처럼 번쩍거린다"는 행에서 영원성과 환생을 볼 수 있다. 이 시에 그려진 목가적 풍경은 시간을 뛰어넘는 보편성을 띤다. 지난 5000년의 세월 도중 어느 때에라도 쓰였을 수 있다. 제목을 제외하면 라이트의 시를 역사상 특정 시기와 연결 지을 만한 것은 아무것도 없다. 최소 농경이 시작된 이후라면 어느 때라도 상관없다. 그리고 시인이 선택한 단어들, '나비', '골짜기' 등도 자연적이고 원초적이다. 이 시를 읽는 경험도 원초적 경험이다. 청각적(멀리에서 쩔렁이는 워낭 소리)이고 시각적인 경험이다. 나비가 보일 정도로 시각적으로 아주 가까워졌다가 또 저 높이 하늘 위에 점처럼 보이는 말똥가리를 언뜻 보며 극히 먼 곳으로도 시야가 뻗는다.

이렇게 하여 라이트는 시간을 초월한 변하지 않는 인간의 경험을 포착한다. 세상을 바라본다는 단순하고도 심오한 행위다. 라이트가 하도 충만하고 아름답게 표현해서 그의 정신과 주변 세상이 하나로 합해진 것 같다. 두개골이 녹아내린 것처럼. 라이트는 두개골이 녹아내린 것처럼 순수하게 세상을 경험한다.

정교한 작은 보석 같은 이 시를 나는 평생 내 책상머리에 붙여 놓을 생각이다.

*

*

사람은 삶에 책임이 있다. 우리는 저 끔찍스런 어둠 속에 있는
작은 등불에서 왔고 그리로 돌아갈 것이다.

— 제임스 볼드윈, 『다음의 불The Fire Next Times』

아야나 매시스 ————————————————————————

1973년생 아프리카계 미국 작가. 저서로는 『해티의 열두 부족The Twelve Tribes of Hattie』, 『미정착자들The Unsettled』 등이 있다.

*

우리는 모두
죽는다

제임스 볼드윈의 작품을 처음 읽었을 때 내 나이는 아마 열아홉이나 스무 살이었을 것이다. 그 무렵에 나는 내내 꼬박꼬박 다녔던 교회에 더 이상 나가지 않게 되었다. 교회에는 가지 않았지만 내가 자라 온 격하고 강렬하게 종교적인 환경을 나름으로 이해하려 여전히 애쓸 때였고, 이런 상황에서 볼드윈의 『산 위에 올라 말하라Go Tell It on the Mountain』를 읽었다. 믿을 수 없게 강력하고 큰 깨달음을 주는 소설이었다. 1930년대 할렘에 사는 소년이 열네 번째 생일에 종교적 개심을 경험하는 이야기다. 나는 그 뒤로 이 책을 다시 읽고 또 읽었는데 읽을 때마다 늘 다른 것을 얻었다.

볼드윈의 장편 에세이 「십자가 아래에서—내 마음의 한 지역에서 온 편지Down at the Cross : Letter from a Region in My Mind」는 『다음의 불』에 실린 두 논픽션 가운데 하나다. 이 글에서 볼드윈은 같은 주제로 다시 돌아갔는데 이번에는 소설이 아니라 자서전으로 썼다. 제임스 볼드윈 자신도 열네 살 때 개심했다. 이 글에서는 할렘에서 십대 설교자가 되어 열일곱 살 무렵까지 열렬하게 설교를 하다가 교회를 떠나 세상으로 나갔던 일을 들려준다.

「십자가 아래에서」에는 여러 이야기가 담겨 있지만 볼드윈이 어린 시절 종교 활동을 한 경험에서 시작한다. 볼드윈은 특히 주변 사람들과 자신 안의 여러 공포에 주목하는데, 이 공포는 교회의 관점에서 보는 악에 대한 공포도 있지만 그보다는 주로 인종의 관점에서 본 세상의 악에 대한 공포였다.

미국에서 민권 운동이 시작되기 전에 흑인으로 산다는 것은 몸은 살아 있다고 할지라도 지성, 영혼, 정신, 경제적 가능성이 모두 중대한 위험에 처해 있다는 의미였다. 볼드윈은 민권 운동이 혁명의 기회라고 생각했지만 혁명이 가능하려면 먼저 국가가, 특히 미국 백인들이 인종을 근거로 핍박과 폭력을 자행해 온 추악한 현실을 인정해야만 했다. 매우 중대한 선택을 내려야 한다는 의미였다. 하나의 국가로서 앞으로 나아갈 수도 있고, 혹은 백인 우월주의의 현재 상태를 유지하면서 미국 사회의 핵심에 있는 부패로 인한 필연적인 국가적 쇠락과 죽음의 길로 갈 수도 있었다.

다음의 글은 사람이 왜 이렇게 파괴적 공포에 취약하여 두려움의 그림자 안에서 움츠리고 마는지를 파고드는 중대한 대목이다.

우리가 러시아의 위협이라고 생각하는 것의 이면에는 마주하고 싶지 않은 것, 미국 백인이 흑인을 대할 때 직면하지 않는 것, 바로 현실이 있다. 삶은 비극적이라는 사실이다. 지구가 돌고 태양이 뜨고 지는 것을 막을 수 없으므로 언젠가 우리 모두에게 해가 마지막으로 지는 날이 올 것이므로 삶은 비극이다. 우리 고통의 뿌리, 인간 고통의 뿌리는, 유일한 사실인 죽음을 부인하기 위해 삶의 모든 아름다움을 희생하고 우상, 금기, 십자가, 희생 제의, 교회, 모스크, 인종, 군대, 깃발, 국가 안에 자신을 가두는 데에 있을지도 모른다. 사람은 죽음이라는 **사실**을 기뻐할 수 있어야 한다고 생각한다. 삶이라는 난제를 열정적으로 마주함으로써 죽음을 기꺼이 **얻어** 내야 한다. 사람은 삶에 책임이 있다. 우리는 저 끔찍스런 어둠 속에 있는 작은 등불에서 왔고 그리로 돌아갈 것이다. 우리는 최대한 고결하게 이 길을 밟아 가야 한다. 우리 뒤에

오는 이들을 위해서. 하지만 미국 백인은 죽음을 믿지 않는다…….

볼드윈은 문자적 의미의 죽음, 곧 삶의 끝인 죽음에 대해 이야기한다―"삶은 비극적이라는 사실…… 언젠가 우리 모두에게 해가 마지막으로 지는 날이 올 것이다." 나아가 이 사실을 부인하면 다른 종류의 죽음에 이를 것이라고 말한다. 정치적 죽음, 정신적 죽음, 영혼의 죽음, 전부 실제 죽음보다 **더 나쁜** 운명이다. 볼드윈은 현실을 받아들이기를 거부하는 것, 비현실에 매달리는 삶이 어쩌면 "우리 고통의 뿌리, 인간 고통의 뿌리"라고 한다. 우리는 궁극적 현실에 대한 공포 때문에 겁에 질려 가장 소중한 것, 너무나 짧은 삶을 허비하고 만다. 볼드윈은 살아 있을 때에는 삶을 열정적으로 마주해야 한다고 주장한다. 우리는 "삶에 책임이 있다"고 말한다. 우리 삶은 시작과 끝 사이에 있는 작은 등불, 우리 존재 이전의 공허와 이후의 공허 사이에 존재하는 빛나는 공간에 지나지 않기 때문이다.

볼드윈이 이 구절을 맺으며 하는 말은 다른 어디에서도 보지 못한 것이다. "미국 백인은 죽음을 믿지 않는다."(이 에세이가 쓰인 무렵은 '백인성whiteness'이라는 말이 사용되기 전이었다. 볼드윈은 '미국 백인'과 같은 용어로 '백인성'이라는 의미를 대신한다.) 당연한 이야기지만 백인성이 미국을 규정하고 지배한다. 백인 우월주의가 이 나라의 토대를 이루고, 백인성은 미국 사회, 정치, 법률 등에 속속들이 영향을 미친다. 백인은 죽음을 믿지 않는다는 말(백인성이 인종적 현실을 부정함을 비유적으로 표현한 말이다)로 미국이 왜 인종적 불평등이라는 가장 근본적이며 가장 치명적인 문제를 인정하지 못하는지를 이해할 수 있다.

다시 말해, 미국은 과거에 대한 향수, 시대착오적인 비현실에서 헤어나지 못한다. 또 과거의 환상을 토대로 한 현상 유지에 매달린다. 공장 일자리를 영원히 유지할 수 있고, 노력만으로 자수성가할 수 있고, 삶이 야구와 크래커 잭(야구장에서 많이 팔리는 캐러멜 팝콘의 상표명으로 최초의 정크 푸드라고 불리기도 한다—옮긴이)으로 이루어진 듯하던 과거다. 이것이 미국의 진짜 현실이었던 적은 없다. 모든 미국인의 현실이었던 적은 더군다나 없다. 그런데도 실제가 아닌 옛 시절을 진짜처럼 여기며 정치적, 정신적으로 앞으로 나아가려 한다.

우리가 비현실 속에서 살아가고 있음을 인정조차 하지 않기 때문에 상황은 더욱 악화된다. 사람들은 이렇게 말하곤 한다. "우리는 인종주의자는 아니야." "외국인 혐오 같은 문제는 사실 없어." "우리나라에는 가난이 없어." 이런 문제가 사회 모든 곳에 영향을 미치지 않는 듯이 행동한다. 그게 있음을 인정하기를 거부하니 고칠 수도 없다. 그래서 최악의 충동이 아무런 반성도 제약도 없이 계속된다. 그리하여 어떻게 되었나? 죽음을 믿기를 거부함으로써 나라 전체가 죽음의 선고를 받았고 개인의 삶, 국가의 삶은 완전히 부패한 상태로 부패를 낳으며 이어 가게 되었다.

제임스 볼드윈이 예술에 대해 갖는 특히 흥미로운 생각을 나는 내 글을 바라볼 때의 시각으로 삼았다. 무엇인가 하면 글쓰기가 적대적인 비현실에 대항하는 방법이라는 것이다.

자신의 존재와 존재할 권리를 확인하고 이런 것들을 부인하려고 하는 세상에서 자신의 인간성을 오롯이 확인할 때에 가능한 일이다. 내가 글을 쓸 때는 내 인물, 흑인 인물을 소설 중심에 놓음으로써 그렇게 한다. 보통 서구 문학에서는 유색인이 등장하기 전에는 인종을 아예 언급하지 않는다. 그러다가 사모아인이나 흑인이나 푸에르토리코인 등이 나타나면 그제야 인종을 밝힌다. 나는 『해티의 열두 부족』을 쓸 때 의식적으로 그 반대로 했다. 내 인물이 백인이 아니라고 밝히지 않았다. 백인이 표준이면 백인이 아닌 사람은 타자, 기본값에서 벗어난 존재로 취급된다. 나는 표준인 흑인 인물에 관심이 있다. 나에게는 흑인이 표준이기 때문이다. 이 나라에서, 그리고 서구 세계 전반에서 인종이 작동하는 방식을 생각해 보면 흑인성을 아무 설명이나 선언 없이 독자의 의식 속에 들여놓는 것 자체가 급진적인 정치적 진술이 된다. 이렇게 하면 내 인물은 백인성을 기준으로 측정되거나 백인성의 반영으로 이해되지 않는다. 그냥 그 자신이다.

글을 쓸 때 가장 어려운 점이 제대로 보는 것이다. 하지만 제대로 보는 것이 좋은 글을 만드는 핵심이라는 생각이 점점 강하게 든다. 볼드윈이 나를 감동시키는 까닭은 엄청나게 많은 분량의 명민한 관찰을 제공하기 때문이다. 그 정도로 정확하게 경험을 묘사할 만큼 민감하게 열려 있기는 정말 힘들다. 내 생각에는 그게 가장 어려운 일이자, 내가 도달하려고 애쓰는 지향점이기도 하다.

볼드윈도 나처럼 예술이 현실을 엄밀하게 묘사함으로써 허무주의와 현실 부정에 대항하는 힘이 될 수 있다고 생각했을 듯하다. 현실을 바라보고 열렬하고도 엄격하게 묘사하려는 시도는 사실 사랑에서 나온 행동이다. 쉽다는 뜻이 아니다. 오히려 반대다. 볼드윈의 글이나 인권 운동을 둘러싼 담론에서는 늘 사랑을 내세우지만 이때의 사랑은 그냥 감정이 아니라 **힘**, 무언가를 이루어 내는 힘이다. 이렇듯 힘으로서 사랑을 부르짖으려면 사랑을 하는 사람 쪽에는 절제와 희생이 있어야 하고 사랑을 받는 쪽에도 엄격함이 필요하다.

볼드윈의 예술은 우리에게 이런 사랑을 요구한다. 볼드윈은 우리가 자신을 비춰 볼 수 있도록 거울을 들어 보인다. 거울에 비친 모습을 보고 혐오감이 일 수도 있지만, 우리를 비난하려고 그러는 것은 아니다. 그렇기 때문에 우리가 이렇게 오랜 세월 동안 볼드윈을 읽었고 지금도 계속해서 읽는 것이다. 볼드윈은 이렇게 말하며 거울을 들어 보인다. '봐, 내가 이걸 보여 주는 까닭은 네가 죽음의 선고를 받지 않게 하려는 거야.' 언제라도 더 나아질 수 있다는 희망이 있다.

나는 글을 쓸 때 이런 맥락에서 사랑을 생각하려고 애쓴다. 당연하지만 나한테 볼드윈만큼의 관대함은 없다. 하지만 나를 이끌어 주는 것, 볼드윈이 나에게 가르쳐 준 것이 하나 있는데, 바로 절망이 진정한 인간 조건일 수는 없다는 생각이다. 막대한 혼란이 있을 수 있고, 거대한 고통이 있을 수 있고, 시련이 있을 수 있고, 이 모든 게 있을 수 있다. 하지만 절망은? 나는 절망을 믿지 않고 절망에서 나오는 글을 쓰지 않는다. 곤경에서 나오는 글은 쓸 수 있다. 엄청난 고통에 시달리는 사람, 절박한 상황이고 심지어 비참하기까지 한 사람들의 이야기를 쓴다. 하지만 절망이란 희망의 절대적 부재다. 공허다. 절망은 무덤이다. 절망이 인간 조건의 진정한 정의라면 우리 모두 다 진즉에 스스로 목숨을 끊었을 것이다. 나는 절망을 믿지 않기 때문에 절망에 굴복하지 않을 수 있다.

「십자가 아래에서」의 끝부분에서 볼드윈은 자기가 어릴 때 살던 할렘을 떠올린다. 길모퉁이에서 빈둥거리던 남자들, 오줌에 절고 술에 절은 복도에서 마주친 사람들, 영영 자신이 원하는 사람이 되지 못하고 자기 가능성을 실현하지 못하고 좌절할 운명의 젊은이들. 이들에게서 삶의 비극과 허비된 가능성이 절절하게 느껴진다. 하지만 볼드윈은 이 대목에서 정말로 충격적인 말을 한다.

그 모든 아름다움이 어떻게 될까?

이 젊은이들은 비극적인 상황이지만 순수한 비극이나 순수한 절망이나 순수한 파멸 같은 것은 여기 없다. 오히려 길모퉁이에 서 있는 젊은이들에, 심지어 이들의 슬픔에도 아름다움이 있다. 역겹고 시혜적인 시선으로 내려다보면서 가난한 이들의 고귀한 아름다움 따위를 말하는 게 아니다. 이들이 인간이기 때문에 아름답다고 말하는 것이다. 누군가를 온전한 인간으로 바라보면, 이들이 처한 상황이 어떻든 간에, 기이하고 지독하면서도 침해할 수 없는 존재를 보게 된다.

볼드윈의 젊은이들은 또한 그들을 둘러싼 백인성, 이들에게 죽음을 안기려 하는 백인성과 다르기 때문에 아름답다. 이 젊은이들은 적대적인 비현실의 공격을 받고 있긴 하나 힘겹더라도 어떤 현실 속에 산다. 이상한 거짓말 속에 살지 않는다는 사실 자체가 소중하고 진실한 것이다. 그 거짓말 때문에 이 젊은이들이 대가를 치르고 있기는 하지만.

볼드윈이 '그 모든 아름다움이 어떻게 될까?'라고 말할 수 있는 까닭은 그가 넓고 포용력 있고 깊게 보는 관찰자이기 때문이다. 예술가는 마땅히 그래야 한다. 작가는 부패, 부도덕(기독교 우파가 손가락질하는 부도덕이 아니라 인간의 가치를 낮추는 진정한 부도덕을 말한다) 등 어두운 곳에 빛을 비추는 사람만은 아니다. 물론 그것도 작가의 역할이긴 하나, 작가는 또한 다른 사람은 아름다움을 보지 못하는 곳에서 아름다움을 알아본다. 이 두 가지가 합해질 때 예술은 과격하고 제어할 수 없는 예언적 언어가 된다.

*
*

"저이도 좋은 사람이 될 수 있었을 텐데." 부적응자가 말했다.

"평생 옆에서 1분에 한 번씩 총으로 쏴 줄 사람이 있었다면."

— 플래너리 오코너, 「좋은 사람은 드물다」

짐 셰퍼드

1956년 미국에서 태어난 작가. 저서로는 『늑대의 키스』, 『네가 이해나 하겠냐Like You'd Understand, Anyway』, 『프로젝트 X Project X』 등이 있다. 스토리상, 매사추세츠 도 서상 등을 수상했다.

*

사람은
변할 수 있는가?

처음 「좋은 사람은 드물다」를 봤을 때에는 나도 사람들이 이 책을 처음 접했을 때 으레 읽듯이 읽었다. 일종의 사회 풍자 같은 것이 나오다가 느닷없이 이유 없는 폭력으로 치닫고 마지막에는 알쏭달쏭한 신학 비슷한 것이 불쑥 나오는 단편이라고 보았다. 하지만 시간을 들여 차근히 읽다 보면 이 이야기가 오코너가 자기 작품의 핵심이라고 말한 주제를 강력하게 구현했음이 명백해진다. 악마가 장악하고 있는 영역 안에서 일어나는 은총 같은 행동이라는 주제다.

단편소설에는 현현epiphany(제임스 조이스의 『더블린 사람들』에 담긴 이야기에서처럼 갑자기 삶을 바꾸어 놓을 정도의 깨달음을 얻는 순간이나 계기를 가리킨다―옮긴이)의 순간이 종종 등장한다. 가톨릭 전통 안에서 자란 오코너는 그런 것을 '은총'이라고 부를 것이다. 하지만 나는 조이스의 현현 개념을 우리가 잘못 이해하고 휘둘린다고 본다. 우리는 이야기에서 인물이 전에는 몰랐던 무언가를 이해하는 순간을 향해 좁은 길을 따라 타박타박 가다가 그 순간이 오면 더 나은 사람이 되는 거라고 생각하곤 한다.

이를테면 '빌리는 할머니가 평생 고생을 많이 하셨다는 것을 불현듯 깨닫고 다시는 할머니에게 함부로 하지 않겠다고 결심했다' 같은 식이다.

이런 '개심'이라는 개념은 우리가 서로에 대해 잘 알기만 하면 못되게 굴지 않을 것이라는 태평한 생각을 바탕으로 한다. 오코너 단편에서 부적응자가 할머니를 두고 하는 말이 그래서 좋다. 부적응자는 할머니가 죽음의 문턱에 가까이 가는 경험을 한다고 해서 좋은 사람이 될 것이라고 말하지 않는다. '평생 옆에서 1분에 한 번씩' 죽이겠다고 위협을 해야만 그렇게 된다고 한다.

다른 말로 하면 다른 사람이 되는 경험을 해도 그 영향이 유지되지 않는다는 것이다. 어느 정도 유지되더라도 오래 가지 못한다. 인간은 끝없이 재교육을 받고 또 받아야 하며 그래야만 비이성의 물살을 거슬러 올라갈 수 있다.

(오슨 웰스의 영화 〈시민 케인〉에도 멋진 대사가 나온다. 주인공의 적 한 명이 이렇게 말한다. "너한테는 한 번의 가르침으로는 모자라. 그러니까 가르침이 한 번으로 끝나지는 않을 거야.")

오코너는 우리가 일시적으로는 현현이라는 순간을 통해 나타나는 은총에 푹 젖을 수 있다고 진심으로 믿는다. 그렇지만 또 우리는 타고난 바탕이 죄인이라고 본다. 오코너가 하는 말은 이런 것이다. "순간 깨달음을 얻어 갑자기 자신을 명징하게 볼 수 있다고 해서 이틀 뒤에 길을 벗어나는 일이 없으리라고는 한순간도 생각하지 마라."

이 생각은 내가 글을 쓸 때도 크게 도움이 되었다. 내 인물들은 다 무엇이 옳은 일인지 알려고 갖은 애를 쓰는데, 결국엔 알고도 그 길을 피한다. 우리는 어떻게 보면 자신을 몰락시키는 데 있어 귀재라는 이런 생각은, 현현에 대한 일반적인 생각, 곧 이야기란 결국 반드시 정보가 필요한 인물에게 정보를 주려 한다는 생각과 상충한다. 어떤 면에서 현현이란 의도적으로 연출된 것이니 큰 의미가 있을 수 없다.

그렇다고 해서 무의미하다고 치부해 버리라는 말은 아니다. 인간의 교감이나 공감이 순간적이라는 사실, 덧없이 사라지고 만다는 사실을 생각하면 애초에 그걸 가지고 호들갑을 떨 이유가 없다 싶기도 하지만, 당연히 절대 그렇지 않다. 어떤 사람이 우리가 기대한 모습을 보여줄 때의 그 순간, 잠시나마 평소보다 나은 존재가 되는 순간을 소중히 여겨야 한다. 이런 순간을 마땅히 높이 사야 한다. 그렇게 될 수 있는 여지를 잠깐이나마 볼 수 있으므로 우리는 심한 결함이 있는 인물을 글로 쓸 수 있다. 위대한 문학 작품 가운데에는 길에서 엄청나게 벗어난 사람들의 이야기가 많지만 사람에게 좀 더 나아질 가능성이 있음을 알기 때문에 계속해서 책을 읽을 수 있는 것이다.

오코너의 단편에서는 사람은 거의 언제나 부족한 존재라는 작가의 생각이 드러난다. 그게 사실이다. 그럼에도 불구하고 우리는 누군가가 더 나아질 여지가 있음이 드러나는 그 순간을 소중히 여기고 싶어 한다.

＊
＊

"그거랑 달라요. 아빠." 나는 설득해 보려 했지만 아버지는 고개를 저었다.

"페로(하지만) 당연히 같아, 미히타(아가). 네 삶이 예술이야. 그림은 그림이 아니라 네가 날마다 살아가는 방식이지. 노래는 노래가 아니라 네가 사랑하는 사람들과 나누는 말이야. 책은 책이 아니라 괜찮은 사람이 되려고 애쓰면서 날마다 하는 선택이고."

—파트리시아 엥헬, 『사랑이 아니야, 파리라 그래It's Not Love, It's Just Paris』

에드위지 당티카 ─────────

1969년 아이티 출신의 미국 작가. 『안에 있는 모든 것』, 『남아 있는 날들의 글쓰기』, 『형제여, 난 죽어 가네Brother, I'm Dying』, 『뼈 경작The Farming of Bones』 등 다수의 작품을 썼다. 전미비평가협회상, 미국도서상, 스토리상, 노이슈타트 국제문학상 등을 수상했다.

*

모든 이민자는
예술가다

어떤 책을 골라서 글을 쓸까 고민했는데, 고전이 아닌 책을 고르려니 좀 불안하긴 했다. 하지만 파트리시아 엥헬의 『사랑이 아니야, 파리라 그래』가 나의 심금을 울렸기에 이 책 이야기를 할 수밖에 없을 것 같다. 올해 초여름, 아이티 여행을 막 떠나려는 때에 이 책을 교정지 상태로 받았다. 여행 내내 들고 다니면서 푹 빠져 읽었다. 꼭 내 이야기 같은 부분이 많았다. 소설의 배경인 파리는 내가 3학년 때 어학연수를 갔던 도시기도 하다. 이 소설은 이중 외국인으로 사는 것이 어떠한가에 관한 이야기다. 화자는 파리에서 외국인이지만, 고국인 미국에서도 외국인이다.

어떤 구절이 덮치듯 나에게 닥쳐왔다. 그 대목을 읽고 또 읽었다.

나는 우리 아버지를 생각했다. 졸업하기 전, 진로를 바꾸어서 원래 계획대로 외교학을 공부하는 대신 다른 쪽으로 가면 어떨까 하는 이야기를 꺼냈다. 파피(아빠)는 처음에는 내가 자기와 산티와 같이 가업에 투신하겠다는 말인 줄 알았다가, 내가 그보다 창조적인 일을 생각한다고 말했더니 터무니없는 생각이라는 듯 고개를 저으며 그럴 필요가 없다고 말했다. 아버지는 내가 이미 태생적으로 예술가라고 했다. 이민자들은 모두 예술가라고. 아무것도 없이 오직 꿈 하나만 가지고 삶과 미래를 만들어 내기 때문이란다. 이민자의 삶은 순수한 형태의 예술이고 그래서 하느님은 이민자들에게 특별히 마음을 쓰시는 거라고. 디오시토(자비로운 신)는 최초의 예술가고, 예수는 가난한 방랑자라고.

"그거랑 달라요, 아빠." 나는 설득해 보려 했지만 아버지는 고개를 저었다.

"페로(하지만) 당연히 같아, 미히타(아가). 네 삶이 예술이야. 그림은 그림이 아니라 네가 날마다 살아가는 방식이지. 노래는 노래가 아니라 네가 사랑하는 사람들과 나누는 말이야.

책은 책이 아니라 괜찮은 사람이 되려고 애쓰면서 날마다 하는 선택이고.”

화자는 아버지에게 창조적인 분야로 나가겠다고 말하지만 반대에 부딪힌다. 이민자 가정의 자녀가 의사나 변호사, 기술자가 아니라 예술가가 되고 싶다고 하면 엄청난 일탈로 간주될 때가 많다. 작품 속 아버지는 숱한 이민자 부모들이 자녀에게 해 온 말을 딸에게 한다. 예술은 안정적인 진로가 아니야. 너를 그런 불안정한 길로 보내려고 우리가 지금껏 이렇게 희생하고 산 줄 아니.

한편 아버지는 너는 이민자이기 때문에 **이미** 예술가라며 딸을 달래려 한다. 그런데 이 말이 나를 끌어당겼다. 나 자신, 나의 삶 전체를 다시 만드는 일이 위대한 문학 작품과 견줄 만한 재창조라는 것. 보통 사람들이 살아남기 위해 하는 일들의 영역으로 예술을 끌어온다. 예술은 대중과 유리된 고답적인 것이란 생각을 폐기하고 예술을 일상 안에 놓는다. 예술가라는 존재와 이민자의 삶을 이렇게 뚜렷하게 연결하다니 이전에는 본 적이 없는 발상이라 눈이 번쩍 뜨였다.

우리 부모님은 미국으로 건너오기 전까지 아이티에서만 평생을 살았다. 미국에 가면 기회가 더 많으리라는 사실 말고는 미국에 대해 아는 게 거의 없었다. 부모님은 말 그대로 짐

가방 두 개를 꾸려서 그냥 건너왔다. 철저하게 낯선 곳에 발을 내딛는 경험은 텅 빈 캔버스를 마주하는 것과 같다. 아무것도 없이 시작해서 백지에 붓질을 하나하나씩 더해 가며 삶을 만든다. 위대한 예술에 필요한 모든 것을 요구하는 과정이다. 위험을 무릅쓸 용기, 희망, 엄청난 상상력 등 예술의 근간이 되는 자질이 필요하다. 거의 불가능한 것을 꿈꿀 수 있어야 하고 그 꿈을 현실화하기 위해 모진 노력을 할 수 있어야 한다.

예술에서처럼 언제나 놀라운 일이 일어난다. 부모님에게는 눈이 그런 것이었다. 추위도. 전에는 한 번도 추울까 봐 걱정해 본 적이 없었다! 추위에 대처하는 데에도 창의성이 필요했다. 우리 어머니는 어머니가 믿는 종교의 규범 때문에 바지를 입을 수가 없었다. 다른 여자들이 바지를 입으면 훨씬 따뜻하다고 말해 주었지만 어머니는 뭔가 다른 방법을 찾아야만 했다. 어머니는 다리 토시 비슷한 것을 만드는 법을 생각해 냈고 바느질해 만든 토시를 치마 아래에 입어 몸을 따뜻하게 했다.

앨리스 워커의 「우리 어머니의 정원을 찾아서In Search of Our Mothers' Gardens」라는 멋진 에세이가 있다. 이 글에서 워커는 노예였으나 할 수만 있다면 그림을 그리거나 글을 쓰고 싶어 했던 여자들을 이야기한다. 그럴 수가 없었기 때문에 이들은 대신 가정적인 예술 형태에 창의성을 쏟아부었다. 퀼트나 텃밭 가꾸기 같은 것들 말이다. 나는 우리 어머니에게서도 이런 열정을 보았다. 어머니는 다른 곳에서 다른 상황에 있었다면 특출한 디자이너가 되었을 수도 있을 것이다. 대신 어머니는 탁월한 재봉 실력을 뽐냈다. 어릴 때 어머니와 함께 옷가게에 가서 원피스를 하나 고르면 어머니가 옷감을 만져 보고는 말했다. "옷감 질이 별로다." 그러고는 덧붙였다. "이 원피스 내가 만들어 줄게. 대신 더 좋게." 어머니는 천 가게로 가 천을 사서 그 원피스의 아름다운 복제품을 만들어 주었다.

어릴 때는 어머니의 말을 곧이곧대로 받아들였다. 옷감이 좋지 않아서, 나한테 더 좋은 걸 입히고 싶어서 그러는 거라고. 그랬을 수도 있다. 하지만 자라서 생각해 보니 어머니가 직접 만드는 편이 돈이 적게 들기 때문이었던 것 같다. 내가 고등학교 때까지 입은 옷은 거의 대부분 어머니가 만들어 준 것이었다. 내가 돈을 벌어서 옷을 살 수 있게 되기 전에는 줄곧 집에서 만든 옷만 입었다. 그러다 보니 다른 옷 말고 주로 원피스만 입었고 가끔은 좀 이상하기도 했다. 하지만 이게 살아남기 위해 사람들이 찾아내는 방법이다. 옷을 살 돈은 없는데 만들 수는 있다면 만들어라. 돈이 없다면 주어진 걸 가지고 어떻게든 해내야 한다. 창의성을 이용하고 상상력을 발휘한다.

그리고 바로 이것이 엥헬이 쓴 소설에 암시된 또 다른 사실이다. 이민 1세대는 자녀들에게 예술적 태도의 본보기가 될 때가 많다. 소설 속 아버지처럼 이민자의 삶은 위대한 예술이나 마찬가지라고 말하는 자의식은 없더라도, 우리 부모님의 선택에도 예술적 면모가 있음을 이제 알겠다. 창의성, 꾸준함, 그리고 우리가 다른 곳으로부터 이 나라로 왔다는 사실 그 자체에. 어떤 분야에나 있는 예술가 멘토와 비슷하다. 우리는 다른 사람의 삶을 연구하고 관찰하고 읽어 모델로 삼는다. 우리 어머니는 아이 넷을 키우고 공장 일까지 했으니 창조적 활동을 할 시간이 없었을 것이다. 하지만 어머니는 절제와 창의성과 자기희생의 본보기를 보여 주어 내 삶에 끝없는 영감을 주었다. 어머니가 한 일, 어머니가 한 선택 덕분에 나는 예술가의 삶을 살 수 있었다. 그때는 몰랐지만 예술가가 된다는 게 말이 되는 일임을 어머니가 나에게 가르쳐 주었다.

이민자의 자녀가 예술가가 되고 싶어 하는 게 자연스러운 일인 반면 부모가 자식이 예술을 직업으로 택한다고 하면 불안해하는 것도 자연스러운 일이다. 나도 부모이기 때문에 그런 기분을 이해한다. 이렇게 많은 것을 내주었으니, 낯선 곳으로 뿌리를 옮기기 위해 모든 걸 희생했으니 아이들은 평탄한 삶을 누리는 모습을 보고 싶다. 살아남으려고 번민하는 고통을 겪지 않게 해 주고 싶다. 고생을 많이 한 사람일수록 특히 더 그럴 것이다. 이민 1세대는 자기들이 길을 만들었고 희생하면서 살아갈 방도를 터놓았으니, 이제 자식들은 안정과 평화를 누려야 한다고 생각한다. 그 길이 당연히 예술가의 길은 아닐 것이다.

그러니 이민자의 자녀들이 예술의 길을 택하려면 추가로 위험을 무릅써야 한다. 실패했을 때 치러야 할 대가가 훨씬 크다. 이 소설에 나오는 인물이 그렇듯 만약 실패한다면 자기 자신뿐 아니라 자식들에게 기회를 주려고 고생을 겪어 온 부모도 실망시키게 된다. 나만의 실패로 끝나는 일이 아니다. 예술가로서 실패한다면 가족의 기획 전체가 실패한 꼴이 되고 만다.

우리 아버지는 오래 병석에 계신 끝에 2005년 폐섬유증으로 돌아가셨다. 죽음의 문턱에서 아버지는 자기 삶에 궁극적으로 무슨 의미가 있었나 하는 생각을 붙들고 힘겹게 씨름하셨다. 아버지는 나에게 이렇게 묻곤 하셨다. "내가 세상에 대체 무슨 기여를 했을까?" 그러다가 아버지는 이런 결론에 도달했다. '그래, 너희들—내 자식들이지. 너희가 내가 남긴 기여야.' 내 동생들이나 내가 어느 정도 성취를 이루었기 때문에 아버지가 더 쉽게 이런 결론에 이를 수 있었던 것 같다. 아버지는 늘 내가 의사가 되기를 바라셨다. 아버지가 돌아가실 무렵까지 내가 의사도 작가도 되지 못했다면 아버지는 당신 삶이 무의미하다고 느끼셨을지도 모른다. 그 짐이 내 어깨 위에 얹혀 있었다. 성공이라는 것을—그걸 어떻게 정의하건 간에—반드시 이루어야 한다는 느낌이 있었다.

이민자 부모가 품을 수 있는 최악의 감정은 '여기 오지 말 았어야 했어. 그냥 고향에서 살걸' 같은 것이리라. 고향을 떠 나겠다는 결정이 자녀들의 앞날과 진로와 불가분으로 얽혀 있을 때가 많다. 그런데 자녀들이 성공하면, 한 가족이 겪어 온 여정의 이야기를 사람들에게 들려줄 수 있게 되고 부모의 결정이 옳았음이 공인되는 멋진 일이 일어난다. 아버지가 돌 아가실 즈음에, 내가 쓴 글을 통해서 아버지가 나와 동생들을 키우느라 얼마나 많은 희생을 했는지가 사람들에게 알려졌다 는 사실이 아버지에게는 중요한 일이었음을 알았다. 그럼으 로써 아버지는 당신이 옳은 선택을 했다는 확신을 가질 수 있 었다. 오래전에 내렸던 아버지의 결단이 결국 옳았음이 입증 된 것이다.

이 구절을 읽으면서 나는 또 다른 것도 느꼈다. 갑자기 이 전 세대와 새로이 교감하는 느낌이랄까. 이 글을 읽은 뒤에는 내가 우리 집안의 유일한 예술가라고 말할 수가 없었다. 내가 속한 예술가 공동체가 동료 작가들 무리를 넘어 확장되었다. 예술가가 누구인지 어떤 사람인지에 대한 생각이 넓어지면 서 내 공동체도 더 넓어졌다. 이 구절은 내가 예술이라는 프리즘을 통해 다른 이민자들의 삶, 이들이 내린 힘겨운 선택들을 바라보고 존경하게끔 만들었다. 나는 더 넓은 공동체, 그냥 예술가, 그냥 이민자 공동체가 아니라 이 둘을 연결하는 공동체의 일원이다. 그렇게 생각하면 내 작업도 다르게 보게 되고, 우리 부모님도 다르게 보인다.

*
*

중요하지 않은 날 하루를 골라 봐. 삶에서 가장 안 중요한 날을
골라. 그날도 충분히 중요할 거야.

— 손턴 와일더, 『우리 읍내』

톰 퍼로타 ─────

1961년생 미국의 소설가이자 시나리오작가. 저서로는 『트레이시 플릭은 이길 수 없다Tracy Flick Can't Win』를 비롯해 HBO TV 시리즈로도 각색된 『레프트오버』, 영화로 제작된 『선거Election』, 『아이들Little Children』 등이 있다.

*

평범한 순간 속
비범한 진실

어릴 때 나는 『리더스 다이제스트』에서 정보를 얻었다. 『우리 읍내』라는 희곡이 있다는 것도 부모님이 아무 데나 놓아둔 『리더스 다이제스트』를 읽다 알게 되었다. 이 잡지에 실린 글은 희곡을 발췌한 글이 아니라 몇몇 요소를 가져와서 정신을 고양시키는 삶의 교훈으로 엮은 산문이었다. 희곡에 나오는 죽은 여자가 열두 번째 생일날을 다시 살며 삶에서 얼마나 많은 부분을 당연히 여겼는지를 깨닫는다는 이야기였다. 하루하루가 소중함을 일깨우는 글이었다. '현재의 시간을 소중히 여기고 눈앞에 있는 사람을 사랑하라'는 교훈이었다.

'카르페 디엠!'이라는 흔하디흔한 메시지인데 나는 왜인지 깊은 인상을 받았다. 죽은 사람이 살아 돌아와 자기 삶을 고통과 후회의 감정으로 돌아본다는 아이디어가 어쩐지 TV 시리즈 〈환상 특급Twilight Zone〉 같은 느낌이 들어서 끌렸다. 『우리 읍내』를 꼭 읽어 봐야겠다는 생각을 했던 것이 기억난다.

하지만 고등학생 때는 접할 기회가 없었다. 나는 고급 영어 수업을 들었는데 『우리 읍내』는 기본 수업에서만 다뤘다. 대학에서는 영어 수업 계획서에 손턴 와일더가 아예 포함되어 있지 않았다. 미국 희곡 작법 수업을 들었다면 아마 읽을 기회가 있었을 텐데 선택을 안 했다. 그러다가 20대 후반에야 연극 공연으로 처음 접했다. 1980년대 후반에 뉴욕에서 스폴딩 그레이가 연출한 연극을 봤는데 아주 좋았다. 그리고 작년, 보스턴에서 다시 무대에 올랐길래 일부러 아이들을 데리고 보러 갔다.

방심하고 보다가 무언가에 완전히 허를 찔렸다. 그냥 정신을 놓아 버렸다. 3막 도중에 나는 울기 시작했다. 아이들이 놀랐을 것 같지만 나도 어떻게 할 수가 없었다.

『우리 읍내』는 그렇게 기습적으로 덮칠 수 있다. 줄거리를 안다면 처음에는 밝고 무해하게 시작했다가 우주적이고 정서적으로 고통스러운 대단원으로 나아가리란 사실을 알 것이다. 이 작품은 무언가가 불가능하다고 하면서 바로 그것을 하게끔 관객을 몰아가는, 예술의 극히 일부만 성취할 수 있는 마법을 부린다. 우리가 죽은 사람의 관점에서 삶을 볼 수는 없다는 사실을 한탄하면서, 바로 그렇게 하도록 만드는 것이다.

『우리 읍내』는 3막으로 이루어졌다. 평범한 날이 나오고, 그다음에 3년 뒤의 결혼식이 나오고, 그로부터 9년 뒤에는 죽음이 있다. 그러니까 평범한 날, 축일, 죽음이라는 세 요소만을 이용해서 시간이 얼마나 빨리, 돌이킬 수 없이 지나가는지를 절절하게 느끼게 한다. 예술적 관점에서 놀라운 작품이다. 이 연극은 거의 모든 것을 벗겨 낸다. 무대 해설을 보면 무대에 아무 장식도 하지 말고 소품도 쓰지 말라고 돼 있다. 그래서 인물들이 마임으로 동작을 한다. 인물은 대부분 전형적 유형으로 축소되어 있고 플롯이라고 할 것도 거의 없다. 모든 것이 본질적인 사실 하나로 요약된다. 사람들이 살아가고, 그러다가 죽는다는. 이 연극은 실존이라는 기본적 사실에서 엄청난 양의 감정을 이끌어 낸다.

하지만 일단 우리가 인물들의 평범한 현실을 믿지 않고서는 와일더가 끌어내는 우주적인 감동이 이루어질 수가 없다. 그래서 첫 두 막은 대체로 세계를 구축하고 인물들을 살아 있는 인물로 느끼도록 만드는 역할을 한다. 1막은 짧은 장면들을 죽 이어 가며 그로버스 코너스의 일상을 묘사한다. 아이들이 학교 갈 준비를 하고, 동네 주부들은 남편 흉을 보고, 우유 배달부는 우유를 배달하고, 시골 의사는 왕진을 갔다가 돌아온다. 아이들은 서로 장난을 치고, 어른들은 논쟁하고 뒷말을 한다. 우리가 보는 것은 대체로 밝고 순진무구한 모습이지만(이런 면에서 『우리 읍내』는 1970~1980년대 미국 시트콤 〈해피 데이스〉의 전신이라고도 할 수 있다) 한순간 한순간이 진실처럼 느껴진다.

2막에는 사랑과 구애가 나온다. 조지와 에밀리라는 두 인물 사이의 깊어지는 관계에 초점을 맞춘다. 이때에도 작은 순간들을 차곡차곡 쌓는다. 에밀리가 조지에게 너무 자만한다고 나무라는 장면이 특히 간절하다. 조지는 그러지 않겠다고 다짐하고 에밀리는 그런 말을 한 것을 사과하는데, 젊은이들이 속마음을 털어놓는 이 소박해 보이는 순간이 실은 청혼임을 우리는 곧 깨닫게 된다. 이어 결혼식을 둘러싼 아주 소소한 움직임들이 있는데 이런 것들이 정말 그럴듯하게 느껴진다. 부모가 서투르게 이런저런 조언을 하는 것이나 신랑, 신부 둘 다 과연 이게 잘하는 짓인가 덜컥 겁을 내는 것이나. 빤한 이야기인데 여기에 바로 비결이 있다. 작은 순간들이 진짜처럼 느껴져야만 이 극이 의미가 있기 때문이다.

이렇게 그럴듯하고 일상적인 세계를 만들어 나감으로써

3막에서 극단적인 움직임을 이룰 수 있다. 3막에서는 갑자기 공동묘지에 와 있다. 9년이 흘렀고, 우리가 알게 된 인물 가운데 여럿이 죽었다. 공동묘지가 일종의 작은 마을 같다. 묘지에 묻힌 이들이 무덤 너머에 모여 대화를 나눈다. 죽은 자들은 산 자들이 하는 행동을 볼 수는 있지만 그게 너무 고통스럽다. 그래서 서서히 이 세계로부터 등을 돌린다.

죽은 사람의 관점에서 나의 삶을 상상하기란 끔찍하고 무시무시한 일이다. 그런데 와일더는 그렇게 하라고 한다. 그리하여 우리는 심한 정신적 타격을 입는다. 어른이 되고 사랑에 빠지고 결혼을 하는 과정을 우리가 지켜보았던 에밀리가 죽어서 묘지에 묻히게 되었는데, 다른 죽은 이들은 이 일을 무심하게 받아들인다. 에밀리는 둘째를 낳다가 죽었다. 순진무구하고 밝고 가볍던 극이 느닷없이 전혀 다른 분위기로 제시된다.

죽은 자가 산 자들을 지켜보는 것이 얼마나 고통스러울지는 우리가 미처 생각해 보지 않은 일이다. 이제 막 죽은 자의 세상에 온 에밀리는 여전히 이전의 삶에 매달리지만 직접 겪어 보고 그 고통을 알게 된다. "내가 어떻게 그 삶을 잊을 **수가** 있겠어요?" 에밀리가 말한다. "내가 아는 전부인데, 내가 가진 전부인데."

묘지에 온 지 오래된 다른 죽은 이들은 잊는 게 최선임을 안다. 하지만 에밀리는 과거 자기 삶에서 어느 하루로 돌아가 그날을 다시 살아 보겠다고 고집을 부린다. 죽은 사람들 전부 그러지 말라고 경고하는데도. 당연히 에밀리는 행복한 날을 택한다. 조지와 사랑에 빠졌던 날. 하지만 에밀리의 시어머니 인 깁스 부인(폐렴으로 사망했다)이 그렇게 특별한 날은 고르면 안 된다고 한다. 그러면 너무 힘겨울 거라고.

중요하지 않은 날 하루를 골라 봐. 삶에서 가장 안 중요한 날을 골라. 그날도 충분히 중요할 거야.

에밀리는 마지못해 열두 번째 생일날로 돌아가겠다고 한다. 이날은 충분히 평범할 거라고 생각하고. 그런데 한순간 한순간마다 엄청난 의미가 있는 것 같고 막대한 상실감이 닥쳐와 에밀리는 충격을 받는다. 어머니가 선물을 주고 친척들이 축하의 말을 건네는 등 소박한 장면이 나온다. 우리가 앞두 막에서 흐뭇하게 지켜보았던 것과 비슷한 장면들이다. 그런데 묘지 안에서 그 장면을 엿보자 일상적인 모습이 끔찍하도록 강력하게 느껴진다. 에밀리는 모든 순간을 만끽하고 싶다. 이 모든 것이 이제 영영 사라졌기 때문에. 에밀리는 완전히 압도되고 만다.

못 견디겠어. 다들 너무 젊고 아름다워. 왜 이들이 늙어야만 하는 거지? 엄마, 나 여기 있어요! 나 어른이 되었어요! 모두들 사랑해요, 모든 걸요. 하나하나 아무리 열심히 들여다봐도 모자란 것 같아.

"아무리 열심히 들여다봐도 모자란 것 같다." 이게 바로 비극이다. 살아 있을 때에 우리는 모든 것이 결국 사라지고 만다는 것을 인식하며 일상을 바라보지 않는다. 삶이나 사랑하는 이들이 언젠가 모두 사라지리라는 절박함을 느끼며 소중히 여기지 않는다(그러기는 **불가능**하다). 에밀리는 자기와 어머니가 서로 눈을 거의 마주치지 않는다는 사실을 알아차리고, <u>스스로에게만 몰두하고 한눈을 팔고 온갖 사소한 것들에 신경 쓰느라</u> 서로에게 집중하지 않는다는 사실을 한탄한다. "아 엄마." 에밀리가 호소한다. "단 1분이라도 정말 나를 보는 듯이 봐 줘요……. **우리 서로 마주봐요.**" 하지만 어머니와 딸은 저마다 자기 생각에 빠져 있고 상대를 알아차리고 마음을 나누는 순간은 끝까지 오지 않는다. 결국 에밀리는 고개를 돌릴 수밖에 없다.

『우리 읍내』가 감상적이라고 생각하는 사람도 있다. 이 작품에 인물이 과거로 돌아가며 죽음을 극복한다는 소원 성취의 요소가 있는 것은 사실이다. 하지만 그 경험이 너무 지나

처서 가슴을 찢어 놓고 말기 때문에 감상적이라고만은 하기 힘들다. 카타르시스가 없기 때문에 진정 감정적으로 용감한 작품이다. 이 작품은 우리가 사는 읍내와 묘지 사이의 넘을 수 없는 간극을 흔들림 없이 인정한다. 살아 있는 사람은 죽은 사람을 소중히 여기지 않을뿐더러 살아 있는 사람들끼리도 서로 소중히 여기지 않는다. 나에게는 감상적이기는커녕 믿기지 않을 정도로 강인한 작품으로 느껴졌다. 이 연극은 우리에게 힘겨운 진실을 제시하고 그것을 오랫동안 힘들게 바라보게 만든다.

와일더가 그걸 얼마나 예술적으로 해냈느냐의 의문이 있다. 감상성은 그게 나오리라는 것을 빤히 알 때 생겨난다. 그런데 이 연극은 교묘하다. 처음에는 친숙하고 낯익은 세상이라고 생각하게 만든다. 다들 기본적으로 다정하고 친절하고 지나친 호기심을 품지 않는다. 그러다가 냉혹한 우주적 진실이 갑작스러운 펀치를 날린다. 이런 놀라움이나 급작스러운 감정은, 예측 가능한 방식으로 상투적 감정을 불러일으키는 감상성과는 거리가 멀다.

내 소설 『레프트오버』를 구상할 때 『우리 읍내』가 큰 영향을 미쳤다는 사실을 깨달은 게 언제인지는 모르겠다. 나는 상실, 죽은 이의 기억, 상실 뒤에 어떻게 살아갈 것인가 하는 문제를 다루면서 나도 모르게 손턴 와일더와 대화를 하고 있었다. 글을 쓸 때는 매 순간 내가 뭘 하는지 의식하지 않으려고 한다. 그런데 이 연극이 나에게 너무 깊이 각인되어 미묘하고 무의식적으로 영향을 미쳤던 것이다.

그러다가 어느 시점에서 『우리 읍내』의 영향을 인식한 후에는 아예 눈에 보이는 흔적을 몇 군데 끼워 넣었다. 예를 들어 소설 속 질이라는 인물은 학교 영어 수업에서 『우리 읍내』를 읽어야 하지만 미루기만 한다. 와일더 희곡에서 살아 있는 이들이 삶의 소중함을 모르듯이 수업 시간에 『우리 읍내』를 읽어야 하는 고등학생들도 자기 일이 너무 바쁘다. 아이들은 이 책의 심오한 뜻을 이해할 만큼 많은 것을 잃은 적이 없을 수도 있다. 와일더의 희곡에서 산 사람들이 자기 삶을 깊이 응시할 만큼 많은 상실을 겪지 않은 것과 마찬가지다. 이런 식으로 『우리 읍내』를 직접 언급한 부분이 소설에 몇 군데 있다.

『우리 읍내』가 『레프트오버』나 나의 다른 소설 전반에 미친 또 다른 영향이 있다. 예를 들어 나의 문학관은 꽤 민주적인데 이것도 와일더로부터 비롯되었다. 나는 특별한 사람, 특권을 가진 사람들이 나오는 소설을 읽을 때면 좀 초조해진다. 그래서 글을 쓸 때 평범한 사람과 평범한 일들을 소재로 쓰는 것을 원칙으로 삼으려 한다. 『우리 읍내』는 미국 문학에서 가장 민주적인 작품이라고 생각한다. 파리에 사는 세련된 사람에게든 그로버스 코너스에 사는 농부에게든 심오하고 끔찍한 진실은 매한가지로 적용된다는 생각을 하게 한다.

여기에는 이런 정치적 의미가 있다. 사람은 누구나 정치적 목소리를 낼 자격이 있음을 강조하며 '1인 1표'라는 말을 흔히 한다. 나는 '1인 1진실'이 있는 문학이 좋다. 아무리 주변적인 인물의 경험이라도 인간이란 무엇인가에 대해 중대한 진실을 말해 줄 수 있다고 보는 것이 문학이다. 여러 면에서 소설이 늘 보편적이었다고 할 수는 없다. 역사적으로 보면 중산층의 예술 형식이었고 소설에 기록되지 않은 잊힌 사람들도 분명히 존재한다. 작가가 자기 작품이 민주적이라고 자화자찬해서는 안 된다고 생각한다. 하지만 소설 형식이 이룩한 가장 중요한 이데올로기적 성취는 문학의 초점을 확장했다는 것이다. 소설은 보통 사람의 삶에도 위대한 사람의 삶 못지않은 격동과 감정과 정치적 의미가 있음을 보여 주곤 한다. 『우리 읍내』는 내가 그렇게 주장하기 위해 사용하는 토대다.

소설을 쓸 때 평범한 삶도 비범한 삶만큼 중요하다는 생각을 가치의 중심으로 잡으면, 세부 사항을 표현하는 데에도 도움이 된다. 글의 힘은 일상적 디테일에서 나온다. 사소한 것들이 있어야 극적인 사건이 담긴 장면이나 거대하고 중대한 진실을 만들어 갈 수 있다. 글을 쓸 때 나는 중대한 성패가 걸린 순간일수록 사실저으로 만들기 위해 더욱 작게 기려고 한다. 나의 이런 접근 방식은 『우리 읍내』의 핵심에 있는 가슴 아픈 장면에서 시작되었다. 에밀리가 자기가 흘려보냈던 **소소한** 순간의 엄청난 아름다움에 압도되는 시점이다. 나는 이런 힘을 지닌 평범한 순간을 찾아 독자에게 보여 주려고 애쓴다.

사람들이 사라지고 난 뒤 남겨진 사람들의 이야기인 『레프트오버』를 쓸 때 신경 썼던 것도 이런 부분이었다. 사람들이 사라진 마지막 순간에 엄청나게 의미가 부여된다. 특별한 날이 아니었는데, 일상적인 일을 하다가 사라졌는데도 그렇다. 『우리 읍내』의 "중요하지 않은 날 하루를 골라 봐. 삶에서 가장 안 중요한 날을 골라. 그날도 충분히 중요할 거야"라는 대사를 힌트로 삼아 나는 단순하고 평범한 순간들을 찾았다. 노라의 딸이 주스를 쏟아 노라가 종이 타월을 가지러 부엌으로 간 사이에 딸이 사라진다. 질이 친구와 함께 방에서 유튜브 동영상을 보고 있었는데 갑자기 친구가 사라진다. 쏟아진 주스를 닦거나 실없는 동영상을 보는 일. 이런 시시콜콜한 일상을 통해 그 순간이 살아 있는 것이 된다.

의식적으로 그렇게 구상한 것은 아니었는데 지금 생각해 보니 이 사람들이 사라지는 순간에 곁에 있던 이들이 그들을 보고 있지 않았다. **우리가 서로를 쳐다보지도 않는다**는 것, 그게 『우리 읍내』에서 처절하게 깨닫게 되는 사실이다.

TV 시리즈 〈레프트오버〉를 만들기 전에 나는 시나리오도 꽤 여럿 썼고 내 소설 『아이들』을 영화화할 때 공동 각본가로 참여한 적도 있었다. 하지만 〈레프트오버〉의 경우는 좀 달랐다. 책을 두 시간짜리 영화로 만드는 것이 아니라 열 시간짜리 TV 드라마로 만들어야 했으니까. 책을 출발점으로 삼아 이야기를 쫙 펼쳐야 했다. TV 시리즈가 책과 다른 점은 마을에 성격이 더 부여되었다는 점이다. 책은 가족에 초점을 맞추어 마치 소우주처럼 돌아간다. 하지만 TV 드라마는 읍내를 일종의 집합적 인물처럼 사용한다. 이것도 『우리 읍내』에서 힌트를 얻었다.

어느 집단에 대해서나 극적인 이야기를 쓰려면 갈등과 분열이 있어야 한다. 지배적인 사고방식에 도전하는 하위문화나 심지어 컬트 같은 것이 있어야 한다. 『우리 읍내』에서는 산 자와 죽은 자 사이에 이런 분열이 있다. 꽤 조화롭게 살아가는 사람들과 목가적으로 그린 미국 시골의 삶을 보여준다. 하지만 죽은 자들은 이들로부터 철저히 분리되어 있고, 관점이 극단적으로 바뀌면서 우리도 마을을 전혀 달리 보게 된다. 〈레프트오버〉에서도 반체제적 컬트 집단은 산 사람들로부터 완전히 분리되어 죽은 것이나 다름없는 이들이다(이들은 부재를 통해 산 사람들에게 삶이란 너희들이 생각하는 것과 다르다는 사실을 끝없이 일깨우며 괴롭힌다). 『우리 읍내』의 두 개의 관점이 〈레프트오버〉에서는 삶을 떠난 사람들이 삶이란 무엇인지 근본적으로 다르게 느끼도록 만들었다는 식으로 전이되었다고 하겠다.

마지막으로, 나는『우리 읍내』에서 시간의 흐름을 아름답게 표현한 방식도 참고했다.『우리 읍내』는 무자비하고 잔인하게 순식간에 흘러가는 시간을 정말 탁월하게 포착했다고 생각한다.『레프트오버』를 쓸 때 나에게도 매우 중요한 문제였는데, 이 책은 실종이 시간을 '전'과 '후'로 가르고 가로지를 수 없는 간극을 새긴다는 점에 집중하기 때문이다. 이 소설의 시작 시점을 실종 3년 뒤로 정한 까닭은 3년이 약간 모호한 시간이라서였다. 이 미스터리에 어떻게 반응해야 할지 더 이상 우왕좌왕하지는 않을 정도의 시간이 흘렀다. 어떤 사람들에게는 이 3년이 영원처럼 느껴진다. '이 일이 3년 전에 일어났어, 뭐가 어떻게 된 건지 모르지만, 그래도 지금은 그저 살아가고 있어.' 어떤 사람들은 마치 새로운 시대가 열린 것처럼 반응한다. 이 3년을 새로이 멋진 신세계가 펼쳐지기까지의 과도기로 받아들인다. 또 다른 사람들에게는 시간이 아예 멈추어 버린 것 같다. 이들은 실종의 그 순간에 못 박혀 있어 다른 사람들이 떨치고 일어나기 시작했다는 사실을 받아들일 수가 없다. 이 3년을 바라보는 사람들의 주관적이고 서로 배타적인 관점들이 이야기 속 갈등의 주된 원인이 된다.

『우리 읍내』는 시간을 삶과 죽음의 '전'과 '후'로 삭막하게 나누며 죽은 자의 관점에서 그 간극을 탐구한다. 이런 관점에 영향을 받아서, 내 소설에서는 많은 사람이 실종된 사건의 전과 후를 이야기하며 산 자의 관점에서 그 이후를 탐색했던 것 같다. 어떤 면에서 이 소설은 와일더에 대한 나의 무의식적인 대답이다. 『우리 읍내』가 시간의 가혹함에 대한 이야기라면 『레프트오버』는 시간의 흐름이 사람들에게 얼마나 다른 것들을 뜻할 수 있는지를 탐구한다.

2장

작가의
문장

*
*

이런 일이 있었다.

— 더글러스 페어베언, 『슛Shoot』

스티븐 킹

1947년에 태어난 미국의 작가. 『홀리』, 『캐리』, 『샤이닝』, 『미저리』 등 다수의 세계적인 베스트셀러를 쓴 소설가이자 글쓰기 분야 베스트셀러 『유혹하는 글쓰기』의 저자다. 오 헨리 문학상, 휴고상, 브램 스토커상, 에드거상, 전미도서상 등을 수상했다.

*

이것이 바로
첫 문장의 정수

좋은 첫 문장은 어떻게 쓰는가에 관해서는 온갖 이론과 아이디어가 있다. 쉽게 답하기 까다로운 문제인데, 사실 나는 초고를 쓸 때는 이론에 따라 생각하지 않고 그냥 쓰기 때문에 설명하기가 어렵기도 하다. 이 문제에 과학적으로 접근하는 건 달빛을 항아리에 담으려고 하는 것과 비슷하다.

다만 한 가지 확실한 것이 있다. 첫 문장은 독자가 이야기를 읽게끔 끌어당겨야 한다. 이렇게 말해야 한다. 들어 봐. 이리 와 봐. 너도 궁금하잖아.

어떻게 하면 도무지 거절하기 힘들 정도로 호소력 있는

초대를 건넬 수 있을까?

글쓰기 수업에서 흔히 이런 조언을 들어보았을 것이다. 극적이거나 흥미진진한 상황 한가운데로 들어가서 책을 시작하라. 그러면 바로 독자의 흥미를 끌 수 있다. 이런 것을 '훅 hook', 즉 갈고리라고 부른다. 분명 어느 정도 맞는 이야기다. 제임스 M. 케인의 『포스트맨은 벨을 두 번 울린다』의 첫 문장은 독자를 어떤 일이 일어나고 있는 시간과 장소로 바로 밀어넣는다.

> 정오쯤에 건초 트럭에서 쫓겨났다.

독자는 느닷없이 이야기 안에 들어가게 된다. 화자가 건초 트럭에 몰래 탔다가 들킨 상황이다. 하지만 제임스 케인은 최고의 작가답게, 특정한 상황만 제시하고 끝내지 않는다. 이 문장은 문장 자체에 담긴 내용보다 훨씬 더 많은 이야기를 한다. 일단 승차권을 사서 건초 트럭에 타는 사람은 없다. 화자가 떠돌이고, 변두리 지역에 나와 있으며, 여기저기에서 슬쩍하고 요리조리 속이며 살아가는 부류임을 짐작하게 한다. 그러니 첫 문장에서부터 알게 모르게 화자에 관해 꽤 많은 정보를 얻게 된다. 그리고 호기심이 생긴다.

이 문장은 다른 기능도 한다. 독자에게 단번에 작가의 문체를 선보인다. 좋은 첫 문장은 대개 그걸 해낸다. "정오쯤에 건초 트럭에서 쫓겨났다"라는 문장을 보면 앞으로 사소한 일을 가지고 법석을 떨 일은 없으리란 걸 바로 알 수 있다. 화려한 수식이나 잡담은 없을 것이다. 서사가 단순하고 군살이 없으리라(손에 들고 있는 책도 128쪽밖에 안 된다). 얼마나 아름다운가. 총알처럼 빠르고, 깔끔하고, 치명적이다. 그걸 타고 슝 하고 날아가리라는 약속이 흥미를 불러일으킨다.

물론 작가에게는 이게 죽느냐 사느냐의 문제다. 첫 문장이 정말 별로면 그 책을 사야겠다는 생각이 안 들 테니까. 읽을 책이 이미 **산더미처럼** 쌓여 있는데, 첫인상이 매력이 없다면 굳이 더 들춰보지 않고 꽁무니를 빼게 된다. A. E. 밴 보트의 망한 첫 문장을 나는 잊을 수가 없다. 밴 보트는 캐나다 SF 작가로 오래전에 세상을 떴는데 글을 좀 과하게 쓰기를 좋아한다. 밴 보트의 『슬랜Slan』이 사실은 영화 〈에이리언〉 시리즈의 바탕이 된 책인데, 영화제작자들이 그냥 훔치다시피 했다. 결국에는 유족에게 조금 보상을 했다고 한다. 아무튼 밴 보트는 정말 끔찍한 작가다. 단편 「검은 파괴자Black Destroyer」는 이렇게 시작한다.

코얼(밴 보트의 소설에 나오는 외계 종족이다 — 옮긴이)이 끝없이 배회했다!

이걸 읽으면 이런 생각이 든다. 맙소사! 이걸 앞으로 다섯 쪽이라도 더 참고 읽을 수 있을까? 벌써 **헉헉**거리고 있는데!

그러니 흥미를 ㄲ는 상황이 있어야 하고, 문체도 중요하다. 하지만 내 생각에는 무엇보다도 좋은 첫 문장이 되려면 어떤 목소리를 담고 있어야 한다. 사람들이 '목소리'에 대해 많이 이야기하는데 사실은 '문체'를 두고 하는 말일 때가 많다. 하지만 내가 말하는 목소리는 문체 이상이다. 사람들은 무언가를 찾으려고 책을 손에 든다. 그런데 독자들이 책에서 찾으려 하는 것은 이야기나 캐릭터가 아니다. 장르를 찾는 것은 더더군다나 아니다. 나는 독자들이 **목소리**를 찾는다고 생각한다.

소설의 목소리는 가수의 목소리와 비슷하다. 믹 재거나 밥 딜런 같은 가수들을 생각해 보라. 이 사람들은 정식 음악 교육을 받은 가수가 아닌데 바로 알아들을 수 있는 목소리를 지녔다. 사람들이 롤링 스톤스 음반을 사는 이유는 이 독특한 음색을 느끼고 싶기 때문이다. 그 목소리를 알고, 좋아하고, 목소리의 어떤 부분에 깊이 공명한다. 책도 마찬가지다. 예를 들어 존 샌드포드의 책을 많이 읽은 사람은 샌드포드 특유의 삐딱하고 냉소적이고 재미있는 **목소리**를 안다. 아니면 엘모어 레너드도. 레너드의 글에는 마치 지문이 있는 것 같다. 어디에서 마주치더라도 알아볼 수 있다. 매력적인 목소리는 친밀한 교감을 형성한다. 글쓰기 기교를 이용해 머리로 만들어 낸 것보다 훨씬 더 강력한 연결감이다.

정말 좋은 책은 첫 문장에서 목소리를 강하게 전달한다. 내가 가장 좋아하는 예는 더글러스 페어베언의 소설 『숲』이다. 이 소설은 숲속의 대치 장면에서 시작한다. 서로 다른 지역에서 온 사냥꾼 두 무리가 있다. 한 사람이 실수로 총에 맞고, 시간이 흐르며 긴장감이 고조된다. 책 후반에서 이들은 숲에서 다시 만나 전쟁을 벌인다. 베트남전을 재현하는 것이다. 이야기는 이렇게 시작한다.

| 이런 일이 있었다.

나에게는 이게 첫 문장의 정수처럼 느껴진다. 진술서처럼 건조하고 깔끔하다. 우리가 어떤 화자를 맞닥뜨렸는지 바로 보여 준다. 말하고 싶어 하는 사람, '내가 진실을 말해 줄게. 사실을 알려 줄게. 잡소리는 집어치우고 어떤 일이 있었는지 정확하게 보여 줄게'라고 하는 사람이다. 또 무언가 중요한 할 이야기가 있음을 암시하며 독자에게 이렇게 말한다. '너도 알고 싶잖아.'

"이런 일이 있었다"라는 문장은 사실 아무것도 **말하지** 않는다. 어떤 액션도 상황도 들어 있지 **않다**. 그래도 상관없다.

그 목소리, 유혹을 나는 거절하기 힘들다. 마치 아주 중요한 정보를 알려 주겠다고 하는 좋은 친구를 만난 것 같다. 여기 재미를, 탈출구를, 심지어는 세상을 보는 눈을 번쩍 뜨이게 할 무언가를 주겠다고 하는 누군가가 있다. 그런 소설이라면 저항할 수가 없다. 그래서 책을 읽게 된다.

주로 독자 입장에서 이야기했는데, 첫 문장은 작가에게도 중요하다는 점을 잊으면 안 된다. 실제로 직접 전투를 치를 작가에게도 첫 문장은 중요하다. 첫 문장은 독자가 안으로 들어가는 길일 뿐 아니라 **작가**가 들어가는 길이기도 하다. 그러니까 독자와 작가 둘 다에게 맞는 입구를 찾아야 한다. 내가 책을 쓸 때도 일단 첫 문장부터 시작하는데 그래서일 것이다. 첫 문장을 먼저 쓰고, 그게 제대로 되면 정말로 뭐가 되겠구나 싶다.

책을 처음 시작할 때 나는 자기 전에 침대에 누워 글을 구상한다. 어둠 속에 누워 생각한다. 책의 첫 문단을 쓰려고 해 본다. 몇 주, 몇 달, 심지어는 몇 년 동안 그 문단을 쓰고 또 쓰고 이제는 마음에 든다 싶을 때까지 다시 쓴다. 첫 번째 문단이 완성되면, 이제 책을 쓸 수 있겠다는 확신이 든다.

그래서 내가 쓴 첫 문장은 잊지 않고 기억한다. 내가 스스로 찾아서 들어간 입구이기 때문이다. 『11/22/63』의 첫 문장은 "나는 원래 눈물이 없었다"다. 『살렘스 롯』은 이렇게 시작한다. "사람들은 다들 그 사내와 소년을 아버지와 아들이라고 생각했다." 봤지? 기억한다고! 『그것』의 첫머리는 이렇다. "이후 28년이 지나도록 끝나지 않을 그 공포는—과연 끝나긴 했는지 모르겠지만—내가 알기로는 빗물로 불어난 도랑을 떠내려가던 신문지 종이배에서 시작되었다." 이 문장은 내가 쓰고 쓰고 또 고쳐 쓴 문장이다.

그렇지만 내가 쓴 최고의 첫 문장은 『욕망을 파는 집』의 첫 문장이라고 말할 수 있다. 케인한테 배우고 페어베언한테 배워서 쓴 것이다. 이 소설은 어떤 남자가 한 마을에 찾아와서 이웃 사이의 해묵은 원한과 잠자던 적대감을 이용해 마을 사람들 전부가 광기에 휩싸여 서로 싸우게 만드는 이야기다. 다음과 같은 문장으로 시작하는데, 한 페이지에 20포인트 크기의 활자로 한 문장만 적혀 있다.

당신은 전에 여기 온 적이 있습니다.

한 페이지에 한 줄만 덩그러니 적혀, 계속 읽으라고 독자를 끌어들인다. 독자는 뭔가 익숙한 이야기가 나오리라는 암시를 받는 한편 예사롭지 않은 도입부가 우리를 일상의 영역 밖으로 데리고 가리라고 짐작하게 된다. 앞으로 이어질 책이 어떤 것이라고 약속하는 문장이기도 하다. 이웃과 이웃 사이의 대립은 지구상에서 가장 오래된 이야기 가운데 하나지만, 이런 방식의 서술은 낯설고 조금 색다르다(고 나는 믿고 싶다). 딱 이런 종류의 문장을 찾아야 할 때가 있다. 주제를 거창하게 언급하지 않으면서, 앞으로 어떤 일이 일어날지 축약해서 보여 주는 문장.

하지만 내 책 중에 시처럼 아름다운 문장으로 시작한다고 말할 수 있는 책은 많지 않다. 기술자처럼 실용적으로 접근할 때도 있다. 그냥 안으로 들어가는 길, 어떤 길이든 간에 길이 될 만한 것을 찾으려고 할 때도 있다. 『샤이닝』의 후속편인 『닥터 슬립』은 그런 식으로 썼다. 『샤이닝』의 시간대에서 현재로 훌쩍 뛰어넘어야 해서, 이름은 감춘 채 대통령을 언급하면 되겠다고 생각했던 기억이 난다. 땅콩 농부 대통령(카터), 배우 대통령(레이건), 색소폰 연주하는 대통령(클린턴)…… 같은 식으로 말이다. 그래서 이런 문장이 나왔다.

조지아에서 땅콩을 재배하던 농부가 백악관에서 일하던 어느 해 12월 2일, 콜로라도에서 손꼽히는 리조트 호텔 하나가 잿더미로 변했다.

이 문장은 세 가지 역할을 한다. 시간 배경을 제공한다. 공간 배경을 제공한다. 그리고 『샤이닝』의 결말을 떠올리게 한다―다만 영화만 본 사람에게는 소용이 없을 것 같은데 영화에서는 호텔이 불에 타지 않기 때문이다. 웅장하거나 우아하지는 않지만 문을 열어 주고 상을 차리는 역할을 한다. 대통령 임기와 연결시키며 일련의 중요한 사건을 빨리 열거하면서 무대를 마련하고 이야기를 시작할 수 있었다. 여기에 대단한 것은 전혀 없다. 서사에 균형감을 주기 위해 넣는 일종의 꾸밈음 같은 것이고, 이것을 이용해서 나는 들어갈 길을 찾을 수 있었다.

잊지 말아야 할 것은, 사랑만으로 먹고 살 수 없듯이 첫 문장만 가지고 작가가 될 수는 없다는 거다.

첫 문장만으로는 책이 우뚝 서지 않고 첫 문장 때문에 책이 무너지지도 않는다. 이야기가 있어야 하고 그게 가장 중요하다. 하지만 진짜 좋은 첫 문장은 정말 중요한 목소리의 느낌을 만들어 낸다. 독자에게 첫 소개를 시켜 주고, 책을 읽고 싶게 만들고, 장거리 여행길로 끌어들이는 것이 바로 그 목소리다. 그러니까 이렇게 말하는 첫 문장에는 막대한 힘이 있다. '이리 와 봐. 너도 궁금하잖아.' 그러면 누군가는 귀를 기울인다.

*
*

칠리가 12년 전에 처음 마이애미 해변에 왔을 때는 어쩌다 한 번씩 마이애미에 닥치는 추운 겨울이 왔을 때였다. 칠리가 사우스콜린스에 있는 베수비오스에서 토미 카를로와 점심을 먹으려고 만났다가 가죽 재킷이 찢어진 날은 기온이 영상 1도였다.

— 엘모어 레너드, 『겟 쇼티Get Shorty』

윌리엄 깁슨

1948년생 미국 작가. 저서로는 『페리퍼럴』, 『뉴로맨서』, 『카운트 제로』, 『모나 리자 오버드라이브』 등의 SF 소설이 대표적이며, '사이버 펑크'라는 장르를 개척한 인물이다. 휴고상, 네뷸러상, 필립 K. 딕상 등을 수상했다.

*

딱 들어맞는
첫 문장을 깎는 법

나에게 소설의 첫 문장을 쓰는 일은 금속조각을 줄로 깎아 아직 존재하지 않는 문의 잠금장치를 열 열쇠를 만드는 일과 비슷하다. 불가능하지만 꼭 해야만 하는 일이다. 안 되면 대략으로라도 해야 한다. 첫 문장을 쓰지 않고 그다음을 쓸 수는 없기 때문이다. 딱 맞는 열쇠가 있어야만, 아니면 적어도 그것에 가까운 무엇이 있어야만 흰 벽이(전에는 종이였고 지금은 픽셀로 이루어져 있다) 열리기 때문에 나는 뒷부분을 이어 쓰면서도 끝없이 첫 문장에 줄질을 한다.

만약 내 컴퓨터에 키 기록기를 설치하고 기록된 변경 내용을 빠른 속도로 돌리며 첫 문장이 서서히 조금씩 제 모습을 찾아가는 모습을 본다면 마치 중세의 팔림프세스트처럼 보일 것이다. 글 위에 **겹쳐서** 쓰고 또 쓰는 신비로운 과정이다. 팔림프세스트와 다른 점은 최초의 첫 문장, 불가능한 대로 흰 벽을 어떻게든 조금 쪼갠 첫 번째 손놀림을 완전히 지우지는 않는다는 것이다.

모든 작가가 이런 식으로 글을 쓰지는 않지만, 나에게는 선택의 여지가 없다. 내가 어른이 된 뒤 처음으로 소설을 써 보려고 남몰래 몇 달에 걸쳐서 글을 쓴 적이 있는데 그렇게 해서 쓴 것이 단 한 문장이었다. 제임스 그레이엄 밸러드와 비슷하게 건조하고 장중한 어조로 써 보려고 공을 들였다. 마침내 그 문장, 첫 문장을 완성했고 아직까지도 잊지 못하고 기억한다("매일 오후 어둑한 상영실에 앉아 배너맨은 영화 시작 전 리더 필름의 표적 모양 숫자들을 영화의 꿈과 같은 상태에 들어가기 전의 선잠을 가리키는 표지로 생각하게 되었다." 으음). 그때는 어떤 이유에서인지 그게 내 첫 문장이라고 생각했는데 그걸로는 아무것도 열리지 않았다. 어쩌면 그 문장이 이야기 전체였는지도 모르겠다. 그렇다면 성공적인 시도였다고 할 수 있겠다.

내가 첫 문장을 쓰느라 얼마나 용을 썼는지가 빤히 보이지는 않았으면 좋겠다. 그런데 사실 생각해 보면 엘모어 레너드가 『겟 쇼티』의 첫 문장 "칠리가 12년 전에 처음 마이애미 해변에 왔을 때는 어쩌다 한 번씩 마이애미에 닥치는 추운 겨울이 왔을 때였다. 칠리가 사우스콜린스에 있는 베수비오스에서 토미 카를로와 점심을 먹으려고 만났다가 가죽 재킷이 찢어진 날은 기온이 영상 1도였다"를 가지고 얼마나 오래 고심을 했을지도 알 수 없는 일이다. 얼핏 보기에는 꾸밈없이 평범해 보이는 첫 문장이지만 잘 보면 여기에서 제대로 시동을 건다. 만약 내가 이것과 견줄 만한 문장을 썼다면 그러느라 상당히 오랜 시간이 걸렸을 것이다. 엘모어 레너드는 문장에서 기능적으로 불필요한 것은 하나도 남김없이 전부 걷어 내고 구두점 하나까지도 아껴 쓰는 데 있어 천재다. 내 경험으로는 그게 쉬이 이루어지지는 않는다.

내가 생전 처음으로 소설을 쓸 때 첫 줄을 가지고 끙끙거린 까닭은 (제목도 마찬가지였는데 첫 줄을 쓰려고 시도하려면 일단 제목부터 지어야 할 것 같았다) 무언가, 뭐라도 **있어야만** 했기 때문이었을 거다. 아직 쓰지 않은 전체의 조각 하나라도 쓸 만한 것으로 있어야 했다. 요즘이라고 첫 문장 쓰기가 더 쉬워지지는 않았지만 그래도 전보다는 더 유기적으로 쓰게 된 듯하다. 바이올린 장인이 나무토막 하나를 가지고 시작해서 바이올린이 아닌 부분을 다 깎아 내어 바이올린을 만든다고 한다면, 작가는 마치 심령술을 하듯이 아무것도 없는 상태에서 나무토막부터 만들어 내야 한다. 투박한 비유를 쓰자면 첫 문장은 이 나무토막의 프랙털 형태와 같다. 첫 문장에 아직 쓰지 않은 글 전체가 담겨 있다고 확신할 수 있어야 한다. 어쩌면 터무니없고 실질적으로 불가능한 일이지만 지금까지는 어찌어찌해 왔다. 일단 첫 문장이 그 순간에는 전혀 존재하지 않는 전체를 쓸 가치가 있다고 나를 설득하면 그다음을 이어 계속 쓸 수 있다.

『페리퍼럴』의 첫 부분은 사실 조금 달랐다. 꽤 오랫동안 첫 문장이 없었다. 이상하게 들리겠지만 처음에는 젊은 여자가 미국 시골 어딘가에 있는 언덕에서 시냇물 쪽으로 걸어 내려오는 이미지만 있었다. 왜인지는 몰랐다. 여자가 누구인지도 몰랐고 이때가 언제인지도 어디로 가려고 하는 건지도 몰랐다. 그냥 풍경의 느낌만 있었다. 어느 시골의 척박한 분위기만.

나는 아주 긴 첫 문단을 썼다. 2년 동안 그 문단을 두어 문단으로 나누었다가 다시 합해서 더 길게 만들었다. 첫 부분을 만지작거리는 동안 몇 문장들이 돌아가며 가장 앞자리를 차지했다가 다시 밀려나곤 했다.

그러다 마침내 소설 첫머리에 들어간 문장을 결정했다. 그 뒤에도 거의 날마다 미세하게 조금씩 고치기는 했지만. 의식적으로 이렇게 쓸까 저렇게 쓸까 고민해서 고친 게 아니라, 그저 쓰고 다시 쓰는 나의 기이한 글쓰기 방식을 따라 그렇게 되었다.

지금 생각해 보면 책의 목소리를 찾으려고 헤맸던 것 같다. 나는 책에는 목소리가 있으며 반드시 그 목소리를 찾아야 한다고 확고하게 믿는다.

이 책의 경우는 첫 문장이 된 이 문장에서 그 목소리를 찾았다.

> 그들은 플린의 오빠에게 외상 후 스트레스 장애가 있다고 생각한 게 아니라 오빠의 햅틱스가 이따금 오작동을 일으킨다고 생각했다.
> They didn't think Flynne's brother had PTSD, but that sometimes the haptics glitched him.

독자가 이 문장을 처음 맞닥뜨리면 의아해할 것이고 무슨 뜻인지 완전히는 모를 것이다. 어쨌든 이 문장이 우리를 어느 장소에 있게 한다. 격식 있는 영국 영어도 아니고 표준 미국 영어도 아니다. 미국 구어라고 할 수 있다. 그래서 이 문장은 독자가 아직 만나 보지 않은 인물을 미국 전통 안에 놓는다(『허클베리 핀의 모험』의 첫 문장도 비슷한 작용을 하지만 물론 그 시대에 그 문장의 효과는 내가 한 것에 비할 수 없이 급진적인 것이었다).

『페리퍼럴』은 시점 인물이 두 명이기 때문에 이 소설에는 두 가지 다른 목소리가 있다. 앞의 첫 문장과 다른 시점 인물이 처음 등장하는 두 번째 장의 첫 문장을 비교해 보면 전혀 다른 언어의 세계로 들어가는 느낌이다.

> 네더턴이 잠에서 깨자 레이니의 인장이 눈꺼풀 안쪽에서 안정된 심장박동 속도로 두근거렸다.
> Netherton woke to Rainey's sigil, pulsing behind his lids at the rate of a resting heartbeat.

이 문장은 영국식이다. 아니면 적어도 가짜 영국식인데 살짝 빅토리아풍이라 할 수 있다. 상황은 환각적이고 선정적인데도 그런 느낌이 든다.

두 문장에 공통점이 있는데, 이 책을 처음 읽는 독자가 낯설게 여길 단어들이 있다. '햅틱스'가 뭔지, '인장'이라고 하는 것이 무언지, 누군가가 '오작동'을 일으킨다는 게 무슨 뜻인지 모를 것이다. 이런 표현들은 이 책에만 나오는 특유한 어휘다. 그러니 이 단어들이 무슨 뜻인지 알고 문장을 이해하려면 계속 읽는 수밖에 없다.

독자 입장에서 생각해 보면 서점에서 책을 펼쳐 첫 문장을 보았을 때 그게 딸각하고 연결되는 느낌이 들거나 아니면 아무 느낌이 없거나 둘 중 하나일 것이다. 첫 문장이 "4월, 맑고 쌀쌀한 날이었다. 괘종시계가 13시를 알렸다"라면 당장 살 것이다. 조지 오웰의 『1984』는 갖고 있어 살 필요가 없고 이미 고전으로 자리 잡은 책이지만. 잭 워맥의 『무분별한 폭력의 무작위적 행동Random Acts of Senseless Violence』을 펼쳤을 때에도 딸깍 울림이 있었다. "엄마는 내 머리가 야행성이라고 한다." 작가로서 나는 당연히 독자들이 내 책을 펼쳤을 때 딸깍 하고 맞물리는 소리를 들었으면 좋겠다. 하지만 내가 그 소리를 듣는 게 무엇보다도 중요하고 사실 반드시 들려야만 한다.

이 글을 쓰는 지금 내 뒤쪽 책꽂이에 꽂힌 책들 가운데 내가 딸깍 소리를 들은 첫 문장 세 개를 예로 들어 보겠다.

"좌절하여 외국으로 나온 아일랜드 사람보다 더 큰 위험 요소는 없다."

— 존 매클라클런 그레이, 『아직 덜 죽음Not Quite Dead』

"그러면 이제 시작하굼. 눈앞에 골조가 형태를 잡기 시작하면 그리면서 항시 구조를 염두에 두어야 하문."

— 피터 애크로이드, 『혹스무어』

"가을의 도시에 상처를 입히기 위해."

— 새뮤얼 R. 딜레이니, 『달그렌Dhalgren』

이 문장들은 새로운 문법을 제시하거나 혹은 우리가 이해할 수 없는 방식으로 배열된 단어를 내세운다. 그런데 이렇게 의도적으로 정보를 제한함으로써 흥미를 돋울 수 있다. 내가 책을 읽으며 최고의 기쁨을 느낄 때는 무언가 복잡하고 정교하게 만들어진 것 한가운데에 내던져질 때다. 무슨 상황인지 전혀 알 수 없기 때문에 대체 무슨 일이 벌어질지 알아보고 싶어진다. 후던잇whodunit(범인이 누구인지 밝혀내는 것이 목적인 작품을 말한다—옮긴이) 추리물을 읽을 때의 즐거움과 비슷한데, 사실은 왓더퍽what the fuck(도대체 뭐야?—옮긴이)의 즐거움에 더 가깝다.

나는 이제 거의 습관적으로 낯선 언어를 써서 독자들을 낯선 세계 한가운데에 던져 넣고 독자들이 알아서 길을 헤쳐 나오게 하곤 한다. 처음 단편을 쓰던 1980년대 초반에 나중에 쓸 도구 모음을 갈고닦으면서 이 방법을 떠올렸을 것이다. 시행착오를 거치고 가장 좋아하는 작품들을 연구하다가 이 방법을 익히게 되었다. 나는 감추고 알려 주지 않는 책, 인내심을 들여 읽을 가치가 있는 소설들을 좋아한다. 이런 특징이 내가 텍스트에서 느끼는 기쁨의 중요한 요소다.

물론 모호함을 피하고 싶을 때도 있다. 10대 중반에 나는 과학소설을 읽다가 상상력이 부족해 해상도가 떨어진다 싶으면 무척 실망했다. 뛰어난 작가들도 물론 있었지만 게으른 상상력도 숱하게 접했다. 누군가가 무언가의 구멍으로 밖을 내다보는 장면으로 시작하는 단편이 있었는데 그게 무엇인지 알려주지 않아 화가 치밀었던 기억이 난다. 또 소설에서 은 부츠를 신은 누군가가 비행기 옆에 널브러져 있다고 말하는데, 이 '은 부츠' 때문에 화가 났다. 은사로 짠 직물인지, 아니면 은을 세공한 건지? 대체 어떤 걸 상상하라는 말인가? 아무 설명이 없었기 때문에 나는 저자도 모르거나 아니면 전혀 신경 쓰지 않는다고 받아들였다. 작가가 마땅히 해야 할 일을 하지 않았다고 생각했다.

생산적인 모호함은 게으른 글쓰기와 다르다. 그렇다면 신비스러움과 명료함의 균형을 어떻게 맞추어야 할까? 이런 긴장은 SF 장르의 핵심 문제에서 발생한다. SF를 쓸 때는 상상한 미래를 백 년 묵은 자연주의 문학의 기법을 이용해 그려야 하기 때문이다. 내가 해내고 싶었던 것에서도 이 문제가 중요한 자리를 차지하지만 쉬운 일은 아니다. 작가는 사물이 스스로 이야기를 하도록 묘사하고 싶어 한다. 하지만 미래에 관해 쓸 때는 어떤 사물이나 생각이나 느낌을 아무리 잘 묘사하더라도 독자에게 낯설 수밖에 없다. 현실이 아니기 때문이다.

『페리퍼럴』을 쓸 때 나는 본능적으로 엄격하게 타수를 줄여가며 골프를 치려고 했다. 무슨 뜻이냐면 독자가 모르는(그런 것이 존재하지 않으므로 당연히 모르는) 용어와 기술을 다룰 때에도, 설명이나 정보를 어설프게 집어넣으려 하지 않았다는 말이다. SF 작가들이 '밥, 자네도 알다시피 말이야 단락'이라고 부르는 단락이 있다. 배경 정보를 쏟아내기 위해 쓰는 단락인데 이런 것을 피해야 한다. 독자는 스스로 알아가는 데에서 즐거움을 느낄 수 있다. 게다가 간략한 축소 화법의 묘사가 인물의 시선으로 바라보는 서술에 더 잘 맞는다. 현실에서 사람은 그렇게 많은 부사나 형용사를 이용해서 생각하지 않는다. 또 정보를 제한하면 책을 다 읽은 후 처음부터 다시 읽는 독자들에게 보상을 줄 수도 있다. 두 번째로 읽을 때는 작은 수수께끼들이 전혀 다르게 읽히기 마련이다.

물론 이런 방법이 누구에게나 통하지는 않는다. 나는 가끔 작가가 절대 하면 안 되는 일을 하는데, 아마존 사이트에서 내 새 책의 독자 서평을 읽는 것이다. 그러다 보면 가끔 이런 평이 눈에 들어온다. "정말 짜증 난다! 뭔지 모르는 신조어가 잔뜩 나오는데 그게 무슨 **뜻인지** 내가 어떻게 알겠나?" 어떤 사람에게는 내 방법이 맞지 않는 것이다. 하지만 소설은 내가 보기에도 괜찮으면서 동시에 누구나 다 받아들일 수 있는 것이 될 수는 없다.

엄격한 SF 골프 규칙에 따라 플레이를 할 때에 한 가지 위험이 있다. 작가가 전부 상상으로 만들어 낸 공상소설을 쓰려면 (마거릿 애트우드의 소설처럼) 이런 위험을 무릅쓸 수밖에 없다. 정교한 과학소설은 독서 능력이라는 일종의 문화적 상부구조를 요구한다. 장편소설을 일상적으로 읽는 독자라도 처음부터 이런 소설을 읽을 수 있었던 것은 아니다. 문화적 교육과정을 거쳐 필요한 기술을 습득해야만 긴 소설을 읽을 수 있게 된다. 좋은 과학소설도 마찬가지로, 이런 종류의 소설을 즐겁게 누리려면 문화적 경험이라는 상부구조가 필요하다. 독자로서 나는 치밀하게 상상하여 구성한 문학을 읽고 싶다. 하지만 이런 작품을 쓴다면 독자 가운데 일부를 잃을 각오를 해야 한다.

가끔은 글을 쓸 때 내가 무의식적으로라도 이 책을 즐길 가능성이 없는 독자들을 물리치는('독자에게 경고하는'이 더 친절한 표현일 것 같다) 첫 문장을 쓰려 하는 것은 아닌가 하는 생각도 든다. 실제로 책의 시작 부분 전체를 그런 식으로 쓴 적도 있다. 요즘에는 그러지 않으려고 의식적으로 노력한다.

어느 경우든 첫 문장은 작가와 독자가 각각 손을 뻗어 이루어지는 악수다. 독자가 작가와 손을 잡는다. 작가는 미지의 것과 이미 악수를 나누었다. 양쪽의 악수에서 둘 다 딸깍 맞물리는 소리가 났다면, 이제 이야기는 시작된 것이다.

*
*

가장 중요한 것이 가장 말하기 어렵다. 말로 하면 작아지기 때문에 말하다 보면 부끄러워진다.(⋯⋯) 정말 큰 용기를 내어 속을 털어놓았는데 사람들이 대체 내가 무슨 이야기를 하는 건지, 왜 그게 울먹이며 말할 정도로 중요한지 전혀 이해 못하고 이상한 눈빛으로 쳐다볼 수도 있다. 그게 최악이다. 비밀이 깊숙이 감추어지는 까닭은 이야기할 사람이 없기 때문이 아니라 이해해 주는 귀가 없기 때문이다.

— 스티븐 킹, 「스탠 바이 미」

할레드 호세이니

1965년생 아프가니스탄 출신의 미국 소설가. 『연을 쫓는 아이』, 『그리고 산이 울렸다』, 『천 개의 찬란한 태양』 등의 저자다. 그의 작품은 80여 개국에서 출판되는 등 전 세계적으로 사랑받고 있다.

*

글쓰기에 대한 가장 진솔한 진술

대학교 1학년 때 아르바이트로 건물 경비를 했다. 캘리포니아주 산타클라라에 있는 첨단 기술 건물에서 일했는데 엔지니어들이 수시로 드나들었다. 나는 낮에는 프런트 데스크에 앉아 있다가 손님이 오면 사인을 받고 가방을 맡아 보관했다. 밤 11시부터 다음 날 아침 7시까지 일하는 야간 근무도 자주 돌아왔다. 밤에는 캄캄한 건물 전체를 혼자서 지켰다. 한 시간에 한 번씩 건물 내부를 돌아보고 나머지 시간에는 데스크에서 시간을 보냈다.

낮에는 책 읽기가 힘들었다. 빅 브라더처럼 나를 감시하는 카메라가 있어서 무릎에 책 한 권을 슬쩍 올려놓기만 해도 어딘가에 있는 빈틈없는 관리자한테서 전화가 왔다. "그거 치우게." 하지만 야간 근무 때는 숙제를 하거나 책을 읽기 좋았다. 원칙대로라면 그러면 안 되지만, 어떻게 그렇게 잔인한 지시를 할 수 있는지 모르겠다. 혼자 밤새 깨어 있으면서 감시용 모니터와 텅 빈 주차장을 쳐다보는 것 말고 아무것도 하지 말라니. 다행히 밤에는 내가 뭘 하는지 감시할 사람이 아무도 없었다. 그래서 야간 근무 시간에는 공부를 하거나 책을 읽거나 단편을 썼다. 이미 30년이나 지났으니 이제 말해도 괜찮겠지.

어쩌다가 스티븐 킹의 중편집 『사계Different Seasons』(국내에는 『리타 헤이워드와 쇼생크 탈출』, 『스탠 바이 미』로 나눠서 출간되었다―옮긴이)를 집어 들게 되었는지는 기억이 안 나지만 어쨌거나 야간 근무 때 그 책을 읽었다. 나는 완전히 압도됐다. 숲으로 시체를 찾으러 가는 아이들 이야기인 「스탠 바이 미」에 특히 큰 충격을 받았다. 나는 막 어린 시절이 끝나려 하는 그 시기에 항상 마음이 간다. 열두 살 무렵에는 보통 한 발은 어린 시절에 둔 채로 다른 한발은 새로운 세계에 들여놓으려고 폼을 잡기 시작한다. 세상에 대한 순진무구했던 생각이 뒤죽박죽 복잡하게 바뀌어 가는데, 일단 그렇게 되고 나면 다시는 이전으로 돌아갈 수 없다. 스티븐 킹은 「스탠 바이 미」에서 그런 순간을 찬란하고도 따뜻하게 포착했다. 집에 돌아올 즈음에는 네 아이들 모두 뼛속들이 바뀌어 있다. 전과는 다른 존재가 되었다.

이 소설을 읽을 때는 나도 언젠가 비슷한 이야기를 쓰게 될 줄은 몰랐다. 나는 아이들이 나오는 이야기를 많이 썼다. 내 소설에는 전부 어린 시절 이야기가 나온다. 어린 시절의 경험이 내내 떠나지 않고 계속 다시 생각나고 수십 년이 지난 뒤까지도 현재 삶에 남아 마침내 어떤 사람이 될지에도 영향을 미친다는 점이 정말 신기하다. 「스탠 바이 미」는 내가 아는 어떤 소설 못지않게 이런 생각을 잘 그려 냈다. 그래서 이 소설에 크게 마음이 움직였고 지금도 그렇다.

세월이 흐른 지금 시작 부분을 다시 보니 내가 작가가 되기 전 젊을 때에는 미처 알아차리지 못했던 여러 층위가 눈에 들어왔다. 화자인 고디는 어른이 되어 어린 시절을 돌아보며 이 소설을 서술하는데 자기가 하고 싶은 이야기를 제대로 전하지 못할까 두려워한다.

가장 중요한 것이 가장 말하기 어렵다. 말로 하면 작아지기 때문에 말하다 보면 부끄러워진다. 머릿속에 있을 때는 한없이 크게 느껴지던 것을 입 밖에 내면 말이 그것을 실물 크기로 축소해 버린다. 하지만 그게 전부가 아닌데, 그렇지 않나?

가장 중요한 것은 비밀스러운 속마음을 묻어 놓은 곳에 너무나 가까이 바싹 붙어 있다. 마치 적이 훔쳐가려고 노리는 보물의 위치를 표시하는 지표처럼 가까이에 있다.

이 부분을 처음 읽었을 때 나는 스무 살―막 청소년기를 벗어난 어엿한 성인이었다. 그 나이에는 세상이 자신을 알아주지 않는다고 생각하기 마련이다. 사람들이 내 속을 들여다볼 수만 있다면 나를 알아줄 텐데 하고 생각한다. 「스탠 바이 미」의 이 대목은 우리가 사실 얼마나 외로운 존재인가 하는 이야기다. 우리는 내면에서만 충만한 삶을 살고, 길 위에서 돌아다니며 다른 사람과 악수를 나누는 사람은 그 안에 있는 자아의 근사치에 불과하다. 겉으로 보이는 외양은 내면과 비슷할 뿐 우리가 세상에 보여 주는 축소되고 왜곡된 자아다. 왜냐하면 가장 중요한 것, 절대적으로 소중한 것은 이상하게도 가장 표현하기 어렵기 때문이다. 젊을 때 나는 「스탠 바이 미」를 읽으며 처음으로 이런 것들을 느꼈다.

그런데 지금은 그때는 알 수 없었던 사실을 깨닫는다. 이 구절은 글을 쓴다는 것이 어떤 것인가에 관한 내가 아는 가장 진솔한 진술이기도 하다. 작가는 너무나 진실하고 중요하고 진정하게 느껴지는 어떤 생각이 있어서 글을 쓴다. 그렇지만 이 생각이 마음속의 거름망들을 거쳐 손으로 종이나 컴퓨터

화면에 옮겨지면 왜곡되고 축소될 수밖에 없다. 결국 글로 쓰인 것은 운이 좋아야 정말 하고 싶었던 말의 근사치다.

이럴 때면 작가로서 한계를 깨달으며 정신이 번쩍 든다. 극히 좌절스러운 일이기도 하다. 글을 쓸 때 가끔은 생각이 머리에서 화면으로 손실 없이, 흔들림 없이, 마치 유리를 투과하듯 또렷하게 전달될 때도 있다. 이렇게 절절하고 진실하게 무언가를 전달했다 싶으면 도취감과 환희마저 느껴진다. 다만 이런 일이 자주 일어나지는 않는다(늘 그렇게 글을 쓰는 작가도 있을 것이다. 아마 그게 위대한 작가와 썩 괜찮은 작가의 차이가 아닌가 싶다).

내 책 역시 내가 원래 의도했던 것의 근사치다. 내가 말하고 싶은 것과 실제 글 사이의 간극을 최대한 줄여 보려고 애쓰지만 그래도 여전히 늘 그 간극이 있다. 아주, 아주 어려운 일이다. 그래서 겸허해진다.

여기에서 하나의 층위를 더 고려해야 한다. 작가가 자신을 완벽하게 표현하지 못 하기도 하지만, 듣는 사람들이 잘못 **듣기도** 한다. 고디는 그런 것에 대한 불안감도 이야기한다.

정말 큰 용기를 내어 속을 털어놓았는데 사람들이 대체 내가 무슨 이야기를 하는 건지, 왜 그게 울먹이며 말할 정도로 중요한지 전혀 이해 못하고 이상한 눈빛으로 쳐다볼 수도 있다. 그게 최악이다. 비밀이 깊숙이 감추어지는 까닭은 이야기할 사람이 없기 때문이 아니라 이해해 주는 귀가 없기 때문이다.

우리는 이해받지 못할까 두려워한다. 그리고 이해받지 못하는 일을 피할 수 없다. 강력한 감정을 축소하지 않으면서, 말하는 모습이 우스운 꼴이 되지 않고 전달하기란 극도로 힘들다. 그러니 바보 같아 보이거나 오해를 당할 위험을 무릅쓰느니 차라리 꽁꽁 감추고 닫아 두는 편이 쉽지 않은가.

하지만 예술의 존재 이유가 그런 것이다. 독자나 작가나 각자의 한계를 극복하고 진정한 무언가를 만나는 것. 기적처럼 느껴지지 않는가? 내 안에 있지만 짙은 안개로 덮여 있어 보이지 않던 것을 누군가가 명료하고 아름답게 표현한다는 사실이. 위대한 예술은 안개를 뚫고 그 비밀스러운 마음을 향해 손을 뻗는다. 그리고 그걸 들어서 눈앞에 보여 준다. 이런 일이 일어날 때면 머릿속이 환해지는 듯하고 가슴이 마구 두근거린다. 이해받은 듯한 기분이다. 누가 내 속마음을 들어준 것 같다. 그래서 우리는 예술을 찾는다. 혼자라고 느끼지 않으려고. 이렇게 덜 외로워진다. 예술을 통해 다른 사람도 나와 같은 심정이라는 것을 알고 위로를 받는다.

나는 아주 어릴 때부터, 펜을 손에 쥘 수 있을 때부터 글을 썼다. 내 안에 있는 무언가를 표현하는 것, 진짜라고 느껴지는 것을 만들어 내는 게 좋았다. 그렇게 평생 계속 글을 썼고, 글을 쓰려는 타고난 욕구를 계속 갈고닦았다. 그런데 내가 좋아서 쓴 책을 누군가가 읽는다는 게 나에게는 믿기지 않는 영광이자 기쁨이다. 내가 쓴 어떤 글에 진심으로 감동했다고 이야기하는 열렬한 편지를 받는 일이 있다니, 그런 말을 들을 수 있다니 얼마나 큰 축복인가. 작가로서 그보다 더 큰 보상은 없다.

*

*

그는 그랬다.

— 솔 벨로, 「은 접시 A Silver Dish」

이선 캐넌 ─────────────────────────

1960년생 미국의 작가, 교육자이자 의사. 저서로는 『공기의 황제Emperor of the Air』, 영화 〈엠퍼러스 클럽〉의 원작인 『궁전 도둑The Palace Thief』 등이 있고, 영화 〈이어 오브 게팅 투 노우 어스〉의 원안을 쓰기도 했다. 구겐하임 펠로십을 수상했다.

＊

이야기에
불꽃을 붙이는
마지막 문장

의대 면접을 보러 갔을 때 재킷 주머니에 낡은 문고판 『비의 왕 헨더슨』을 넣고 갔다. 내 옷 중에 제일 좋은 옷, 코듀로이 바지와 캐주얼 재킷 차림을 하고서. 그런데 면접실에 들어가 보니 다른 지원자들은 모두 검정색 양복을 빼입고 서 있었다. 다른 지원자들이 정맥주사 화학요법과 경구 화학요법의 장단점을 논하는 동안 나는 생각했다. '맙소사. 아무래도 잘못 들어온 것 같네.' 그러다 내 차례가 됐는데, 면접관이 내 재킷 주머니에 있는 책을 보고 무슨 책인지 물었다. 내가 책을 꺼내자 면접관이 말했다. "아, 내가 제일 좋아하는 책이네요." 이후 우리는 『비의 왕 헨더슨』에 관한 이야기만 했다. 아마 그 덕분에 의대에 들어갈 수 있었던 것 같다.

나는 개인적으로 솔 벨로가 20세기 미국 최고의 작가라고 생각한다. 그의 작품을 읽을 때면 경외감에 빠진다.

내가 가장 좋아하는 작품 가운데 「은 접시」라는 단편이 있는데 이 작품을 아는 사람은 별로 많지 않은 것 같다. 이 단편은 모든 소설을 통틀어 가장 잊을 수 없는 문장으로 꼽을 한 줄로 끝이 난다.

그는 그랬다.
That was how he was.

단 다섯 개의 단어로 이루어진 문장인데 다섯 단어 다 별 뜻이 없다. 'was'가 두 번 나오니까 그나마 두 개는 같은 단어다. **소리**도 거의 없는 단어고, 리듬에 기울어짐이나 끊어짐이나 각 같은 것도 없이 그냥 타, 타, 타, 타, 타 하는 소리뿐이다. 개중 의미가 조금이라도 있는 단어는 'he'하고 'was'뿐이다. 'how'는 문법적으로는 부사지만 여기에서는 거의 명사처럼 느껴진다. 그전에 나오는 이야기에 이어 이 문장을 마지막으로 읽게 되면 작은 시각적 불꽃 같은 것이 터지기 때문이다. 이 문장은 총 일곱 가지의 글자만 썼고 전체 글자 수는 열다섯 글자다. a가 세 개, h가 세 개, w가 세 개, s가 두 개, t가 두 개, o와 e가 하나씩 있다.

벨로의 글치고 놀라울 정도로 절제된 문장이다. 벨로는 누가 뭐래도 최고의 시인인데 말이다. 여기에서는 의도적으로 팔레트를 아껴 쓴 것 같다. 이 문장을 『오기 마치의 모험』의 유명한 첫 문장과 비교해 보자.

> 나는 미국인, 시카고—그 음울한 도시 시카고 출신이고 나 스스로 깨친 방식대로 자유롭게 살아가며 이 기록도 내 방식으로 할 것이다. 일단 문을 두드리고, 일단 들어가고, 어떤 때에는 사심 없이, 어떤 때에는 꼭 그렇지는 않게.

이 책을 400쪽쯤을 읽다 보면 지금까지 살면서 본 최고의 문장을 맞닥뜨릴 것이다. 생각과 언어의 화산 폭발 같은 놀라운 문장이다. 아니면 「은 접시」의 다음 부분을 보라. 우디가 전차를 타고 이 단편의 정점을 이루는 순간으로 달려가기 직전이다.

> 소리가 들리더니 낡은 붉은색 시카고 전차가 보였다. 도축장 우리에 있는 수소 같은 색이었다. 진주만 공습 이전에 나온 종류의 전차로 투박하고 둔중하고 좌석은 튼튼한 라탄 재질

이고 서 있는 승객용 놋쇠 손잡이가 있었다. 보통 1마일에 네 번 정차하고 흔들거리며 달렸다. 코를 찌르는 석탄산과 오존 냄새가 풍기고 공기압축기가 채워질 때마다 전차가 덜컹거 렸다. 차장은 매듭으로 된 신호 줄을 당겼고 기관사는 미친 발놀림으로 발 종을 쳤다.

이 구절에는 직관적인 단어, 앵글로색슨계 단어가 가득하 고 여기 나온 단어 하나하나가 모두 생생한 의미를 띤다. 시 인이 언어로 이루려고 하는 것이 이와 비슷할 것 같다. 뇌의 복잡한 작용을 거치지 않고 바로 의미에 도달하는 언어.

하지만 「은 접시」의 마지막 행은 전혀 다르다. 이 단어 중 에 무슨 뜻인지 말할 수 있는 단어는 하나도 없다. 내가 사전 편찬자인데 'that'이나 'how' 같은 단어를 정의해야 한다고 상 상해 보자. 게다가 이 문장은 벨로 특유의 리듬이나 언어유희 도 없다. 거의 문장이 아니라고 할 수 있을 지경이다. 그런데 도, 나는 이 단편을 읽다 여기에 이르면 운다. 지난 몇 주 동안 이 단편을 세 번 읽었는데 읽을 때마다 이 문장에 다다르면 눈물이 솟았다.

벨로는 이 평범한 단어 다섯 개에 어떻게 그렇게 많은 감 정을 욱여넣을 수 있었을까?

텅 비어 있기 때문에 그렇게 많은 감정을 담을 수 있다고 생각한다. 어떤 구체적인 것도 떠올리게 하지 않기 때문에 우리는 생각하지 않고 느낄 수 있게 된다. 단편이나 장편의 끝부분에서 독자가 생각을 하는 게 좋지는 않다. 끝부분에는 감정이 있어야 하고, 논리는 감정의 적이다. 독자가 논리를 벗어 버리고 그저 느낄 수 있게 하는 것이 작가의 일이다. 영화의 마지막 장면에서도 종종 그렇게 한다. 카메라가 위쪽을 향하고, 하늘이나 바다나 바닷가 따위 애매한 장면을 비추며 영화가 끝이 난다. 눈이 초점을 맞출 데가 없기 때문에 관객은 그 이전에 나왔던 모든 것에 집중하게 된다. 이게 바로 "그는 그랬다"라는 문장의 효과다. 머릿속을 텅 비게 만든다. 이 문장을 첫 머리에 놓았다면 그냥 없는 것과 마찬가지인 문장이었을 것이다. 하지만 끝부분에 놓으면 그 앞에 나왔던 모든 것의 의미로 가득 차게 된다. 무의미한 단어 하나하나가 니트로글리세린이고 그 앞에 나온 이야기는 도화선이다.

이 문장은 내용이 스타일보다 중요함을 보여 주기도 한다. 나에게 글쓰기에 관한 이론이 있는데, 인물에 대해 진실하면서 동시에 언어적으로 아름다운 글을 쓸 수는 없다는 것이다. 진실과 아름다움 둘 다를 표현하기에는 단어가 부족하다. 그러니까 공감을 중시하는, 다른 말로 하면 **인물 중심인** 작가는 아름다운 문장은 내용이 좀 덜 긴박할 때로 미뤄 두기 마련이다. 솔 벨로도 경치를 묘사할 때에는 시적이다. 우디와 아빠가 전차를 탈 때가 그 예다. 하지만 화자의 마음속 깊은 곳의 감정적 경험에 바짝 다가가려고 할 때에는 글이 무척 단순해진다. "그는 그랬다." 평범한 단어 다섯 개로. 이야기의 핵심 부분에서는 진실한 것을 쓰는 게 좋다. 아름답게 꾸미다가 진실을 희석하느니 단순하게 쓰는 편이 낫다. 물론 아름다움과 진실이 어떤 연속체를 이루기는 하지만 양쪽 극단에 동시에 있을 수는 없다고 생각한다.

또한 나는 이 단편이 젊은 작가들이 품고 있는 소설 쓰기에 대한 거의 모든 질문에 답한다고 생각한다.

예를 들어 대화가 곧 갈등이다. 벨로는 사람들이 싸울 때가 아니면 대화 내용을 기록하지 않는다. 나도 소설 속의 대화에 관해 학생들에게 늘 이렇게 말한다. 뭔가 못된 말을 할 수 없다면 아무 말도 하지 마라.

또, 이 단편은 '죽음에 대한 이야기는 삶에 대한 이야기이기도 해야 한다'고 말한다.

또, 문학 작품을 쓸 때 가장 어려운 부분 가운데 하나인 플롯에 어떻게 접근할 것인가라는 질문에도 답한다.

어떻게 보면 플롯이란 아주 간단하다. 누군가가 뭔가 잘못을 하게 하는 것이 플롯이다. 플롯은 미리 계획할 수 없다. 누가 잘못을 저지르면 그게 또 다른 나쁜 행동을 낳는다. 여러 행동, 특히 나쁜 행동을 통해 인물이 드러난다.

「은 접시」의 시작 부분은 확연하게 정적이다. 시카고 전역에 교회 종소리가 울려 퍼지고, 우디는 아버지의 죽음을 슬퍼하고 있다. 평생의 기억과 인상이 덮치듯 다가온다. 그런데 우디가 갑자기 아버지의 일탈 행위, 평생 우디를 괴롭혀 온 배신의 기억을 떠올리며 갑자기 이야기의 초점이 맞춰진다. 단 한 번의 일탈, 영원히 기억에 남을 만한 나쁜 행동이 이야기를 이끌어 나간다.

나는 이런 순간을 이야기가 '일어서는 순간'이라고 생각한다. 종이 위의 검은 글자들이 갑자기 이야기가 되는 순간.

데이비드 밀치(미국의 방송 작가, 텔레비전 제작자다—옮긴이)가 이렇게 말하는 것을 들었다(정확한 문장은 기억이 안 나고 내 마음대로 좀 각색했을 수 있다). 플롯을 만들어 나가다 어떤 주제에 도달하는 편이 주제로부터 플롯을 만드는 것보다 쉽다는 말이었다. 초보 작가들은 흔히 '무언가에 관한' 소설을 쓰려고 애를 쓰는 실수를 범한다. 소설을 논할 때도 보통 이 소설은 무엇에 **관해** 말하려는 의도로 쓰였다는 식으로 이야기하곤 하는데 사실 꼭 그렇지는 않다. 소설은 이야기다. 문학비평가나 문학 교사는 작품을 주제 면에서 바라보게끔 가르친다. 이 사람들은 소설을 쓰는 법이 아니라 도막 글을 쓰는 법을 가르치는 입장이니까 그럴 수밖에 없을 것이다. 그렇지만 작가가 되려면 소설이 '무언가에 관한 글'이라는 생각을 버려

야 한다. 이런 생각은 독서를 할 때도 해가 되지만 글을 쓸 때
는 치명적이다.

학생들이 나에게 찾아와 이러저러한 소설을 쓰고 싶다고
하는 말을 수도 없이 들었다. 하지만 그건 안 되는 일이다. 우
리가 할 수 있는 일은 그냥 뭔가 잘못을 하는 인물에 대해 쓰
고 거기에서부터 무슨 일이 일어나는지 보는 게 전부다. 소설
은 나쁜 행동 총 집합체이고 문학은 그것에 대한 뒷이야기다.

다시 말해서, 소설을 쓰겠다면 무언가를 보여 주려고 노
력하지는 말라고 말하고 싶다. 대신 무언가를 **발견**하려고 애
쓰라. 무의식이 주도하지 않으면 강력한 작품을 쓸 도리가
없다.

젊은 작가들이 가장 많이 고민하는 부분이 (플롯 다음으로)
인물을 어떻게 그릴지에 관한 것이다. 어떻게 하면 인물을 진
짜 사람처럼 보이게 만들 수 있을까. 솔 벨로가 아름답게 구
사하는 특히 절묘한 방법이 있는데 인물이 다른 인물을 묘사
하도록 하는 방법이다. 인물이 다른 사람을 묘사하면서 자기
자신을 노출한다는 게 핵심이다. 「은 접시」에서 우디가 아버
지를 묘사하는 부분에서 우리는 우디 본인의 말투, 표현, 철
학을 알게 된다.

아빠가 양털 코트를 벗었는데 재킷 없이 스웨터 차림이었다.

흘긋 쏘아보는 눈빛 때문에 부정직해 보였다. 셀브스트 집안 사람은 구부러진 코에 큼직하고 뻔뻔스러워 보이는 얼굴이라 정직해 보이기가 정말 어렵다. 부정직함의 온갖 징후가 보였다. 우디는 그 까닭이 뭘까 종종 생각해 봤다. 얼굴 근육 때문일까, 아니면 돌출된 턱의 각도 때문일까? 아니면 마음속의 모난 부분 때문일까?

아버지 겉모습을 묘사하면서 동시에 자신을 성찰하고 다른 사람들에 관해서도 생각한다. 우디가 아버지의 부정직해 보이게 타고난 외양에 골몰할 때 우리는 우디에 대해서도 알게 된다. 우디가 어떤 면에서는 올곧고 고결하고 인정 많은 사람이지만 그에게도 어떤 바람직하지 않은 점, 야만성이 있다는 것, 우디도 아버지처럼 비뚤어졌다는 것을 느끼게 된다.

작가들은 자신의 글이 흡인력이 있다고 생각하는 경향이 있다. 이런 생각도 억눌러야 한다. 소중한 것들을 죽여야 한다는 얘기다. 멋진 **장면**을 죽여야 할 뿐 아니라, 재치 있는 표현과 멋진 문구로 감명을 주려는 본능을 죽여야 한다. 대신 글은 일종의 텔레파시를 전달하는 수단이 되어야 한다. 작가는 드러나지 않게 뒤로 물러날수록 자신이 글로 쓰려고 하는 인물에 가까워질 수 있다. 내가 가장 존경하는 작가들, 필립 로스나 앨리스 먼로 같은 작가들은 아주 아름다운 문장을 쓰지만 이 사람들의 글을 읽을 때 문체의 아름다움을 의식하지는 않는다. 그보다는 진실에 대해 생각하게 된다. 나를 다른 사람으로 만드는 이야기의 능력에 푹 빠져 버린다. 나에게는 그게 가장 큰 흡인력이다.

인물을 만들 때는 놓아 버릴 줄 알아야 한다. 거창한 의도, 야심, 인류나 문학이나 철학에 대한 사상 따위는 놓아 버리고 다른 사람이 된다는 점에 집중한다. 사실 이런 것이 자유고 기쁨이고 글쓰기의 몇 안 되는 즐거움 가운데 하나다. 위대한 소설을 써야 한다는 조바심은 버리고, 그냥 다른 사람이 되어 보라.

그게 놀라울 정도로 육체적인 작업이기도 하다는 말을 덧붙여야겠다. 나는 글을 쓰기 전에 잠시 아무것도 하지 않는 순간을 가짐으로써 그렇게 한다. 글을 쓸 때 처음 몇 초 동안에 나 자신을 떨쳐 버리고 비운다.

절제된 신체 활동도 도움이 된다. 나는 스탠딩 데스크를 쓴다. 유행하기 한참 전에 내가 직접 만든 것이다. 나한테는 효과가 있다. 또 작은 스텝퍼 운동기구를 책상 아래 두고 그 위에서 걸으며 작업을 하는데 손잡이가 없기 때문에 떨어지지 않기 위해서는 여기에도 약간 주의를 기울여야 한다. 걷기 시작하고, 떨어지지 않게 균형을 잡으면서 타이핑을 시작한다. 왜인지는 알 수 없지만 가벼운 신체 활동이 브레이크를 풀어 주는 역할을 한다. 이와 비슷하게 수동 변속 차를 운전할 때 좋은 아이디어가 떠오를 때가 많다. 기어 변속에 필요한 정도만 살짝 집중하다 보면 억제된 부분이 풀어진다. 무의식이 수면으로 떠오르게 된다.

내가 책을 읽는 까닭은 궁극적으로는 다른 인물이 되는 기분 때문이다. 어떤 책이 좋은 책인지 아닌지 판별하는 기준도 된다. 내가 책을 읽고 있다는 사실을 잊고, 독자가 아니라 다른 사람이 된 기분이 든다면 좋은 책이다. 이렇게 다른 곳으로 이동하는 느낌 때문에 책을 읽고 또 그 느낌 때문에 책을 쓴다.

전에 이런 이상한 경험을 한 적이 있다. 아마 캔자스시티 공립 도서관에서였던 듯한데 내가 무대 위에 있을 때였다. 작가와의 대화 같은 행사였을 것이다. 대담 진행자가 나에게 첫 번째로 던진 질문이 이런 것이었다. "문학의 목적은 무엇인가요?" 아무런 준비도 되지 않은 상태에서 난데없이 이런 질문을 들었다고 생각해 보라. 그런데 그때 내 입에서 이런 말이 불쑥 나왔다. "죽음의 리허설이지요." 입 밖에 내기 전에는 한 번도 해 본 적이 없는 생각이었는데, 어떤 면에서 그게 사실이라는 생각이 든다. 소설은 다른 사람의 삶을 사는 것이고 그러면서 일어나는 엄청나고 끔찍한 일들, 특히 그 마지막에 있는 죽음을 겪는 것이며 그 경험을 반복하고 또 반복하는 일이다. 소설에 죽음이 실제로 나오든 안 나오든, 소설은 보통 인생의 절정기를 다룰 때가 많다. 문학은 무수한 삶을 경험하고 자신의 삶을 어떻게 살고 싶은지 알 수 있도록 해 준다.

다시 「은 접시」로 돌아가겠다. 이 이야기에는 작은 미스터리가 하나 있다. 벨로가 두 차례 삼인칭시점에서 나와 일인칭으로 서술한다. "그는 내가 그와 같아지기를 바랐다―미국인이기를"이라고 삼인칭 화자 우디가 갑자기 일인칭으로 말하는 부분이 있다. 이 소설은 일종의 메타픽션인 걸까? 벨로가 저자와 같은 이름을 가진 화자가 나오는 요즘 트렌드를 예측한 걸까? 시점이 두 차례 이렇게 살짝 이동한 것을 어떻게 이해해야 할지 잘은 모르겠지만, 이 이야기가 실은 자기 이야기임을 벨로가 암묵적으로 인정한 것이 아닐까 싶다. '이건 나, 솔 벨로고 우디가 아니야'라고 슬쩍 인정하는 것이다.

어느 쪽이든 간에 「은 접시」를 통해 우리는 다른 사람의 삶 깊숙이 들어갈 수 있다. 위대한 소설은 그런 것이라고 생각한다. 다른 사람의 지상의 나날을 들여다보는 창문. "그는 그랬다." 이게 문학의 전부가 아닌가? 적어도 거의 전부에 가깝다고 하겠다.

딸 드래그. 누이 드래그. 엄마 드래그. 아내 드래그. 법정 드래그. 부자 드래그. 가난뱅이 드래그. 영국 드래그. 자메이카 드래그. 각각 다른 옷장이 필요하다. 하지만 이 다양한 양상들을 생각하다 보면 어떤 것이 진짜인지, 아니면 무엇이 가장 덜 가짜인지 고민하게 되는 것이다.

—제이디 스미스, 『런던, NW』

록산 게이

1974년생 아이티 출신의 미국 대학교수이자 작가, 칼럼니스트. 『아무도 우리를 구해주지 않는다』, 『나쁜 페미니스트』, 『헝거』, 『어려운 여자들』 등의 저자다. 「뉴욕타임스」, 「가디언」 등의 필자이며 출판사 타이니 하드코어 프레스를 설립하는 등 다양한 영역에서 활발히 활동하고 있다. 펜 문학상 표현의 자유 부문, 아이스너상 베스트 리미티드 시리즈 부문, 구겐하임 펠로십을 수상했다.

*

다중 정체성을 갖고 글을 쓴다는 것

우리는 어떻게 다중 정체성 속에서 사는가? 내 삶에서, 글에서, 나는 오랫동안 이 질문에 매달렸다. 시간이 흐르면서 좀 더 엄중한 질문을 던지게 되긴 했으나 어떤 면에서는 지금도 마찬가지일지 모르겠다. 15년쯤 전에 내가 처음 발표한 글들은 내 정체성에 대한 모순적 감정을 돌파하려고 쓴 글들이었다. 아이티 이민자 2세로, 어린 시절 대부분을 중서부 지역 교외에서 보낸 사람으로서, 나는 내가 어디에 속하는 사람일까 하는 고민을 종종 했다. 완전히 아이티 사람도 아니고 온전히 미국 사람도 아니고 충분히 흑인도 아니라는 생각에 이 세상에 내 자리가 있다는 느낌이 들지 않았다.

　나는 미국에서 흑인으로 산다는 것, 미국 흑인의 세계에서 아이티인으로 산다는 것, 아이티에서 미국 흑인으로 산다는 것, 나처럼 생긴 사람이 중산층일 가능성이 없다고 생각하는 사회에서 중산층으로 산다는 것에 관한 문제를 붙들고 씨름했다. 또 욕망과 섹슈얼리티를 이해하려고 애썼고 나에게 금지되었다고 느껴지는 것을 너무나 많이 원했다. 나는 내가 누구인지 내가 무얼 할 수 있을지 알아내려고 애썼다. 나의 가장 진정한 자아를, 나를 알지만 모르는 사람들에게 드러낼 공간을 향해 글을 쓰려고 했다.

　내가 쓴 소설에도 이런 문제가 많이 들어갔다. 미시간주 어퍼반도에 사는 흑인 여성이 깊은 슬픔 때문에 마음을 닫으려고 하지만, 안으로 감추던 부분을 열고 싶게 만드는 누군가를 만나고 낯선 곳에 정착하는 이야기. 혹은 남부가 미국에서 다시 분리된 근미래에 한 아버지는 아내와 아들이냐 아니면 남부 땅에 깊이 뿌리 내린 자기 가족이냐를 선택해야 할 처지에 놓인다. 소설 『길들여지지 않은 나라An Untamed State』는 아이티계 미국인 여성이 납치를 당하고, 아버지와 나라에 배신당한 고통을 극복하고 본래 자신의 모습으로 돌아가려고 애쓰는 내용이다.

　우리는 어디에 속하는가? 나는 늘 묻는다. 우리가 속한 장소와 사람들에게 우린 어떤 의무를 지는가?

글쓰기는 용기와 대범함을 요구한다. 글쓰기가 영웅적 행동이라는 게 아니라, 종이 위에 글과 생각을 옮기는 일은 글쓰는 사람에게서 반드시 무언가를 요구한다고 믿는다는 말이다. 픽션을 쓸 때건 논픽션을 쓸 때건 작가는 자신의 일부를 드러내게 되어 있다. 글쓰기가 그것을 요구하기 때문에 작가는 약점을 노출할 수밖에 없다. 과감한 시도를 하면서 동시에 자신의 취약함을 드러내는 작가를 보면 나는 경외감을 느낀다. 제이디 스미스도 그런 작가다. 제이디 스미스의 소설 『런던, NW』가 나온 이래로 나는 다성적이고 혼란스럽고 교묘하면서 정말 의외로 따뜻한 이 소설을 늘 감탄하며 읽는다.

『런던, NW』에 흐르는 에너지가 나를 완전히 사로잡았다. 장소와 정체성에 대한 이 작품은 사람들이 삶에서 자기 자신이나 다른 사람들을 어떻게 굽히고 절충하느냐를 이야기하는 소설이다. 제이디 스미스는 서술 방식과 목소리를 뒤섞어가며 노동자 동네에서 성장한 두 친구의 이야기를 들려준다. 원래 이름이 키샤 블레이크였던 나탈리 블레이크의 이야기를 들려주는 부분이 있는데 전체가 아예 열거하는 형태로 되어 있다. 키샤가 자라서 변호사이자 아내이자 어머니가 되고 이름을 나탈리로 바꾸어가는 과정에서 우리는 키샤가 정체성 문제로 분투하고 스스로 만들어 낸 삶에서 속할 곳을 찾기 위해 애쓰는 모습을 보게 된다.

한 대목에서 스미스는 정체성을 찾으려는 키샤/나탈리의 번민을 '드래그'의 은유로 표현한다. 자기 자아 가운데 무엇이 진정한 것인지 알기 위해 애쓰는 모습이다.

> 170. 드래그를 입고
> 딸 드래그. 누이 드래그. 엄마 드래그. 아내 드래그. 법정 드래그. 부자 드래그. 가난뱅이 드래그. 영국 드래그. 자메이카 드래그. 각각 다른 옷장이 필요하다. 하지만 이 다양한 양상들을 생각하다 보면 어떤 것이 진짜인지, 아니면 무엇이 가장 덜 가짜인지 고민하게 되는 것이다.

소설 끝부분에서 나탈리 블레이크인 키샤 블레이크인 나탈리 블레이크는 여전히 가장 가짜가 아닌 드래그를 찾고 있다. 키샤/나탈리는 친구 리아와 함께 범죄 신고를 하려고 경찰에 전화한다.

> "말씀드릴 것이 있어요." 키샤 블레이크가 제 목소리 안에 제 목소리를 숨기면서 말했다.

바로 이 순간에 우리는 적절하고 아름다운 모호함 안에

남겨진다. 대범하고 우아한 선택이다. 제이디 스미스는 종결하지 않고 종결하고 다중 정체성 안에 사는 여성은 누구인가라는 질문에 답을 제시하지 않고 대답한다. 나도 글을 쓸 때는 이렇게 한다. 아니면 적어도 그렇게 하려고 애쓰고, 그렇게 하고 싶다. 어떤 버전의 진실을 이야기하면서 내 목소리로 내 목소리를 감추는 것.

*
*

바보 같은 소리로 들리겠지만, 일요일 아침에 아버지와 같이 동물원에 갈 때면 동물들이 어째서인지 더 진짜 같이 보였다. 기린의 고고하고 길게 늘어진 고독은 울적한 걸리버를 닮았고, 개 묘지 묘석에서 이따금 푸들의 구슬픈 울음소리가 들려왔다. 동물원은 콜리제우 극장 옥외 통로 같은 냄새가 났고 기이한 상상의 새들이 새장에 가득한 곳이었다. 나이든 여자 체육 선생처럼 생긴 타조들, 엄지발가락 부종이 있는 심부름꾼 소년들처럼 뒤뚱거리는 펭귄, 그림 감상하는 사람처럼 머리를 갸웃한 왕관앵무. 연못의 하마는 뚱뚱한 사람처럼 나른한 나태의 기운을 풍겼고, 코브라는 부드러운 똥덩이처럼 똬리를 틀었고, 악어는 사형 집행을 기다리는 도마뱀마냥 신생대 제3기까지 살아남은 운명을 받아들인 듯 보였다.

—안토니우 로부 안투네스, 『세상의 끝』

비엣 타인 응우옌

1971년 베트남 출신의 미국 작가이자 교수. 첫 장편소설 『동조자』로 퓰리처상,
데이턴 문학상, 에드거상 첫 소설상, 앤드루 카네기 메달 문학 부문, 펜 포크너
상, 아시아–태평양 미국 문학상 등을 수상했다. 그 외 다수의 소설과 논픽션을
집필했다.

*

『동조자』의
가장 강력한 동조자

2011년 늦봄인가 여름이었다. 쓰려는 소설이 풀리지 않아 끙
끙거리고 있을 때였다. 몇 달째 책의 첫머리를 붙들고 씨름했
다. 첫머리부터 독자를 사로잡아야 한다고 생각했다. 랠프 엘
리슨의 『보이지 않는 인간』처럼 화자의 목소리와 화자의 문
제 둘 다를 처음부터 제시하는 도입부를 염두에 두었다. 일단
쓰고 나면 소설 전체를 끝까지 몰고 갈 그런 문장을 찾으려
했다. 온갖 다양한 첫 문장과 첫 장면을 시도해 보았으나 마
음에 드는 게 없었다.

그러다가 우연히 안토니우 로부 안투네스의 『세상의 끝』

서평을 읽게 됐다. 원래 1970년대에 출간된 소설인데 내가 가장 좋아하는 스페인어-포르투갈어 문학 번역가 마거릿 홀코스타가 새로 번역해 책이 나왔다. 나는 소설에서 발췌한 구절을 읽고 큰 충격을 받았다. 당장 나가서 이 책을 구해 읽어야겠다고 생각했다.

책을 샀고 소설을 쓰는 내내 책상 위에 올려놓았다. 2년 동안, 아침마다 그 소설 몇 쪽을 읽다 보면 내 글을 쓰고 싶은 충동이 주체할 수 없이 차올라 책을 내려놓고 글을 쓸 수밖에 없었다. 매일 아침 글쓰기 전에 책을 무작위로 펼치고 두어 쪽을 읽으면 창조적 충동에 사로잡히곤 했다.

이 책이 내 눈을 끈 까닭은 내용 때문이기도 했다. 로부 안투네스는 앙골라에서 벌어진 잔인한 식민 전쟁에 포르투갈군 위생병으로 참전했던 경험을 토대로 반자전적인 소설을 썼다. 이 전쟁은 내가 다루려는 베트남전과 얼추 비슷한 시기에 일어났다. 안투네스 소설 속 화자의 관점, 곧 자기 나라와 전쟁에 환멸과 씁쓸함을 느끼는 화자의 관점으로부터 내 화자를 만들어 나갈 수 있었다.

하지만 나에게 무엇보다 중요한 것은 그 책의 언어였다. 언어의 밀도, 리듬, 아름다움. 문장이 예측할 수 없이 계속 이어지고 또 이어지며 한 문장 안에서 현재에서 과거로 흐르기도 했다. 서면 자백서 형태로 이루어진 내 소설에 딱 맞는 효과였다. 화자가 글을 쓰는 현재의 생각이 끝없이 그를 과거로 끌고 간다. 자신의 개인적 과거뿐 아니라 자기 나라의 역사, 식민화의 역사, 전쟁의 역사 등에서 영영 벗어날 수가 없다. 문장이 이루어지는 방식에 무언가 특별한 것―나른한 리듬이 있었다. 이런 노곤함이 나를 집어삼켜 내 화자의 과거로 끌고 가곤 했다.

그리고 이미지들―이 소설은 뇌리에 새겨지는 굉장한 그림으로 가득하다. 한 예로 책 첫머리의 이 짧은 구절을 보라.

바보 같은 소리로 들리겠지만, 일요일 아침에 아버지와 같이 동물원에 갈 때면 동물들이 어째서인지 더 진짜 같이 보였다. 기린의 고고하고 길게 늘어진 고독은 울적한 걸리버를 닮았고, 개 묘지 묘석에서 이따금 푸들의 구슬픈 울음소리가 들려왔다. 동물원은 콜리제우 극장 옥외 통로 같은 냄새가 났고 기이한 상상의 새들이 새장에 가득한 곳이었다. 나이든 여자 체육 선생처럼 생긴 타조들, 엄지발가락 부종이 있는 심부름꾼 소년들처럼 뒤뚱거리는 펭귄, 그림 감상하는 사람처럼 머리를 갸웃한 왕관앵무. 연못의 하마는 뚱뚱한 사람처럼 나른한 나태의 기운을 풍겼고, 코브라는 부드러운 똥덩이처럼 똬리를 틀었고, 악어는 사형 집행을 기다리는 도마뱀마냥 신생대 제3기까지 살아남은 운명을 받아들인 듯

보였다.

이 이미지들은 정확하고도 뜻밖이라는 점에서 좋다. 로부 안투네스가 이 문장에서 한 가지 이미지만 보여 주는 게 아니라 여러 개를 죽 늘어놓는다는 점도 좋다. 과하다고 생각하는 사람도 있을 것이다. 한 문장에 멋진 이미지가 하나만 있어도 충분하고도 남을 때가 많다. 하지만 안투네스는 끝까지 전부 들려준다. 타조는 "나이든 여자 체육 선생처럼" 생겼고 펭귄은 "엄지발가락 부종이 있는 심부름꾼 소년" 같고…… 이런 식으로 계속 이어진다. 독자가 앞으로 나아가지 않기를 바라는 서술 방식이다. 독자가 멈추어 서서 둘러보고 매혹적인 이미지들을 음미하기를 바라는 것이다.

가다가 멈추기 싫은 독자들도 있을 것이다. 언어가 독자를 계속 끌고 가서 어떤 것이 되었든 종착점에 데려가 주기를 원하기도 한다. 하지만 과거로부터 벗어날 수 없다는 주제가 내 책에서는 매우 중요하기 때문에, 아름답거나 극적인 이미지들로부터 떠날 수 없는 이런 순간을 통해 그 점을 드러내고 싶었다. 나도 로부 안투네스가 이렇듯 놀라운 그림을 그려 내는 것을 흉내 내어 책을 쓰고 싶었지만 사실상 실패했다고 생각한다. 안투네스가 한 것을 나는 해낼 수가 없었다. 그래도 목표로 삼을 높은 기준점이 있어 다행이었다.

내가 이 구절의 리듬과 이미지에 끌린다고 했는데, 여기에는 '내 이야기나 인물을 이러저러하게 구성해야겠다'고 말하는 더 이성적인 계획과 별개로 나름의 논리가 있다. 안투네스의 언어 자체가 나에게 지적이라기보다는 정서적인 충격을 주었다. 이 책은 내가 날마다 작가로서 해야 하는 일을 하도록 나를 일깨우는 응축되고 압축된 강력 물질 역할을 했다. 에스프레소 같았다. 커피처럼 하루 종일 마실 수는 없고 아주 조금만 마실 수 있는데 그만큼으로 충분하다. 카페인이 그렇듯 이 책도 어떤 작용을 하는지 정량화해서 말할 수는 없다. 그냥 그게 필요하다는 걸 알 뿐이다. 알 수 없는 과정이지만 효과가 있었다.

어느 날 『세상의 끝』을 읽다가 문장 하나가 떠올랐다.

나는 스파이, 간첩, 요원, 두 얼굴의 남자다.

이 문장이 딱 떠올랐다. 나는 바로 이거다, 하고 생각했다. 아무리 소설이 길어지더라도 이 목소리를 계속 따라가기만 하면 됐다.

그날 나는 바로 내 원고를 읽어 줄 친구에게 이렇게 메일을 적어 보냈다. "소설 첫 문장을 찾았어!" 진짜 그랬다. 첫 문장을 찾고 나니 망설임 없이 소설을 시작할 수 있었다.

소설을 쓸 때는 이런 점이 특히 힘들었다. 나는 스파이이자 이중간첩이고 나쁜 짓들을 저지를 수밖에 없는 인물을 만들어 냈다. 나는 주인공이 어떤 일을 저지를지 다는 몰랐더라도 일부는 알았다. 내 주인공은 사람을 죽이고 배신한다. 이건 내가 해 보지 않은 일이고, 대부분 사람이 하지 않는 일이다. 그럼에도 독자가 이 사람을 아주 오랜 시간 동안 따라가도록 만들어야만 했다. 그래서 화자의 목소리와 사람됨에 매력이 있느냐에 책 전체의 성패가 달려 있다고 생각했다.

화자의 목소리에 특히 관심을 기울인 까닭은 화자가 이야기하는 방식만으로 독자를 매혹하거나 설득할 수 있어야 했기 때문이다. 독자를 끌어당겨, 이 인물이 무슨 짓을 하든 (여러 면에서 문제가 많은 행동임에도) 기꺼이 함께 따라갈 수 있게 해야 했다. 이 인물에게서 독자가 매력을 느낀다면 그건 그의 신념, 정치적 입장, 성격 등의 이유기도 하지만 언어를 사용하는 방식과 특히 큰 관련이 있다.

또 그 매력의 한 부분으로 의도한 효과가 있었다. 첫 장부터 극적, 정서적 밀도를 극도로 높이는 것이다. 소설가 팀 오브라이언은 인터뷰에서 자기 소설은 항상 자신이 답하고 싶은 장대한 도덕적 질문으로 시작한다고 한 적이 있다. 랠프 엘리슨의 『보이지 않는 인간』도 마찬가지로 첫째 장, 첫째 문단에서 이 책의 주요 주제가 무엇인지 이야기한다. 실제로 쓰기에는 어려운 방법인데 소설이 처음부터 교훈적이고 논쟁적인 느낌을 주면 좋지 않기 때문이다. 하지만 나는 소설의 첫 문단에서 독자들에게 화자가 어떤 중대한 문제에 대해 깊이 숙고하려 한다는 사실을 밝히고 싶었다. 그러면서 극적으로도 흥미롭게 그걸 제시하려면 어떻게 할지가 어려운 문제였다.

화자가 매달린 질문은, 책 2쪽쯤에 나온 것 같은데 '무엇을 할 것인가?'였다. 내가 대학 때 레닌의 저작 등의 마르크스주의 책을 읽을 때 계속 맞닥뜨린 질문이고 영영 제대로 답할 수가 없었던 것이기도 하다. 소설을 쓰면서 이 질문을 계속 붙들고 늘어지고 싶었다. 이 책을 쓰는 일, 이 인물의 이야기를 쓰고 그가 어떤 일을 겪고 무엇을 하는지를 쓰는 일이 나에게는 어떻게든 이 질문에 답하는 방법이었다.

또 나는 장대한 실존적, 정치적, 도덕적 질문과 함께 독자에게 플롯상으로도 어려운 문제를 제시하고 싶었다. 인물을 빠져나올 수 없는 상황에 두고 인물이 어떻게 하는지 지켜보는 것이다. 또 화자가 이토록 심각한 질문과 문제를 마주하는데도 불구하고 독자가 소설적 제약 안에서 읽는 즐거움을 느낄 수 있기를 바랐다.

내 소설 『동조자』를 쓰는 내내 『세상의 끝』을 곁에 두었다. 이 책에 내가 왜 이렇게 끌리는지 나도 알 수가 없었다. 글이 지닌 힘이 바로 그런 것이다. 나는 학자이기도 하기에 내가 왜 어떤 예술적 선택을 하는지 곰곰이 생각해 보고 합리적으로 설명하려고 한다. 하지만 직관적, 감정적으로 이루어지는 부분도 틀림없이 있다. 이 책이 나에게 미치는 효과는 수십 년 동안 지속되어 온 삼투 과정의 일부이기도 하다. 수도 없이 많은 책을 읽고 수없이 많은 작가의 문체를 의식적, 무의식적으로 흡수해 온 결과다. 어떤 책들은 특히 더 소중하다. 나는 내가 모방하고 훔치고 싶은 스타일과 이야기를 가진 작가의 책을 골라 늘 가까이에 꽂아둔다. 그러다가 『세상의 끝』을 만났다. 이 책은 내가 나 자신을 작가로 보는 방식, 내 화자를 인물로 보는 방식을 가장 가까이에서 내밀하게 말해주는 책 같았다. 오랫동안 나에게 영향과 영감을 주어 온 그 모든 것의 정점이었다.

*

*

귀가 공감하고 알아주지 않으면 입은 털어놓지 않는다.

—조라 닐 허스턴, 『노새와 인간Mules and Men』

앤절라 플러노이 ──────

미국의 작가. 저서로는 『터너 하우스』가 있다. 『뉴욕타임스』, 『뉴 리퍼블릭』 등의 매체에 비평을 비롯한 글을 썼고, 아이오와대학교와 DC 공립 도서관 등에서 글쓰기를 가르쳤다.

*

내 작품관을 뒤바꾼
한 문장

내가 조라 닐 허스턴의 『노새와 인간』을 처음 읽었을 때는 『터너 하우스』를 쓰기 시작했을 무렵이었다. 『터너 하우스』는 한 가족이 50년에 걸쳐 디트로이트의 어떤 집과 맺는 관계에 대한 이야기다. 그때 내가 고민하던 문제는 이런 것이었다. 나 스스로 나를 어떤 사람이라고 생각하길래 이 책을 쓰려고 하는 걸까? 그러니까, 내가 **뭐라고** 이런 책을 쓰나?

우리 아버지는 디트로이트 출신이지만 나는 아니다. 내 책에 등장하는 남부의 전통적 귀신인 헤인트를 본 적도 물론 없다. 자료 조사를 하면서 디트로이트에 대한 쓸 만한 논픽션 책은 꽤 찾았지만 소설은 거의 찾을 수 없었다. 특히 디트로이트 인구의 80퍼센트를 차지하는 흑인 노동계급의 삶에 대한 소설은 찾기 어려웠다. 그래서 부담을 느끼지 않을 수가 없었다. 내가 이 책을 쓰면 이 주제에 관해 사람들이 볼 수 있는 첫 책이 될 테니까. 이후 또 언제 디트로이트를 배경으로 흑인 노동계급에 초점을 맞춘 소설이 나올지 누가 알겠는가? 그런 생각이 들자 부담감과 회의감이 더 자랐다.

낯선 도시와 사람들에 대해 그럴듯한 글을 쓸 수 있느냐만 문제가 아니었다. 내 이야기의 초자연적인 요소도 걱정이 되었다. 나는 책에서 다룰 민담의 배경을 다 이해하지는 못했고 우리 가족 안에서 전해 내려온, 들어서 아는 이야기가 전부였다. 그래서 아프리카계 미국 민담에 대해 찾을 수 있는 것은 다 찾아 읽기 시작했다. 그러다 『노새와 인간』을 아이오와도서관에서 대출해서 읽게 됐다.

이 책은 허스턴이 남부에서 인류학 연구를 수행해 쓴 책이자(허스턴은 어릴 때 들었던 이야기를 수집하려고 남부로 돌아갔다) 뉴올리언스에서 후두(서인도제도의 주술적 민간신앙. 부두의 일종이다―옮긴이) 주술사의 조수로 일했던 때의 기록이기도 하다. 이 책이 어떤 시대적 상황에서 쓰였는지도 생각해 보아야 한다. 당시에는 흑인문학이나 흑인학 분야에서는 이 주제에 별 관심을 두지 않았다. 흑인들이 남부를 떠나 북부로 향하는 '대이주'의 정점기여서, 사람들이 자신의 '가치'—그게 무엇이건 간에—를 입증하기 위해서 북부로 가고 있었는데, 그러려면 미신적이라고 할 만한 것은 다 버려야 했다. 정통으로 받아들여지지 않는 정신적 믿음을 지니면 안 되었다. 혼란스럽지 않아야 했다. 하지만 『노새와 인간』은 대놓고 혼란스러운 책이다.

이런 면이 내가 조라 닐 허스턴의 소설을 좋아하는 까닭 가운데 하나이기도 하다. 허스턴은 흑인의 삶을 포장해서 흑인을 막 인식하기 시작한 사람들의 구미에 맞게 만들려 하지 않는다. 그런 데는 아무 관심이 없었다. 오늘날에도 우리를 '좋아 보이게' 재현하고 싶은 욕망과 싸우는 작가들이 많다. 그런데 80년 전에 허스턴은 전혀 신경 쓰지 않았다는 사실이 놀랍기만 하다.

책머리에서 허스턴이 남부에서 민담을 수집한 방식을 설명하는 부분에 다음 문장이 있었는데 내 가슴에 와서 박혔다.

귀가 공감하고 알아주지 않으면 입은 털어놓지 않는다.

이 한 줄이 내가 쓰고 싶은 작품에 관한 생각을 바꾸어 놓았다. 내가 쓰려는 인물과 내가 반드시 같은 배경을 공유해야 할 필요가 없음을 깨달았다. 그것은 소설가의 임무가 아니다.

대신 작가에게는 공감의 책임이 있다. 내가 쓰려는 사람을 알아야 할, 이해해야 할, 아니면 적어도 이해하려고 노력해야 할 책임이 있다. 인용한 문장이 인물들을 염소 가죽 장갑을 끼고 조심스레 다루라는 뜻은 아닐 것이다. 글을 쓰기 전에 공감을 기본 품새로 갖춰야 무언가 진실한 것을 쓸 수 있다는 뜻이라고 생각한다.

나는 이 문장을 곧바로 메모지에 써서 코르크 메모판에 꽂았다. 내 소설을 쓰는 4년 내내 머리 위에 그 문장이 있었다. 공감하고 아는 것이 내 일임을 가슴에 새기지 않는다면 내 인물들에게 다가갈 수도, 사실적으로 그릴 수도 없음을 이 문장이 날마다 일깨워 주었다. 또 내가 공감하고 알 수만 있다면 무엇이든 원하는 대로 써도 된다는 점도 일깨워 주었다.

독자들은 작가가 자기와 다른 인물을 어떤 유형처럼 표현할 때 거부감을 느낀다. 깊이 있는 3차원적 인물을 만들어 내지 못했다면 사람들은 '당신에게 그럴 권리가 있느냐'고 물을 것이다. 하지만 인물이 유형을 넘어서 살아난다면 아무도 저자의 의도를 의심하지 않을 것이다. 인물의 배경이나 성별은, 실제 사람한테서도 그렇지만, 성품의 특성 가운데 일부일 뿐이다. 어떤 인물에 대해 쓰든 인물의 인간성을 볼 수 있게 제대로 그려 내기만 하면 이런 특성은 중요하지 않게 된다.

물론 내가 이 사람들을 대표할 수 있나, 나에게 이런 자격이 있나 하는 걱정이 들어 힘들 수도 있다. 하지만 작가로서 자신에게 관대해지고 자신의 의도를 믿을 필요가 있다. 옳은 곳에서 출발했다는 자신감이 있어야 한다. 자신을 옭아매는 제약을 풀고 좋은 이야기를 좇아가면서 진짜처럼 느껴지는 사람을 만들어 내야 한다. 좋지도 나쁘지도 않고 물론 완벽하지도 않겠지만 그냥 진짜 같으면 된다.

아무리 힘들어지더라도 이야기를 따라가야 한다는 뜻이기도 하다. 그래야 인물들이 가야 할 곳으로 갈 시간이 있다. 작가에게는 자기가 선택한 인물에 대해 쓸 권리가 있지만 이 인물들을 끝까지 충분히 재현할 책임도 있다. 인물들이 의미를 띠고 살아날 수 있게끔 시간을 주어야 한다. 일단 시작하면 끝까지 가야 한다. 중간에 멈출 수는 없다.

날마다 작업에 집중하면 상상력이 스스로 제 일을 한다. 상상력의 특히 아름다운 점은 인물들이 밖으로 나갈 수 있도록 문을 열어 준다는 것이다. 이런 일들이 일어날 수 있도록 자유롭게 풀어놓으면 인물들이 스스로 문을 지나 밖으로 나가서 나를 놀라게 할 것이다.

『터너 하우스』의 인물들을 그리는 데 4년이 걸렸다. 내가 가장 모른다고 생각하는 인물에 대해 알아내는 데 가장 공이 많이 들었다. 인물을 알려면 인물이 무얼 원하는지, 욕구와 욕망이 무엇인지 알아야 한다고들 한다. 하지만 이 소설에서는 다른 방법으로 접근했다. 나는 인물들이 원하지 **않는** 것에 관심을 두고 그것과 씨름하게 만들었다. 그들이 싫어하는 음악, 싫어하는 사람, 사람들 앞에서는 절대 하지 않을 일 등에 대해 생각했다. 부정적으로 생각하는 방법이라고 할 수도 있을 것이다. 하지만 소설을 쓸 때에는 생기지 않았으면 싶은 일이 생길 때 종종 마법이 일어난다.

재미있는 점은, 독자들이 어떤 사람인지 잘 알 것 같다고 말하는 인물이 정작 나는 가장 잘 모르겠는 인물일 때가 많다는 것이다. 내가 알고 싶어서 좇아가는 인물들이 있다. 나한테는 자꾸 몸을 숨기고 길모퉁이 너머에서 이쪽을 훔쳐보는 듯 느껴지는 인물인데 독자들은 그 인물을 가장 잘 알 것 같다고 말한다. 어떻게 해서인지 내가 이해하는 것 이상을 전달할 수 있었던 것 같다. 어쩌면 손에 잡히지 않는다고 생각해서 더 열심히 썼기 때문일 수도 있다.

그런데 내가 가장 못하는 일은 너무 많이 이해하려 하지 않는 것이다. 나는 지나치게 공감하는 잘못을 저지르곤 한다. 나쁜 행동을 저질러서 '나쁜' 사람이라고 할 수 있는 인물조차도 좋은 점을 찾아내어 전달하려고 애쓴다. 글을 고치고 다듬을 때는 이런 부분은 들어낸다. 온갖 종류의 배경을 지닌 독자들에게 어떤 인물에 대해 어떻게 느껴야 할지 내가 굳이 말해 줄 필요는 없다. 이러저러한 이유가 있으니 나쁜 행동이지만 용인해 주어야 한다고 말할 필요가 없다는 말이다. 독자들 스스로 판단할 것이다. 그래서 특히 삼인칭 화자로 글을 쓸 때는 인물의 행동에 의견을 내놓지 않으려고 애를 쓴다.

사람들이 계속 조라 닐 허스턴을 읽는 까닭은 허스턴이 이 균형을 맞추는 방법을 알았기 때문이다. 허스턴은 인물들에게 공감했고 깊이 이해했지만 미화하거나 낭만화하지 않는다. 그냥 진짜 사람일 수 있게 한다. 그래서 우리는 그 인물들에서 우리 자신을 볼 수 있다.

*
*

로가 떠났을 때 나는 너무 안 좋아서 죽을 것 같았다.

이건 드문 일은 아니다.

—앤 카슨, 「유리 에세이」

레슬리 제이미슨

1983년생 미국 작가. 컬럼비아대학교에서 논픽션 글쓰기를 가르치고 있다. 저서로는 『모든 아름다움은 이미 때 묻은 것』, 『공감 연습』, 『비명 지르게 하라, 불타오르게 하라』, 『리커버링』 등이 있다.

*

글을 쓸 때
절대 하지 말아야 할 것은

마치 앤 카슨이 내 안의 어떤 원초적인 부분에 말을 거는 것 같다. 토리 아모스(미국의 가수, 피아니스트, 작곡가다—옮긴이)와 아니 디프랑코(미국의 가수 시인, 작곡가다—옮긴이)를 사랑했고 더 어릴 때에는 지넷 윈터슨을 사랑했던 나의 어떤 면을 건드린다. 욕망과 비통함을 특정한 방식으로 말하는 것을 듣고 싶어 하는, 내 안에 있는 굶주려 쩍 벌린 입이다. 나는 이런 주제를 이야기하는 더욱 섬세하고 자의식적인 목소리를 찾아 헤매게 되었는데 나를 이끈 것은 늘 같은 충동이었다. 누군가가 고통스러운 감정을 극단적으로 표현하는 것을 듣고 싶다는 갈망이었다. 나는 고통의 벗을 찾고 싶었는데 카슨이 나의 이전 모습들, 이런 우상들에 끌렸던 젊은 나날을 정당화해 주는 듯했다.

앤 카슨의 「유리 에세이」는 기이하고 장르를 넘나드는 산문시 걸작 가운데 하나다. 이 시에서 화자는 엄청나고 끔찍한 실연을 마주한다. 스냅사진처럼 이어지는 장면들 사이에 시의 화자가 외딴 황무지 같은 곳에 사는 어머니를 찾아가는 장면이 나온다(이 시는 에밀리 브론테와 『폭풍의 언덕』과 밀접한 연관을 이룬다). 화자는 파탄 난 연애를 이해하려고 애쓰면서 깊은 상심 속에서 어머니와 같이 시간을 보낸다.

나는 학생들에게 이 시를 하도 많이 가르쳐서 이제 이 작품을 보면 학생들의 목소리와 내 경험이 겹쳐 들린다. 프랑스에서 학생들을 가르치면서 화자가 자신의 연애를 회상하는 대목을 읽었던 때가 기억난다.

이날의 아래에 다른 날이 낡은 비디오테이프처럼
지나가는 게 느껴진다―우리는 마지막 모퉁이를 서둘러 돌아
그의 집으로 가는 오르막을 오른다, 어렴풋한

라임과 장미가 차창 안으로 드리우고
라디오에서 음악이 뿜어 나오고 그는

나는 우리가 감상적이고 신파적이라 생각하는 것들이 실은 짙은 의미가 있는 시선일 수도 있다고 옹호하고 싶었다. 그런데 학생 한 명이 카슨이 지나간 사랑을 붙들고 그리워하는 방식이 마음에 들지 않는다고 했다. "그냥 감상적이고 신파적인 것 같아요"라고 말했다. 사실 시 안에서도 반대 감정이 동시에 작용한다. 「유리 에세이」는 열정적인 감정으로 진동하지만 너무 많은 감정을 느끼고 감정에 빠지는 게 부끄럽다는 자각도 시 전반에 흐른다. 어머니가 이런 생각을 대변하는 부분도 있다.

너는 기억을 너무 많이 해,
우리 어머니가 얼마 전에 말했다.

왜 그걸 다 붙들고 사니? 그래서 나는 말했다,
그러면 어디에다 내려놔요?

"왜 그걸 다 붙들고 사니?" 이 부분에는 고통 안에 너무 오래 머무는 것에 대한 수치감이 있다. 그런데 화자의 반응이 마음에 든다. "그러면 어디에다 내려놔요?" 지나치게 감상적이라고 비난받아 본 사람이 뒷주머니에 넣어 두기에 좋은 대꾸 같다. 카슨은 나중에 "이걸 기록하려니 고통스럽다 / 나는 감정을 과장하는 사람이 아니다"라고도 하는데 같은 의미다. '이게 얼마나 아픈 일인지 말하고 싶지만, 내 안에는 아프다고 말하려고 너무 애쓰는 거 아니냐고 끝없이 나무라는 목소리도 있다.' 시를 읽으면서 강렬한 감정을 느끼는 동시에 너무 감정이 많다고 면박을 주는 목소리도 받아들이는 경험을 하게 되는데, 두 가지가 서로를 방해하는 것은 아니다.

카슨의 자의식은 감정을 변명하지 않는다. 그저 우리가 감정을 느낄 때 다른 사람들의 눈길을 끌게 되리라는 걸 인정하고, 다른 사람의 공감 혹은 냉담을 마주하게 되리라는 것도 예상한다. 카슨이 다음과 같이 말할 때도 비슷한 느낌이다.

로가 떠났을 때 나는 너무 안 좋아서 죽을 것 같았다.
이건 드문 일은 아니다.

이 행은 의도적으로 극단적 감정을 내세운다. 이런 말과 다름없다. '나는 굳이 이 감정을 독창적 언어나 세련된 은유적 표현으로 포장하지 않을 거야.' 카슨의 언어는 너무나 놀랍다. 우리는 카슨이 어떤 감정이든 믿기지 않을 정도로 멋들어지게 표현할 수 있음을 이미 안다. 그런데 그냥 이렇게 말하는 것이다. "죽을 것 같았다." 일부러 단순하게 표현한다. 민망할 정도로 있는 그대로 말하며 내 마음을 흔든다.

그다음 행 "이건 드문 일은 아니다"는 여러 가지로 읽힌다. 어조는 병원에서 쓰는 말처럼 냉담하다. '실연이라는 병의 증상으로, 드물지 않습니다'라고 말하는 것과 비슷하다. 한편 시적 화자가 겪는 일이 절대 특별한 일이 아님을 인정하는 말이기도 하다. 전에도 겪은 적 있고 앞으로도 겪을 일이다. 하지만 변명하거나 내버리고 떨쳐 버리려고 하지 않으면서 흔한 일임을 인정한다.

나는 지극히 평범한 경험도 특별하게 말할 수 있다고 진심으로 믿는다. 개인적 글쓰기 수업을 할 때 학생들이 가장 고민하는 문제가 이런 것이다. 나에게 무슨 일이 있었는지 누가 관심을 가질까? 그냥 평범한 삶을 살았다는 사실을 부끄러워하기도 한다. 학생들 생각이 근거가 없진 않다. 교외에서의 평범한 삶을 회고록으로 써서 출간 계약을 따내기는 실제로 어려울 것이다. 이렇듯 손을 묶어 놓는 불안감을 학생들도 이야기하고 나도 종종 느끼는데, "이건 드문 일은 아니다"라는 말이 그 감정을 표현한다. 아주 중요한 감정을, 세상에서 가장 흔한 일이라는 것을 인정하면서도, 그것을 드러낼 언어를 찾으려고 애쓰는 경험을 이야기한다.

어쩌면 나는 평범함을 되찾는 데에 강박적으로 매달리는

것 같다. 무언가가 자주 표현되거나 자주 경험되었다고 해서 그걸 입 밖에 내고 표현하고 얼마나 강렬한 느낌인지 인정하기를 삼갈 필요는 없다.

물론, "나는 너무 안 좋아서 죽을 것 같았다"가 그저 평범하고 감상적인 언어의 바다에서 극히 익숙하고 흔한 언어의 한 조각이기만 했다면 이렇게 큰 효과가 있을 수 없을 것이다. 하지만 이 시인은 "4월 열기의 파랗고 푸른 알약"이라든가 "비디오테이프가 멈춘다 / 핏방울 아래의 슬라이드글라스처럼"이라는 비유법을 쓰는 사람이다. 서정적이고 극도로 지적인 목소리를 중단하고 이런 말을 불쑥 내뱉을 때 그런 효과가 만들어진다. 서정적 목소리와 "죽을 것 같았다"라는 직설적인 말이 충돌하여 전기적 자극을 일으킨다.

시 전체가 자기 자신과의 대화처럼 읽힌다. 타인의 목소리와 대화할 뿐 아니라 자아의 다른 부분들끼리도 대화를 한다. 그리움 안에 머무르고 싶은 화자의 어떤 부분이 다 놓아버리고 싶은 부분과 맞서는 대목이 있다.

나는 그 아름다움의

심장이 내 안에서 뛰는 걸 느낀다 여자가 높고 파란 방에서 그의 품에 안길 때 ―

아니야. 나는 소리 내어 말한다. 내 팔을 억지로
내리고 공기가 갑자기 물처럼 차고 무겁다

줄표와 다음에 이어지는 "아니야"라는 말에 감정적 격렬
함이 있다. 과거의 무엇에 대한 그리움에 함몰되었다가, 그만
두라고 스스로에게 말하는 경험이 절절하게 다가온다. 줄표
의 순간, '아니야, 이젠 다 끝난 일이야' 하는 순간에 담긴 슬
픔을 다시 경험한다. 이 시구는 기억하고 싶은 마음과 동시에
기억에 빠져드는 것을 그만두라고 다그치는 마음의 심리적
갈등을 표현한다.

글을 쓸 때 자의식이 어떤 감정이나 순간에서 나를 끄집
어낼 때가 있다. 방금 한 말에 대해 변명을 하거나 아니면 비
꼬듯 따옴표를 쳐서 의미를 희석하고 싶어진다. 이런 자의식
이 특히 초고를 쓸 때는 해롭다. 그래서 초고를 쓸 때에는 무
엇에 대해서도 아니라고 말하지 않고 감정에 깊이 침잠하고
어떤 장면이나 감정에 원하는 만큼 최대로 머무르면서 떠오
르는 연상을 계속 따라가도록 내버려 두어야 한다는 것을 알
게 되었다. 마음 한구석에서는 앞으로 세 번의 수정을 거치는
동안 나의 편집자 자아가 이런 부분은 지나치게 안일하고 자
기애적이라며 쳐내리란 걸 알지만 그래도 그냥 나아간다. '아
니야'라고 말하는 자아의 역할도 물론 있지만, 그건 한참 나

중에, 꼭 필요한 것이 무엇인지 엄중하게 질문을 던질 때의 일이다.

너무 많이 말할 위험을 무릅써야 한다는 것도 알게 됐다. 학생 작품을 보면 자기 이야기가 흡인력이 없다거나 빤한 이야기인 것 같다거나 하는 불안감 때문에 지나치게 압축하는 모습이 보인다. 그렇지만 오히려 압축하는 바람에 그렇게 두려워하던 빤한 이야기가 되고 말 때가 많다. 평범한 실연 이야기를 계속 늘어놓기가 꺼려져 "남자친구와 헤어졌는데 극복하기가 힘들었다"는 식으로 한 문장으로 말한다. 그런데 이렇게 일반화해서 말해 버리면 그 안에 담긴 감정이 아무 흥미도 유발할 수 없다. 「유리 에세이」는 모호한 요약에 머무르기를 거부한다. 깊숙하게 들어감으로써 익숙한 감정을 전에 보지 못했던 것, 뭔가 다른 것으로 느껴지게 한다.

나의 스승인 찰리 담브로시오가 한 말이 있다. 이 말을 수차례 곱씹어 보았는데 그럴 때마다 현재 상황에 따라 전혀 다르게 느껴졌기 때문에 마치 다른 이야기를 듣는 것 같았다. 이런 말이다. "어떤 글의 문제가 그 글의 주제가 될 수 있다." 내 안의 비판적인 목소리가 '아니야'라고 말한다고 해서 꼭 그렇게 하면 안 된다는 뜻은 아니라는 것이다. 이 저항감 자체를 글로 만들어야 한다는 말이다. 「유리 에세이」는 준엄한 비판에 굴복하는 대신 저항감을 작품 안에 통합시켜 강력한 효과를 자아낸다. '아니야'라고 말하는 순간에서, "나는 감정을 과장하는 사람이 아니다"라는 말에서, 어머니의 "왜 그걸 다 붙들고 사니?"라는 질문에서 그런 것을 볼 수 있다. 부끄러움을 극복하는 과정을 책장 위에 알아볼 수 있게 드러내고, 그런 것이 아예 없었던 것처럼 말끔히 지우려 하지 않는 데 의미가 있다. 잘못된 사람이나 망가진 사람으로 생각될까 봐, 나약하고 자기연민에 빠진 사람으로 비칠까 봐 수치스럽다면 더더욱 그래야 한다. 나를 제한하는 힘에 맞붙어 싸워 나가는 것도 그럴 가치가 있다. 그 과정이 책장 위에 흔적으로 남을지라도, 그 너머에서 어떤 표현이 가능할지를 알 수 있게 될 테니까.

나는 개인적인 글을 기사나 평론보다 훨씬 더 오랜 시간을 두고 수정하곤 하는데, 시간이 흐르면 더 깊고 복잡하게 바라볼 수 있기 때문이다. 거리를 두고 볼 수 있는 시간이 길수록 불필요하다 싶은 것들을 쉽게 들어낼 수 있다. 무언가에 대해 지금 막 쓰거나 전달하고 난 직후에는 대부분 다 훌륭하고 소중하게 보이기 마련이다. 개인적 경험을 이야기할 때는 거리 두기가 한층 유용한데, 몇 년이 흐르고 나면 나에게 있었던 일이 전혀 다르게 보이곤 해서 그렇다. 하지만 이것이 여든 살이 되어 쓴 글이 어떤 사건에 대한 가장 진실한 글이라는 뜻은 아니다. 어쨌든 관점은 계속 바뀐다. 마치 나무의

나이테처럼 구성된 책이 있다면 매우 흥미로울 것 같다. 어떤 사건을 두고 그것에 대해 1년 뒤에, 5년 뒤에, 10년 뒤에, 15년 뒤에 이런 식으로 써서 이 모든 서사가 축적된 책을 만들어 내는 것이다.

내가 「유리 에세이」에 푹 빠져서 보냈던 여름이 2012년이었는데 그때 「여성 고통의 대통일 이론」이라는 에세이를 쓰고 있었다. 글이 방대하고 제멋대로고 혼란스러운 상태였다. 마음 깊은 곳에서는 내가 무언가 시급한 것을 찾고 있다는 것, 고통과 고통의 표현 문제, 고통의 표현에 대한 수치심과 깊이 관련된 무언가를 추구한다는 건 알았다. 잘 꿰맞추고 싶은 조각들이 무수히 많았는데 어떻게 배열해야 할지 알 수가 없었다. 결국 카슨의 시에서 되풀이해 이야기하는 개념 하나에서 답을 찾았다. '누드'라는 개념이다.

아침마다 어떤 환영이 나를 찾아왔다.
서서히 그것이 내 영혼의 헐벗은 모습임을 알게 되었다.
나는 그것들을 누드라고 불렀다.
누드 #1. 언덕에 홀로 선 여자.
여자는 맞바람을 맞고 있다.

이 시에는 13개의 누드가 나온다. 다양한 고통이 포즈를 하는 여성의 자화상이다. 이것을 기본 구조로 삼아 나는 글을 구성했다. 덕분에 글을 아름다운 대상 그 자체로 경험할 수 있었을 뿐 아니라 혼란스러운 재료를 상처의 스냅사진들로 죽 늘어놓는 아름다운 도구로도 느낄 수 있었다. 시에 나오는 누드는 고통과 아름다움의 이분법을 무너뜨리기 때문에 좋았다. 헐벗은 영혼이지만 완벽하게 공들여 만들어 낸 것이기도 하다. 중심에 있는 자아는 완전히 노출되어 있으면서도 교묘히 만들어진 인공물이다. 그게 바로 내가 카슨을 사랑하는 이유의 핵심이다. 카슨의 시는 아주 감정적이면서 동시에 예술적으로 표현되었다. 기교와 감정은 상극 관계가 아니다. 서로를 북돋는다. 내가 글을 쓸 때에도 그렇게 하고 싶다.

*
*

포샤는 감히 너무 오래 쳐다보면 안 된다는 걸 배웠다. 포샤에게는 어디에서도 환영받지 못하는 눈이 있어 눈이 불안을 불러일으키지 않게 피하는 법을 배웠다. 그래서 늘 시선을 돌리거나 겸손하게 내리깐다⋯⋯ 이런 눈을 어린아이의 얼굴에서 마주칠 때가 많지만 피하게 된다 — 이 아이가 나중에 어떻게 될지 당신은 알지 못한다.

— 엘리자베스 보엔, 『심장의 죽음The Death of the Heart』

이윤 리 ───────

1972년생 베이징 출신의 미국 작가이자 교수. 저서로는『천년의 기도』,『골드보이, 에메랄드 걸』,『거위의 책The Book of Goose』,『수요일의 아이Wednesday's Child』 등이 있다. 프랭크오코너상. 헤밍웨이상. 펜 포크너상 등을 수상했다.

*

절대 눈 돌리지 말 것

엘리자베스 보엔은 미국에 아주 잘 알려지지는 않았지만 버지니아 울프나 캐서린 맨스필드와 나란히 놓을 만한 최고의 소설가다. 왜 이런 작가의 작품이 널리 읽히지 않는지 나에게는 늘 의문이었다. 영국계 아일랜드인이라 많이 알려지지 않은 걸까 싶기도 하다.

나는 보엔의 소설은 장편이고 단편이고 거의 다 찾아 읽었다.『심장의 죽음』은 가장 널리 알려진 장편인데 보엔이 가장 좋아하는 작품은 아니고, 정작 보엔 자신은 이 소설이 과대평가되었다고 생각한다. 보엔은 이 소설이 부풀려 쓴 단편에 불과하다며 마음에 들지 않아 했다. 나는 동의하지 않는다. 내가 보기에는 정말 아름다운 소설이다. 나는 이 책을 실제 삶을 살기를 두려워하여 마치 게임처럼 살기를 선택한 사람들의 이야기로 읽는다. 소설 속 여러 인물은 자신에게 그리고 서로에게 줄곧 이렇게 말한다. '이건 그냥 게임일 뿐이야. 그저 게임일 뿐이야.'

나는 내가 쓰는 책이 다른 책에 말을 건다고 생각하기를 좋아한다. 혹은 단편이 다른 단편에 말을 건다고도. 내가 쓴 단편은 또 다른 아일랜드 작가인 윌리엄 트레버의 단편에 종종 말을 건다. 『고독보다 친절한Kinder Than Solitude』을 쓸 때 나는 플롯이나 배경이 전혀 다른 소설인데도 『심장의 죽음』을 염두에 두었다. 나에게 특히 중요했던 부분은 중심인물 중 한 명인 열여섯 살 고아 포샤 퀘인의 눈을 묘사하는 구절이었다.

포샤는 감히 너무 오래 쳐다보면 안 된다는 걸 배웠다. 포샤에게는 어디에서도 환영받지 못하는 눈이 있어 눈이 불안을 불러일으키지 않게 피하는 법을 배웠다. 그래서 늘 시선을 돌리거나 겸손하게 내리깐다…… 이런 눈을 어린아이의 얼굴에서 마주칠 때가 많지만 피하게 된다 ─ 이 아이가 나중에 어떻게 될지 당신은 알지 못한다.

내 소설에도 고아가 나온다. "어디에서도 환영받지 못하는" 지위가 눈에 드러나는 사람들. 내 책의 인물들은 문자 그대로 부모가 없다는 의미에서 고아는 아니고, 스스로 고아가 된 이들이다. 두 사람은 중국에서 미국으로 이주하며 고향을 떠남으로써 (아마도 영영) 스스로 고아가 되었다. 한 사람은 부모의 애정을 평생 거의 느껴 보지 못했다.

이 구절은 옆으로 돌아간 시선, 눈빛에 너무나 많은 것이 드러나고 감정이 출렁이기 때문에 우리가 차마 '마주치지 않고 피하는' 눈을 묘사한다. 그리고 이런 눈을 가진 이가 불안을 불러일으키지 않으려고 스스로 눈길을 돌리게 되었다는 이야기를 한다. 인간 본성을 날카롭게 들여다본 구절이다. 우리가 다른 사람을 잘 알려 하지 않고 눈길을 돌릴 때가 얼마나 많은가? 가장 가까운 사람의 눈빛조차 피하면서. 진짜로 보여지는 것이 두려워 스스로를 감출 때는 또 얼마나 많은가?

이 구절에 『심장의 죽음』이 응축되어 있다. 이 책은 사실 바라보는 일에 관한 책이다. 이 책은 고아라는 지위 때문에 사회의 변두리에서 세상을 바라보는 사람의 이야기다. 다른 사람들은 그 시선을 마주하기를 피한다. 사람들은 포샤의 눈을 상징적인 의미에서(앞의 구절에서는 실제로도) 마주치지 않으려 한다.

나도 쳐다보는 사람이기 때문에 이 대목에 공감한다. 나는 사람을 아주 자세히 들여다보는 것을 좋아한다. 아는 사람도 쳐다보고 모르는 사람도 쳐다본다. 사실 모르는 사람들은 그러면 불편해한다. 당연한 일이다. 뉴욕에서는 사람들을 빤히 보면 안 된다는 걸 이제 나도 안다. 도시에서는 누구도 충분한 공간을 갖지 못하므로 공공장소에 있을 때 사람들은 익명성을 유지하려고 한다. 그렇지만 나는 늘 사람들을 빤히 본다. 사람들의 얼굴을 보고 눈을 들여다보면서 그들의 삶을 상상하기를 좋아하기 때문이다. 사람의 얼굴만 보아도 알 수 있는 것이 정말 많다.

내가 몇 해 전 아이오와대학교 작가 워크숍에서 소설 쓰기를 공부할 때 메릴린 로빈슨이 인간 존재의 불가해성을 설명하려고 한 예를 들었다. 맥락은 잘 기억이 나지 않고 정확히 무어라고 표현했는지도 생각이 나지 않지만 이런 비슷한 이야기였다. "어느 날 집에 들어갔는데 어머니가 나를 쳐다보는 눈빛이 너무 낯설어서 뉴욕 지하철에서 만난 낯선 사람이 나를 쳐다보는 듯한 느낌이 들 때가 있잖아요."

그 생각이 단박에 마음에 들었다. 어머니와 내가 서로 낯선 눈으로 마주보고 놀라는 그 짧은 순간에 모든 것이 들어 있다. 잘 몰랐던, 낯설고 숨겨져 있던 감정의 세계 전체가 거기에 있어 어머니가 순간적으로 낯선 사람이 된다. 그러다가 다시 원래 내가 알던 어머니로 돌아오고 삶은 계속된다. 그러나 그 짧은 눈 맞춤의 순간에 무언가가 있었다. 다른 사람의 얼굴을 들여다봄으로써 알게 되는 것, 또한 눈길을 돌리고 싶게 만드는 것이 바로 그것이다.

나는 내 인물들을 보려 할 때 주로 눈빛을 들여다본다. 『고독보다 친절한』에는 포샤 퀘인처럼 빤히 쳐다보는 사람이 등장한다. 이 인물도 고아다. 그에게는 특징이 있는데(그런 면에서 내가 쓴 어떤 인물보다 독특하다) 절대 눈을 돌리지 않는다는 점이다. 이 인물이 나올 때마다 나는 그 사람의 눈이 사람들을 뚫어지게 보는 걸 느낀다. 보고 또 본다. 아주 영리한 인물이라 사람들을 꿰뚫어 보고 자기가 그렇게 본다는 사실도 안다. 죽어 가는 노인을 돌볼 때나 또래 여자아이와 같이 앉아 있을 때나 어떤 여자의 못생긴 고급 구두를 볼 때나 이 인물의 신체에서 가장 뚜렷하게 두드러지는 것은 **눈**이다. 세상을 눈으로 받아들이며 사람들에 대해 평가를 내린다.

소설을 쓴다는 것도 이와 비슷하게 쳐다보는 일이다. 열차 안의 낯선 사람을 보듯이 인물들을 쳐다보아야 한다. 서로 불편해지고도 남을 만큼 오래오래 봐야 한다. 그래야 인물을 더 깊이 알게 되고 한 꺼풀 한 꺼풀 솔직하지 않은 부분을 벗겨 낼 수 있다. 나는 인물들이 우리를 속이려 한다고 생각한다. 우리에게 거짓말을 한다. 실제 세계에서 누군가를 만날 때와 똑같다. 100퍼센트 솔직한 사람은 없다. 누구도 자기 이야기를 전부 하지 않는다. 사람들이 들려주는 이야기는 실제 자기가 어떤 사람인지보다는 어떤 사람으로 비치고 **싶은가** 하는 이야기다. 누구나 자기 내면이 폭로되는 것에 저항하는데 그건 작품 속 인물이든 실제 사람이든 마찬가지다. 사람들은 비밀을 털어놓기를 싫어한다. 스스로에게 거짓말을 하거나 다른 사람에게 거짓말을 한다.

내가 쓴 소설 『고독보다 친절한』의 인물 한 명도 처음부터 자기에게는 고독이 최선이라며 나에게 거짓말을 했다. 고독에 대해 하도 확고하게 말하길래 나도 어느 정도는 그 말을 믿었다. 그렇지만 작가는 인물이 하는 말을 믿으면 안 된다. 인물이 시선을 피하거나 관찰당하기를 회피하면 결국 굴복하고 인정거나 속을 털어놓을 때까지 계속 밀어붙이고 또 밀어붙여야 한다. 나는 이 인물이 고독을 믿는다고 하는 말에 현혹되어 인물을 더 발전시키지 못하고 막혀 있었다. 그런데 내 작품을 미리 읽어 주는 내 친구 브리짓이 그 부분에 신랄한 코멘트와 의문부호를 여러 개 달아 놓았다. 그걸 보고 내가 충분할 정도로 자세히 보지 않았음을 깨달았다. 결국 인물이 처한 상황이 고독이 아님을 그 인물도 나도 깨닫게 되었다. 그것은 영원히 끝나지 않는, 삶으로부터의 격리였다.

그래서 나는 내 인물들을 빤히 들여다본다. 물리적으로

본다는 게 아니라(물리적으로는 당연히 볼 수 없다) 실제 삶에서 사람들을 관찰할 때와 비슷하게 상상을 통해서 본다. 가혹한 일일 수도 있지만, 눈을 돌리지 않을 때 볼 수 있는 가혹하고 진실한 것을 나는 좋아하는 것 같다. 작가는 절대로 눈을 돌려서는 안 된다. 작가가 자기 인물을 깊이 들여다보지 못하고 움츠리면 그것이 책에서도 느껴진다. 작가는 인물 너머를 보아야 한다고 생각한다. 겹겹이 외피에 둘러싸인 인물을 완전히 발가벗겨서 궁극적으로 이해해야 한다.

보엔의 글에서, 눈을 돌린다는 행위가 어떤 것인지 볼 수 있다. "이 아이가 나중에 어떻게 될지 당신은 알지 못한다"라고 보엔은 썼는데 '알고 **싶지 않다**'라고 해도 될 듯하다. 아이의 미래는 눈에 쓰여 있어 우리가 훤히 볼 수 있다. 아이의 눈이 곤경을 불러올 것이고 아이가 너무 많이 느끼고 너무 오래 볼 때 사람들은 눈을 돌릴 것이다. 이 모든 이야기가 여기에 담겨 있다. '당신이' 고개를 돌리는 것은 고통스러운 사실을 마주하지 않겠다는 결정이고 눈에서 언뜻 볼 수 있는 무언가를 외면하겠다는 결정이다.

그래서 어린 인물들에 관해서 쓸 때는(나도 이 책을 쓸 때 그랬는데) 앞날의 어떤 순간들을 알아야 한다고 생각한다. 어린아이를 그릴 때는 이후의 다른 시기를 또 하나의 기준 시점으로 삼고 그 아이가 나중에 어떻게 되는지를 염두에 두려고 한다. 나는 "아이가 나중에 어떻게 될지 당신은 알지 못한다"고 말하고 싶지는 않다. 아이가 나중에 어떻게 될지 **반드시** 알아야 한다고 말하고 싶다. 누군가를 어떤 한 시기가 지난 이후까지 추적하고, 삶의 여정에서 더 오래 곁에 머무는 것이 계속해서 쳐다보는 하나의 방법이다.

*
*

내 안에 다른 여자가 있는데 그 여자가 두려워요—그 여자가
그 사람과 사랑에 빠졌고 그래서 당신을 미워하고 싶었지만 나
는 전에 내 안에 있던 여자를 떨쳐 버릴 수가 없었어요. 내가 아
닌 사람을요. 이제 나는 진짜고 온전해요.

—레프 톨스토이,『안나 카레니나』

메리 게이츠킬

1954년생 미국의 작가. 『베로니카Veronica』, 『나쁜 습관Bad Behavior』 등의 저서를 썼다. 구겐하임 펠로십, 미국 예술·문학 아카데미에서 수여하는 예술·문학상 등을 수상했다.

*

나를 벌떡 일어나게 한 문장

『안나 카레니나』를 처음 읽은 건 2년 전이다. 늘 읽어야지 하고 생각은 했지만 왠지 몰라도 아주 좋을 거라고 기대하진 않았다. 마침내 정좌하고 읽었는데, 너무 좋았다. 가장 충격적이었던 것은 인물이 어찌나 정확하게 그려졌는지 진짜 사람처럼 느껴졌다는 점이다. 이렇게 오래전에 쓰였는데도 책에 나온 인물들이 꼭 내가 알고 지내는 사람들 같았다.

특히 어떤 대목은 너무나 아름답고 절묘해서 나는 읽다가 벌떡 일어나기도 했다. 너무 놀라서 책을 내려놓을 수밖에 없었다. 그 장면 때문에 책이 한 단계 더 높은 곳으로 고양되는 걸 느꼈다.

안나는 남편 카레닌에게 자기가 다른 남자를 사랑하며 잠자리를 같이해 왔다고 말했다. 독자는 매우 권위적인 카레닌을 어쩐지 좀 불쌍한 인물로 보게 되어 있다. 카레닌은 자존심이 강하고 뻣뻣한 사람이다. 안나보다 나이가 많고 머리가 벗어졌으며 높고 거슬리는 목소리로 말하는 당혹스러운 버릇이 있다. 카레닌은 안나에게 마음을 완전히 닫는다. 안나가 애인 브론스키의 아이를 가졌다는 사실에 극도로 혐오감을 느낀다. 그렇지만 독자는 카레닌이 무엇보다도 자존심을 크게 다쳤기 때문에 이렇게 무감하고 냉정하게 행동한다는 점을 이해하게 된다.

그러다가 카레닌에게 안나가 보낸 전보가 도착한다. "부디 와 주세요, 나 죽어 가요, 날 용서해 줘요."

카레닌은 처음에는 속임수라고 생각한다. 안나의 호소를 거절하고 싶다. 그러다가 그건 너무 잔인한 행동이라 사람들이 알게 되면 비난을 받으리라는 생각이 든다. 가야만 했다. 그래서 카레닌은 간다.

안나가 고열에 시달리며 죽어 가는 집으로 향하며 카레닌은 생각한다.

그는 머릿속 깊은 구석에서 자기의 결심을 꺼내어 살폈다. 이렇게 적혀 있었다. "이게 속임수이면 침착하게 경멸해 주고 떠나자. 사실이면 예의를 지키자."

카레닌은 이런 순간에조차 경직되어 있다. 어떤 일이 일 어나더라도 이 사람의 철벽같은 완고함은 흔들리지 않을 것 같다. 그리고 카레닌은 안나가 아직 살아 있음을 아는 순간, 자기가 안나가 죽었기를 얼마나 간절히 바랐는지를 깨닫고, 그 깨달음에 충격을 받는다.

그때 고열로 달뜬 안나가 횡설수설하는 소리가 들린다. 안 나가 하는 말은 카레닌이 전혀 예상하지 못한 것이었다. 안나 는 카레닌이 정말 다정한 사람이라고 말한다. 그리고 자기를 용서해 줄 거라고 믿는다고 한다. 마침내 안나가 카레닌이 와 있음을 알아차리고, 지금까지 한 번도 보인 적이 없는 애정이 담긴 눈으로 카레닌을 마주 본다. 안나는 이렇게 말한다.

내 안에 다른 여자가 있는데 그 여자가 두려워요—그 여자 가 그 사람과 사랑에 빠졌고 그래서 당신을 미워하고 싶었지 만 나는 전에 내 안에 있던 여자를 떨쳐 버릴 수가 없었어요. 내가 아닌 사람을요. 이제 나는 진짜고 온전해요.

안나는 자신의 결의를 삼인칭으로 말한다. 카레닌을 배신한 사람은 자기가 모르는 사람이라는 듯이. 그리고 안나는 정말 바뀐 것처럼, 다른 사람이 된 것처럼 보인다. 나는 이 부분에서 정말 놀랐다. 톨스토이가 우리 안에 둘 이상의 다른 사람이 있을 수 있다고 생각한 것이 매우 현대적인 통찰이라고 느꼈다.

안나만이 아니다. 안나가 카레닌에게 사랑한다고 말하며 용서해 달라고 하자 카레닌도 변한다. 완고하고 무심하다고 생각했던 남자에게 전혀 다른 면이 있음이 드러난다.

소설 내내 카레닌은 다른 사람들의 눈물이나 슬픔이 자기 심기를 어지럽히는 것을 싫어했다. 안나의 말을 듣는 동안에도 카레닌은 이런 감정과 싸우지만, 마침내 다른 사람에게 느끼는 연민이 나약함을 뜻하는 것이 아님을 깨닫는다. 처음으로 그 반응을 기쁨으로 받아들이고 사랑과 용서의 감정에 압도된다. 심지어 무릎을 꿇고 안나의 품 안에서 흐느끼기까지 한다. 안나는 카레닌의 벗어진 머리를 끌어안는다. 카레닌이 지금껏 그토록 싫어했던 성향이 실은 그의 본모습이었던 것이다. 이 깨달음으로 카레닌은 막대한 평화를 느낀다. 카레닌은 안나가 브론스키와의 사이에서 낳은 여자아이를 거두겠다는 생각까지 한다(옆에 앉아 있던 브론스키는 눈앞에서 펼쳐지는 광경을 보고 수치심에 휩싸여 얼굴을 손에 묻는다).

완전한 개심이 일어났다는 생각이 든다. 이게 이 사람들의 본모습이라고 믿게 된다. 이 인물들이 지금까지와 전혀 다른 방식으로 행동하는 순간이 가장 자기 자신다운 순간으로 보인다는 게 이상하다. 어째서 그런지 완전히 이해는 안 되지만 그렇게 된다는 게 신기하다.

그런데 그 순간이 지나간다. 그러고 나면 안나는 두 번 다시 자기 안에 있는 다른 여자에 대해 이야기하지 않는다. 나는 처음에 조금 실망했다. 그러다가 이런 생각이 들었다. '아니지, 그러는 편이 훨씬 더 현실적이야.' 톨스토이가 그려 낸 것은 더욱 진실하기 때문에 더욱 훌륭하다. 우리는 그 순간이 다시 오지 않을 것임을 알기에 더 큰 상실감을 느낀다.

나는 이게 이 책의 핵심이라고 생각한다. 흔히 『안나 카레니나』는 개인의 욕망이 사회에 맞서는 이야기라고 말하지만, 나에게는 반대의 관점이 더 강하게 느껴진다. 사회적 힘이 개인의 여린 감정을 강력하게 막아서는 이야기라고 보는 것이다.

예를 들어 카레닌은 가장 관대한 순간에 했던 생각을 버리도록 자신을 설득한다. 이런 감정을 품었다가는 자기에게 쏟아질 비난을 버텨 내지 못할 것임을 알기 때문이다.

시간이 흐를수록, 지금 자신에게는 이 상황이 자연스러울지라도 계속 그 상태로 남아 있을 수는 없음을 더 뚜렷하게 알게 될 것이다. 그는 자기 영혼을 이끌어 가는 선한 정신의 힘

말고 다른 힘이 있음을 느꼈다. 거칠고 그에 못지않게 강력한 힘, 어쩌면 정신의 힘보다 더욱 강하게 자기 삶을 이끌어가는 힘이 그가 바라는 소박한 평온을 허락하지 않으리라는 것을 느꼈다.

카레닌은 강한 감정을 느꼈으나 사회의 기대는 '거칠고 그에 못지않게 강력하다.' 마음이 가는 대로 하면 다들 자기를 무시하리라는 것을 카레닌은 안다. 사실 안나가 카레닌의 곁에 남았다면 카레닌은 그럼에도 불구하고 아마 마음이 시키는 대로 했으리라는 생각이 든다. 그러나 안나는 그러지 않았다. 열병에서 회복한 안나는 자기 감정이 어땠는지 기억하지 못하고 카레닌을 두려워한다. 안나는 죄책감 때문에 전처럼 행동할 수가 없다. 어쩌면 전혀 기억하지 못하는지도 모른다. 마치 다른 여자가 다시 안나의 머릿속을 차지한 듯이. 그래서 카레닌은 무너진다.

그러나 누가 진정한 안나이고 누가 진정한 카레닌인가. 침대 옆의 그 다정한 순간의 모습인가 아니면 열이 가라앉고 난 뒤의 모습인가? 확실한 답은 없다고 생각한다. 그 점이 나는 좋다. 안나가 죽음을 앞두고 있다고 생각했을 때 겉으로 드러난 사람이 진정한 안나일 수도 있다. 실제 삶에서와 마찬가지로 명확히 알 수는 없다.

나는 사람의 진정한 면은 여러 다양한 이유로 감춰질 수 있다고 생각한다. 신비스럽고 묘한 부분이다. 사람은 정말 그런 존재라고 믿기 때문에 내가 의식하고 쓰지 않아도 내 글에 그런 면이 드러날 것이다.

때로 사람은 겉으로 보이는 모습과 실제가 정반대임이 드러날 때가 있다. 속이려고 해서도 위선자라서도 아니다. 너무나 간절히 다른 존재가 되고 싶고 그렇게 되려고 애쓰는 탓이다. 심지어 일부러 눈속임을 하려는 것도 아닐 수 있다. 그게 그들의 이상이고 그들이 갈구하는 바이기 때문이다. 다만 그게 진짜 본모습은 아닐 뿐.

허구의 인물은 다르다. 나보코프처럼 갤리선 노예라고까지 말하지는 않겠지만(E. M. 포스터가 자신이 창조한 인물이 때로 자기를 사로잡고 소설 진행을 지시한다고 말한 것을 반박하며 나보코프가 한 말이다―옮긴이) 어쨌든 내가 만든 인물이니 내가 원하는 대로 행동할 것이고 내가 원하는 모습이 될 것이다. 다만 처음 인물을 구상할 때에는 내가 뭘 원하는지 나도 정확히 모른다. 때로 인물이 변하기도 한다. 내 인물이 너무 예상 밖이라 놀라는 정도는 아니지만 글을 써 나가면서 인물에 대한 생각이 바뀌는 것은 사실이다.

방금 내가 쓴 책에서는 인물 한 명이 성격에 맞지 않는 행동을 한다. 그래서 그럴듯하지 않다고 비난하는 사람도 있을 것 같다. 하지만 실제 삶 속의 사람들도 늘 예상에서 벗어나는 일을 한다. 또 소설에서 현실적이거나 문자 그대로 옳은 것이 반드시 진실하게 **느껴지지는** 않는다. 내가 글쓰기 수업을 할 때에도 이런 일들이 흔히 일어난다. 누군가가 쓴 글에서 나를 포함해 모두가 어떤 부분을 가리켜 잘 믿기지 않는다고 지적했는데, 그 글을 쓴 사람이 이렇게 말했다. "하지만 그건 실제로 있었던 일인데요!" 아마 사실일 것이다. 믿기지 않는다고 느껴지는 까닭은, 그 사건이 나름의 논리를 가진 이야기의 현실에 녹아들 수 있게끔 글을 쓰지 못했기 때문이다. 허구의 세계에서 무언가 정말 놀라운 일이 일어나는데 독자가 그것을 받아들일 수 있게 하려면, 그 이야기 안에서 진짜로 살면서 그 순간을 겪으면서 써야 한다.

내가 책에서 추구하는 게 어떤 것인지 명확히 말하기는 어렵겠지만, 그 가운데 한 가지는 세계에 대한 이해를 넓히고자 한다는 것이다. 인물을 통해 그런 일이 일어날 수 있다. 카레닌 같은 사람은 아마 내가 현실에서는 절대로 깊이 알 수 없을 인물일 것이다. 카레닌 같은 사람을 만날 수야 있지만 아무 할 말이 없을 테고 서로 재미없고 불쾌한 사람이라고 느낄 것이다. 그러나 『안나 카레니나』 같은 책을 통해 우리는 재미없고 평범한 겉모습 너머로 이끌려 가게 되고 표면 아래의 진정한 사람을 만날 수 있다.

*

*

해가 솟아올라 런던 전역에 빛이 흘렀다. 눈부시게 공평무사한 햇살은 아침 식사를 하려고 자리에 앉은 앨프리드 래믈 씨의 수염 위에서조차 너그러이 무지갯빛으로 반짝였다.

—찰스 디킨스, 『우리의 공통 친구Our Mutual Friend』

제인 스마일리 ———————————

1949년생 미국 작가이자 교수. 『천 에이커의 땅에서』, 『파리의 페레스트로이카
Perestroika in Paris』 등의 소설을 비롯해 다수의 논픽션과 청소년 도서를 집필했으
며, 대학에서 영문학을 가르친다. 퓰리처상을 수상했고 미국 예술·문학 아카데
미의 회원이다.

*

소설에서
가장 오래 남는 것은?

나는 7학년 때 『올리버 트위스트』를 읽었고 8학년 때 『위대한
유산』을 읽었는데, 둘 다 싫었다.

그래서 9학년 때 『데이비드 코퍼필드』를 읽기 과제로 받
았을 때 최대한 미루며 읽지 않았다. 그러다 결국 마감일이
닥쳐서 책을 펼치지 않을 수 없었다. 지하실로 내려가 주말
동안에 책을 읽었다. 그런데 완전히 허를 찔렸다. 푹 빠져 버
린 것이다. 이때 나의 디킨스 사랑이 시작되었다.

대학에 들어가서는 또 디킨스를 전혀 안 읽었다. 영문학
을 전공했는데 주로 중세 문학을 팠다. 4학년 때 어쩌다가

『우리의 공통 친구』를 집어 들었는지는 모르겠다. 그렇지만 크리스마스 연휴 기간에 트리 옆에 앉아서 완전히 몰입해 하염없이 읽었던 기억이 난다.

내가 읽은 디킨스 소설과 디킨스 전기를 쓸 때 연구했던 글 전부를 통틀어 내가 가장 좋아하는 책은 여전히 『우리의 공통 친구』다. 이 책에는 재미있는 점이 수없이 많다. 첫째로, 이 소설은 어떤 스토커를 상상할 수 있는 최고의 묘사로 그려 낸다. 또 소설의 관습을 마음대로 주무르며 독자를 사로잡는다. 예를 들어 정통 로맨스라면 행복한 결혼으로 끝이 날 테지만, 디킨스는 결혼식을 넘어 결혼 생활 자체를 탐구하며 사랑이 시간의 흐름도 이겨 내는 것을 보여 준다. 이 책을 쓸 무렵에 디킨스는 나이도 많고 큰 성공을 거둔 다음이었으므로 어떻게든 내키는 대로 쓸 수 있었을 것이다. 디킨스가 소설 장르의 관습을 가지고 실험하고 전복도 한 것이 이 소설을 위대한 작품으로 만들었다고 나는 생각한다.

그런데 그것보다 더 직접적이고 직관적인 끌림이 있었다. 그저 디킨스의 묘사가 좋았던 것이다. 이전에도 책은 꽤 많이 읽었지만 『우리의 공통 친구』를 읽고 처음으로 이런 생각이 들었다. '나도 이걸 해야겠어. 소설을 써 볼 거야.' 너무 재미있어서 시도하지 않을 수가 없었다―이제는 그냥 다른 길로 가서 변호사가 되거나 할 수는 없을 것 같았다(변호사가 되고 싶었던 것은 아니고, 아마 다른 길로 갔으면 수의사나 뭐 그런 쪽으로 가지 않았을까 싶다).『우리의 공통 친구』를 읽고 난 다음에는 다른 길은 생각할 수가 없었다. 소설 쓰기라는 것을 한번 시도해 보아야만 했다. 디킨스가 사용한 이미지가 너무 압도적으로 강렬하게 나를 사로잡았기 때문이다.

책 전체에서 묘사의 힘을 느낄 수 있지만 내가 특히 좋아하는 예는 나쁜 인물들을 묘사하는 부분이다. 진짜 악한은 아니고 조금 나쁜 인물인 래믈 부부인데 이들은 삼류 사기꾼으로 서로 돈을 보고 결혼했다. 신혼여행 도중에 상대방이 부자인 척하는 속 빈 강정임을 서로 알게 되었고 하는 수 없이 다른 사람들에게 함께 사기를 치며 산다.

래믈은 악당이지만 유쾌한 악당이다. 나는 소설 마지막 부분에서 디킨스가 래믈을 묘사하는 부분을 특히 좋아한다.

해가 솟아올라 런던 전역에 빛이 흘렀다. 눈부시게 공평무사한 햇살은 아침 식사를 하려고 자리에 앉은 앨프리드 래믈 씨의 수염 위에서조차 너그러이 무지갯빛으로 반짝였다.

래믈의 턱수염이 햇살 속에서 반짝이는 이미지는 잊히지 않는 인상으로 남았다. 래믈이 아침 식사를 하는 작은 공간이 보인다. 래믈이 식탁에 앉은 모습이 보인다. 햇빛이 턱수염에서 반짝이는 모습이 보인다. 이즈음에 독자는 래믈이 돈밖에 모르는 사람이라는 걸 알기 때문에 햇빛의 공평무사함이 더욱 강조된다. 햇빛은 좋은 것이건 나쁜 것이건 가리지 않고 무엇이든 아름답게 만들 수 있다는 것. 우리는 래믈이 협잡꾼이라는 사실을 알지만 그래도 이런 아름다움이 깃든 순간이 있다. 이 부분은 신비스러운 복선으로 작용하기도 한다. 해가 내리쪼여 턱수염이 반짝거린다는 묘사가 무언가 예사롭지 않은 일, 뜻밖의 반전이 일어나려 함을 암시한다. 실제로 그런 일이 발생한다.

독자이자 작가로서 나는 너무 충격적인 나머지 기억에 남아 소중히 간직하게 되는 이미지와 문장들을 사랑한다. 엄청나게 많은 양의 글 속에 묻혀 있는데도 두드러지는 문장이나 묘사라면 정말 진정으로 대단한 것이다. 『우리의 공통 친구』는 20만 단어쯤 되는 긴 소설이고 아마 문장이 1만 개는 있을 것이다. 그런데도 무수한 문장들을 읽어 가다가 때로는 어떤 문장에 사로잡혀 머물게 된다. 한 문장을 음미하며 머무르고 싶은 욕구와 다음에 무슨 일이 일어날지 알고 싶은 욕구 사이의 긴장이 바로 소설의 본질이 아닌가 한다. 책의 결말에 도달하려면 계속 읽어야만 한다. 특히 『우리의 공통 친구』처럼 긴 책이라면. 그런데 어떤 부분이 나를 사로잡고 붙들고 나아가지 못하게 막는다. 이런 경험 때문에 나는 소설을 다른 어떤 형태의 예술보다 좋아한다. 시를 읽을 때는 천천히 읽는 게 당연하다. 어떤 시가 100단어로 이루어져 있다면 한 단어 한 단어에 관심을 쏟아야 한다. 그러나 소설을 읽을 때는 계속 움직여야만 한다. 그런데도 어떤 문장이 눈길을 사로잡으면 앞으로 나아가려는 움직임에 저항하게 된다.

내가 가장 좋아하는 책을 생각하다 보면 이런 순간들, 마치 그림처럼 머릿속에 남아 있는 순간이 떠오른다. 아주 좋아하는 책에 푹 빠져 있을 때 이런 이미지가 머릿속을 스쳐 지나가며 영원히 사라지지 않는 인상을 남긴다. 오히려 어떤 주제나 생각은 그만큼 강하게 기억에 남지 않는다. 내 생각에는 소설의 개념적 틀은 이야기를 전달하는 이미지에 비해 부차적인 것 같다. 작가가 말하려는 주제보다 이미지들이 궁극적으로는 더 중요하고 더 오래간다.

내가 좋아하는 소설가들 가운데 세상이 어떻게 돌아가는지, 삶은 어떤 것인지 등등에 대한 자신의 이론을 전개한 소설가들이 있다. 이 이론 중에는 아주 정교한 것도 많은데, 최고의 예를 꼽으라면 에밀 졸라를 들 수 있다. 다만 이런 이론이 소설의 동인이 되고 소설의 구조를 이룰지라도 종국에는 기억 너머로 밀려나기 마련이다. 잊히지 않고 남는 것은 줄거리, 인물, 장면들이다.

독자가 소설이라는 세계 속에서 길을 찾으려면 이미지를

머릿속에 떠올려야 한다. 세계를 볼 수 있어야 그 안에서 돌아다닐 수 있다. 어떤 사람이 보는 이미지가 다른 사람이 보는 것과 다를 수도 있다. 독자마다 묘사에서 무엇을 알아차리고 무엇을 느끼느냐에 따라 소설의 세계를 다르게 파악할 수 있다. 그러나 어떤 경우든 시각적 묘사를 매개로 우리는 이야기 속으로 들어가게 된다.

독자가 실제로는 한 번도 보지 못한 곳에 대한 이미지를 지닐 수 있다는 것은 어떻게 보면 참으로 신비롭다. 얼마 전에 러시아에서 자란 사람을 만났다. 그 사람은 『허클베리 핀의 모험』이 가장 좋아하는 책 가운데 하나라고 했는데 나는 도스토옙스키의 『죄와 벌』이 그렇다. 『죄와 벌』에 마차의 마부가 말에 채찍질을 너무 심하게 해서 말이 길 위에 고꾸라져 죽고 마는 장면이 있다. 열다섯 살 때 그 장면을 읽으며 상트페테르부르크 도시와 거리에서 말이 죽는 광경을 눈으로 보듯 상상했던 것이 기억난다. 그와 비슷한 때에 러시아에서 누군가는 한 번도 본 적 없는 미국의 강에서 허클베리 핀이 배를 타고 내려가는 모습을 상상했다. 나는 내 이미지를 믿고 그 사람은 자기 이미지를 믿었다. 저자와 협업을 통해 만들어지는 이런 마음속의 이미지를 바탕으로 우리는 어떤 이야기와 사랑에 빠진다.

디킨스는 관찰력이 매우 뛰어난 사람이었다. 디킨스를 알거나 만나 본 사람들은 디킨스가 자기를 샅샅이 관찰하는 것 같아 당황할 때가 있었다고 한다. 디킨스는 눈으로만이 아니라 귀로도 관찰했다. 디킨스는 엿듣는 데 능했다. 우리 같은 사람들이 그냥 지나칠 순간들도 디킨스는 포착했고 그걸 작품에 녹였다.

디킨스는 이미지를 의식적으로도 만들었지만 무의식적으로도 만들었을 것이다. 소설가들은 누구나 그런다. 디킨스처럼 나이 들고 경험이 풍부해지면 이미지의 디테일을 의식적으로 고를 필요가 없다. 새로운 장을 시작하려고 자리를 잡고 머릿속으로 끙 고민하다가 아하, 하고 떠올린다. 그냥 종이 위에 떠오른다. 머릿속에 떠오르는 여러 이미지를 훑어보다가 제일 좋은 것을 선택하는 게 아니다. 이 장에서 하려는 이야기가 무엇인지 안다면 이런 생각이나 저런 이미지가 떠오를 테고 그걸 통해 그 장으로 들어갈 수 있다. 그것이 에너지를 공급해 글을 시작할 수 있게 한다.

작가가 택한 이야기의 세부 사항에 의도하지도 의식하지도 않은 힘이 있을 때가 있다. 예를 들어 『우리의 공통 친구』에서 스토커는 교사이기도 한 젊은이인데, 가난하게 태어나 자신의 사회적 지위에 불안을 느낀다. 낮 동안에는 학생들을 잘 가르치려고 애쓴다. 그러나 밤이 되면 유진 레이번이라는 귀족의 뒤를 몰래 밟는다. 스토커는 사회적 불안 때문에 목표물을 쫓는 동안 점점 공격적으로 변하게 된다. 『우리의 공통 친구』를 읽으면서 이 스토커를 사회적 신분 상승을 이룬 디킨스의 기이한 자화상으로 보지 않을 수는 없을 것 같다. 하지만 디킨스에게 그런 의도가 전혀 없었을 수도 있다. 그냥 자기 삶, 영국의 계급제도 안에서 사회적으로 특이한 존재로 산 경험을 이용해 스토커의 집착을 묘사했을 수도 있다.

이런 무의식적인 힘을 묘사를 하면서 끌어낼 수도 있고, 어떤 장면을 구체적으로 그리다가 이야기가 예기치 않은 방향으로 펼쳐지기도 한다. 다른 말로 하면 이미지 자체에 이야기가 어디로 뻗어 갈지에 대한 실마리가 있을 수 있다. 예를 들어 내가 소설 『무Moo』를 쓰기 시작했을 때 학과장 X라는 인물이 바라보는 버려진 건물을 묘사하다가 그런 일이 있었다. 학과장 X의 눈에 느닷없이 어떤 젊은이가 건물 안으로 들어가는 모습이 들어왔다. 학과장 X는 누가 왜 버려진 건물에 들어가는지 몰랐다. 그런데 사실 나도 몰랐다! 어쨌든 이 사람이 안으로 들어갔는데 그 부분을 쓰기 전에는 나도 이 건물이나 젊은이에 대해 아무 생각이 없었다. 그런데 갑자기 건물 안에 뭐가 있는지 알아야 했다. 알고 보니 거대한 돼지 얼버츠가 그 안에 있었다. 얼 버츠는 완성된 소설에서는 중요한 존재지만 그전까지는 계획에 들어 있지도 않았다. 그런데 책을 써 나가다가 내가 알게 된 이 건물의 비밀이 소설의 필수적인 부분이 되었다.

작가로서 나한테 꼭 필요한 것이 바로 이런 경험이다. 느닷없이 찾아온 영감에서 나오는 에너지. 나에게 영감이란 서사에 뜻하지 않은 에너지를 부여하는 아이디어다. 미리 세세하게 계획을 짜놓은 글에는 이런 에너지가 없을 때가 많다.

그래서 초고 단계에서는 자기 작품을 섣불리 판단하면 안 된다. 초고를 쓸 때는 뜻밖의 에너지를 이용해야 하고 탐색의 가능성을 열어 놓아야 하기 때문이다. 최종적으로 펜을 놓기 전까지는 내가 무얼 쓰고 있는지 알 수가 없다. 그러니까 초고가 500쪽 분량이라면 몇 달 동안은 판단을 보류하고 써야 한다. 판단을 미루고 주제보다 이미지와 이야기를 우선시한다는 게 말처럼 쉬운 일은 아니다. 그래도 계속 쓰면서 다음 문장을 낚시하듯 낚아 올린다. 초고에 들어 있는 문장은 씨앗과 조약돌 두 종류로 나눌 수 있다. 조약돌은 그냥 문장이고 그 자리에 그대로 있다. 그렇지만 씨앗이라면 자라나서 소설의 중요한 부분을 이루는 생명력이 된다. 문제는 어떤 문장이 씨앗인지 조약돌인지, 씨앗이라면 얼마나 중요한 씨앗인지 미리 알 수가 없다는 점이다. 『무』에서 그 장면은 아주 중요한 씨앗으로 판명되었다. 하지만 학과장 X가 고개를 돌리고 다른 생각에 빠졌다면, 그러니까 내가 원래 계획을 고수해서 건물 안으로 들어간 사람이 조약돌에 불과하다고 여겼다면, 이 책은 전혀 다른 방향으로 나아갔을지도 모른다.

그렇기 때문에 예상하지 못한 것에 열린 마음을 유지해야 한다. 글쓰기 경험은 어떻게 보면 야생마를 타는 일과 비슷하다. 말이 유순할 때도 있고, 날뛰며 사람을 떨어뜨리려 할 때도 있고, 지시를 따를 때도 있고, 겁에 질려 폭주할 때도 있다. 나는 이런 예측 불가능성을 좋아한다. 어떤 일이 닥치든 계속 말을 타야 한다.

당연하지만 소설을 쓸 때 생각이나 주제가 전혀 중요하지 않다는 이야기가 아니다. 물론 중요하다. 생각이 이야기에 생명을 불어넣는다. 글쓰기 과정은 처음에 지녔던 생각과 그 생각과 무관하게 솟아나는 이야기 사이의 상호작용이다. 이야기와 생각이 서로 대화를 주고받는다. 글을 쓰는 동안에 책에 대한 내 생각을 따라 인물들이 사고하고 이야기가 전개되고 사건이 일어나기도 한다. 그렇지만 어떤 시점에서는 인물들이 저마다의 삶을 갖게 되고 애초에 이들에게 생명을 부여한 생각을 넘어서는 존재가 되기 시작한다.

예를 들어서 내가 지금 마무리 중인 3부작의 마지막 권에는 좋은 사람과 나쁜 사람이 나온다. 처음에는 '좋은 사람', '나쁜 사람'으로만 생각했는데 최근에 글을 고쳐 쓰다가 나쁜 인물이 너무 매력적이라 깜짝 놀랐다. 작품을 구상한 나는 '이 사람을 더 쓰레기처럼 만들어야 하지 않나'라고 생각하지

만 소설을 쓰는 나는 이렇게 생각한다. '아냐, 모호한 게 좋은 거야.'

그러니까 예상하지 못한 일이 일어나리라고 기대하게 되고 그럴 수 있는 여지를 두게 된다. 애초의 계획과 계획하지 않은 것 사이에서, 또 이 두 가지를 어떻게 조화시킬지 사이에서 끝없이 주고받는 작용이 일어난다. 초고의 역할이 그런 것이다. 초기 구상을 얼마나 유지할지, 새로운 것을 얼마나 도입할지를 조정하는 과정이다.

나는 소설 쓰기나 다른 모든 예술을 놀이의 한 형태로 생각한다. 예상치 못한 것이 놀이 같은 특성을 부여하고 최초의 구상이 진지함을 부여한다. 예상하지 못한 것이 튀어나오면 조금 전까지만 해도 이쪽으로 날아오고 있는지도 몰랐던 공을 반사적으로 잡는 놀이하고 비슷해진다. 나는 이런 놀이 같은 면을 좋아하고 그게 정말 멋지다고 생각한다. 그래서 소설을 쓰는 것 같다.

아이오와대학교 작가 워크숍에서 공부할 때 친구 작업실 문을 열고 안을 들여다봤던 일이 떠오른다. 친구가 책상머리, 타자기 위쪽에 이런 문구를 붙여 놓았다. "아무도 너에게 그 소설을 쓰라고 하지 않았다." 보자마자 아주 중요한 말이라는 생각이 들었다. 그 문장이 글쓰기는 자발적인 활동이라는 걸 다시금 떠올리게 해 주었다. 언제라도 그만둘 수 있었다.

언제라도 다시 시작할 수 있었다. 나에게 쓰라고 시킨 사람이 없으니, 글쓰기를 의무적인 일이 아니라 자유로이 하는 일로 여길 수 있다. 글쓰기가 수입원이 되었을 때조차도 자유로운 활동으로 볼 수 있다. 내 직업이긴 해도 언제라도 그만두고 다른 일을 할 수 있으니까. 글쓰기가 자유로운 활동이 되면 에너지로 가득 차게 된다.

내 에이전트에게 『천 에이커의 땅에서』의 제안서를 보여주었더니 에이전트가 이렇게 말한 적이 있다. "진심이에요? 누가 농사짓는 이야기를 읽고 싶어 해요?" 어쨌거나 아무도 나를 막을 수는 없었다. "두고 보죠"라고 말하고 나는 썼다. 내 책은, 잘된 것이나 아닌 것이나 다 그랬다. 내가 쓰고 싶은 책을 썼다. 운이 좋아서 그럴 수 있었다는 걸 안다.

독자인 나에게 소설의 가장 위대한 점은(나는 이런 식으로 시작하는 문장을 자주 쓰는데 그 뒤에 나오는 말은 항상 다르다), 소설을 통해 작가의 마음을 접할 수 있다는 사실이다. 『우리의 공통 친구』가 완벽한 예다. 우리는 이 찰스 디킨스라는 사람의 마음에 접속할 수 있다. 그것도 880쪽이나 되는 아주 긴 접속이다. 독자와 이 사람의 정신 사이에 그 어떤 중재자도 필요하지 않다. 배우도 무대 연출도 없다. 책을 읽는 일은 인간성에서 나온 행위고, 교감을 실천하는 행위다. 자유에서 나온 행위이기도 하다. 어느 시점에서라도 『우리의 공통 친구』는 이제 됐어, 앤서니 트롤럽 작품이나 읽을래'라고 할 수 있다. 책을 읽는 동안은 자발적으로 그곳에 있는 것이다. 그게 바로 소설의 정수다. 다른 사람의 정신에, 자유와 친밀감이 결합된 방식으로 접속하는 것. 아주 희귀한 일이다. 인터뷰를 통해서도, 직접적인 인간관계를 통해서도 이룰 수 없는 일이다. 사람들은 언제든 속마음을 감출 수 있으니까. 다른 예술을 통해서는 이런 종류의 접속이 어렵다. 시를 통해서도 가능하겠지만 소설처럼 길게 접속할 수는 없다. 이런 점이 나를 한없이 매혹한다. 오랜 세월 동안 해 온 일이지만 소설을 읽고 쓸 때 일어나는 이런 자발적인 접속에 지금도 여전히 홀린 듯 사로잡힌다.

＊
＊

나는 여전히 눈을 감고 있었다. 나는 우리 집에 있었다. 그건 알
았다. 하지만 내가 어느 곳 안에 있지 않은 것 같은 기분이었다.
"이거 대단한데요." 내가 말했다.

— 레이먼드 카버, 「대성당」

T. C. 보일 ────────────

1948년생 미국 작가. 저서로는 『블루 스카이Blue Skies』, 『세계의 끝World's End』, 『웰빌로 가는 길The Road to Wellville』 등이 있다. 2009년 미국 예술·문학 아카데미 회원으로 선정 되었으며 펜 포크너상, 프랑스 메디치상 등 다수의 상을 수상했다.

*

좋은 결말을 가진
소설의 원칙

1970년대 아이오와 시티에서 레이먼드 카버를 처음 만났다. 나는 그 도시에 5년 반 동안 살면서 아이오와대학교 작가 워크숍에서 석사 학위를 받고 이어 박사과정도 마쳤다. 그때 카버의 첫 책 『제발 조용히 좀 해요』가 막 나왔다. 이 책이 출간되기 전에는 아무도 카버에게 큰 관심을 두지 않았다. 우리 말고는. 우리는 카버의 단편이 정말 대단하다는 걸 알았고 작은 잡지에 실린 카버의 단편을 찾아 읽었다.

우리가 존경하는 작가들 전부 한 번은 아이오와 시티에 들렀다. 대부분은 이상한 사람이거나 술꾼이고 정신병원에서

막 나온 마약중독자였다. 그래도 작가들이 작품을 읽는 걸 들으면 정말 좋았다. 카버도 유명해진 다음에 아이오와에 와서 낭독회를 했다. 물론 카버는 아주 쑥스러워했고 낭독회 같은 건 하고 싶어 하지 않았다. 낭독회는 영문과 건물 3층에 있는 끔찍한 라운지에서 열렸는데 작은 램프 하나만 켜 놓아서 카버의 얼굴에 그늘이 졌고 카버의 목소리는 좀 웅얼거렸다. 그래도 너무 좋았다―카버였으니까.

레이먼드 카버는 내가 절대적으로 가장 좋아하는 작가다. 카버의 단편을 처음 읽었을 때는 내가 지금과는 아주아주 다른 글을 쓸 때였다. 훨씬 장황하고 리듬 있는 문장을 썼고 노동계급이나 리얼리즘 등등과는 무관한 글을 썼다. 그때는 리얼리즘에는 별 관심이 없었다. 그런데 카버가 다른 종류의 스토리텔링에 눈을 뜨게 했다.

「대성당」은 훌륭한 시점 소설이다. 노동계급 남성인 화자가 우리에게 직접 이야기를 들려준다. 아내의 친한 친구가 놀러 오기로 해서 화자는 심한 질투를 느낀다. 아내는 남편을 만나기 전부터 이 로버트라는 친구와 아는 사이였다. 아내가 남자에게 책을 읽어 주는 자원봉사를 하면서 알게 되었다. 남자는 시각장애인이다. 화자(소설에는 이름도 나오지 않는다)는 이 친구에게 편견이 있어 못된 말을 계속한다. 예를 들어 로버트가 그의 아내를(지금은 세상을 뜨고 없다) 한 번도 보지 못했다니

이 얼마나 터무니없는 일이냐는 식의 말을 한다. 아내가 예쁜지 아닌지, 보라색 옷을 입었는지 빨간 옷을 입었는지 짝짝이로 입었는지 이 친구는 절대로 몰랐을 것이라며.

화자는 눈이 보이지 않는다는 게 어떤 것인지 더듬더듬 알아가려는 중이긴 하나 무척 무례하게 굴고 반감을 숨기지 못한다. 친구를 줄곧 '그 맹인'이라고 지칭하며 비인격화한다. 물론 이런 태도의 이면에는 친구와 아내의 관계에 대한 우려와 불안이 있다. 이제 친구가 싱글이니, 두 사람이 얼마나 가까운 사이인지 이 사람이 아내에게 얼마나 중요한 사람인지 등에 신경이 쓰인다. 그러다가 드디어 우리의 화자와 남자가 처음으로 만나게 되었다. 놀러 와서 하룻밤 자고 가기로 한 것이다.

화자는 자기 집 문 앞에 나타난 남자를 보고 당황한다. 맹인이 턱수염을 길렀다며 놀란다. '맹인이 어떻게 수염을 기를 수 있지?' 마치 시각장애인이 완전히 다른 종의 인간인 것처럼 생각한다. 이 사람한테는 턱수염을 들어 냄새를 맡는 특이한 버릇이 있다. 화자는 동물원에서 동물의 행동을 관찰하듯 기록한다.

그런데 우리가 편견 가득한 일인칭 화자의 시점을 통해 보고 있는데도 불구하고 이 시각장애인이 무척 자연스럽고 호감이 가는 사람으로 비친다. 시각장애인은 크고 굵은 목소리로 말하고 화자를 '친구bub'라고 부른다. 화자한테서 적의가 느껴지든 말든 개의치 않는다. 결국 화자를 무장해제하는데, 여기에 이 이야기의 아름다움이 있다.

텔레비전으로 유럽의 교회에 관한 심야 프로그램을 보다가 시각장애인이 어떤 아이디어를 떠올린다. "빳빳한 종이 한 장 찾아볼 수 있어요? 펜하고요." 그가 말한다. "이렇게 해 봐요. 같이 대성당을 그려요." 두 사람은 펜을 함께 쥐고 대성당을 그리기 시작한다.

"이제 눈을 감아요." 맹인이 나에게 말했다.

그렇게 했다. 하라는 대로 눈을 감았다.

"꼭 감았어요?" 그가 말했다. "실눈 뜨지 말고요."

"감았어요." 내가 말했다.

"계속 감고 있어요." 그가 말했다. "멈추지 말고, 그려요."

그래서 우리는 계속 그렸다. 내 손이 종이 위에서 움직이는 동안 그의 손가락이 내 손가락 위에 얹혀 있었다. 지금까지 살면서 한 번도 경험해 본 적이 없는 일이었다.

그때 "됐어요. 다 된 것 같아요"라고 그가 말했다. "이제 봐요. 어때요?"

나는 아직 눈을 뜨지 않았다. 조금 더 그 상태로 있어야겠다는 생각이 들었다. 그래야 할 것 같았다.

"어때요?" 그가 말했다. "봤어요?"

나는 여전히 눈을 감고 있었다. 나는 우리 집에 있었다. 그건 알았다. 하지만 내가 어느 곳 안에 있지 않은 것 같은 기분이었다.

"이거 대단한데요." 내가 말했다.

화자가 눈 뜨기를 거부하면서 이야기가 끝이 난다. 화자는 그림을 끝까지 보지 않는다. 그림은 아마 별것 아닐 것이다. 미술관 벽에 걸 만한 그림은 아닐 것이다. 중요한 점은 그게 아니다. 화자는 눈을 감으면서 마침내 시각장애인이 보는 방식으로 본다. 중요한 점은 두 사람의 결합, 그걸 만들었다는—예술을 만들었다는 사실이다. 예술은 두 사람이 차이를 초월해서 어떤 면에서 교류할 수 있게 한다. 아주 복잡한 이야기인데 카버는 극히 꾸밈없는 언어와 간결한 형태로 표현한다.

그렇다고 해서 세상이 갑자기 행복한 곳이 되어 뮤지컬처럼 다 같이 일어나 노래하고 춤추는 결말에 이르지는 않는다. 로버트는 끝까지 이름으로 지칭되지 않는다. 이야기가 끝날 때까지도 계속 '맹인'이고 두 사람 사이에는 여전히 거리가 있다. 화자는 꿈도 꾸어 보지 못한 경험을 하지만 그 경험을 하게 해 준 사람은 '로버트'가 아니라 '맹인'으로 남는다. 그래도 중요한 것은 누구나, 이 소설 속 화자처럼 편견이 가득한 사람조차도 이런 놀라운 순간을 경험할 수 있다는 것이다.

이 단편은 카버의 다른 단편 「별것 아닌 것 같지만, 도움이 되는」과 비슷하게 이렇게 전개되리라고 상상하지 못했던 곳으로 일종의 은유적 도약을 한다. 이보다 못한 이야기라면 이런 지점을 보지도 상상하지도 못했을 것이다. 이걸 믿을 수 있는가? 이 사람들이 손을 한데 모으고 무언가를 그리는 일이 정말로 일어날 수 있는가? 저자는 정성을 다해 그렇다고 독자를 설득하고 나는 저자의 설득에 전적으로 넘어간다. 그렇지만 우리가 아는 세상의 관점에서 논리적으로 생각하면 가능성이 희박한 일일 수도 있다. 그래서 이 이야기는 더욱 놀랍고 뜻밖으로 느껴진다. 화자가 처음부터 시각장애인에게 공감할 수 있었다면 그다지 좋은 이야기가 되지 못했을 것이다. 「대성당」은 완전히 믿기 어려울 수도 있는 도약을 하지만, 그럼에도 너무 적절하고 완벽하게 느껴지는 그 움직임을 따라 이야기는 다른 세계로 간다.

모든 이야기는 유기적이며 각자 결말을 찾아간다. 카버의 이야기는(다른 작가들도 그렇지만) 결말을 찾아가는 방식이 매우 다양하다. 나는 이야기를 닫아 버리는 결말보다는 독자를 다시 이야기로 끌어들이는 결말을 만날 때 더 기쁘다. 바로 이 단편의 마지막 줄이 그렇다. 화자가 "이거 대단한데요"라고 말하는 모습을 보고 우리는 화자가 무언가를 깊이 느낀다는 건 알 수 있지만 **무얼** 느끼는지는 알 수 없다. 여기에 아름다움이 있다. 그가 무얼 느끼는지 아는 것은 **우리** 몫이다. 독자는 그게 무슨 뜻일까? 어떻게 그런 걸까? 궁금해하게 되고 다시 이야기 속으로 끌려들어 간다.

나는 절대적인 최종 결론으로 이야기를 닫아 버리지 않고 독자를 다시 끌고 오는 결말이 좋은 결말이라고 생각한다. 결말이 꼭 모호해야 한다는 뜻은 아니고, 다음 날 아침에 인물들이 눈을 떴을 때 어떤 일이 있을지 다 알 필요는 없다는 이야기다. 특히 「대성당」은 이 지점에서 한 걸음도 더 나아가지 못한다. 어쩌면 내일이 되어도 화자는 계속 무뢰한일 수도 있다. 아니면 '시각장애인의 친구 협회'를 찾아갈 수도 있다. 어느 쪽이든 상관없다. 일단은 이렇게 모호한 상태로 남는다. 우리는 알 수 없고 그래서 다시 안으로 끌려간다.

나는 단편을 쓸 때 이야기가 어떻게 끝날지 모르는 상태로 쓰기 시작한다. 유기적인 작업 방식을 신봉하기 때문에 무슨 이야기가 될지 어떤 일이 일어날지 미리 계획하지 않는다. 플래너리 오코너도, 「좋은 시골 사람들」이라는 단편을 쓸 때 성경 판매원이 헐가의 의족을 훔치리라는 것을 그 대목을 쓰기 전에는 몰랐다고 말했다. 레이먼드 카버처럼 일정한 스타일로 작품을 쓰는 작가라고 할지라도 이야기는 저마다 다른 방식으로 작동하고 유기체처럼 결말을 찾아가고 유기적 구조를 이룬다.

이게 허구라는 예술의 아름다움인데, 에세이나 스릴러를 쓸 때의 방식과는 대조적이다. 유기적으로 글을 쓸 때는 글을 쓰는 내내 가능성에 열려 있을 수 있다. 운이 좋으면 작가는 전부를 하나로 묶는 한 줄, 한 순간을 찾아낸다. 어떤 이야기가 최종적으로 심장과 머리를 동시에 강타할지 말하기는 어렵다. 우리 모두가 추구하는 게 바로 그런 것일 테지만. 어쨌든 모든 이야기는 결말에서 나름의 효과를 지니며 작별을 고하는 나름의 방식이 있다.

내 책 『더 강해져서 온다The Harder They Come』를 쓸 때는 글을 시작하기 전에 제목과 제사題詞밖에 없었다. 자료 조사를 하고 생각하고 글을 읽고 사물을 관찰하면서 제목과 제사를 찾아냈다. 이 아무것도 없는 헐벗은 기초가 작은 틀, 무언가를 겨우 걸 만한 구조물이 된다. 그 안에서 무언가를 보고 말로 옮기며 그렇게 죽 따라간다. 그게 꼭 신비한 경험은 아니다. 신비한 요소가 분명히 있기는 하지만. 어느 지점에서든 단어, 문장, 구조, 인물의 등장, 행동 등등 수천 가지 선택지가 있다.

작가들에게는 고치고 또 고쳐 봐도 풀리지 않고 아무것도 제대로 써지지 않는 날이 있다. 그런가 하면 전부 아귀가 맞아 들어가고 술술 풀리는 날도 있다. 시간이 흐르고 한 줄 한 줄, 하루하루 쌓여 가면서 이야기가 어디로 가는지, 무슨 이야기인지, 왜 쓰고 있는지 의식적으로도 알게 된다. 그리고 정말 운이 좋다면, 진정 행운이 찾아온다면 「대성당」 같은 결말에 도달한다. 이야기를 활짝 열고 주제와 인물과 의미에 대해 독자가 곰곰이 생각해 보도록 끌어들이는 신비로운 도약이 이루어진다.

나는 뭘 쓰든 원고를 단 한 번으로 끝낸다. 초고가 최종 원고가 되긴 하지만, 써 나가면서 끝없이 고치면서 쓰고 쓰고 또 다시 쓴다. 내가 계속 발견을 해 나가면서 마침내 결말에 도달하는 순간까지 글이 차츰차츰 쌓인다. 그래서 중간에 글의 구성을 바꾸거나 실제 순서와 다른 순서로 쓰거나 할 수는 없다. 내 글은 살아 있는 유기체처럼 한 번에 흘러나온다. 다 쓰고 나면 2-3일 정도 다시 읽어 본 다음에, 그냥 버튼을 눌러 전송해 버린다.

글을 쓰는 과정은 매번 다르다. 단편이건 장편이건 글이 저마다의 길을 찾아간다. 나에게는 문체나 주제 면에서 새로운 것을 탐구하는 호기심이 있다. 물론 내가 다룬 주제들을 돌아보면 같은 주제가 여러 책에서 변주되기도 하지만. 내 원래 문장은 카버의 문장보다 길지만 문장을 좀 더 바싹 조이거나 다양한 시도를 해 보는 것도 꺼리지 않는다. 내 첫 소설에는 짧고 선언적인 문장으로 쓴 장면들이 있다. 그러면 강력한 느낌을 줄 수 있다. 그게 카버에게 받은 영향일 것이다. 카버의 소설을 읽기 전에는 현실적인 이야기를 쓰겠다는 생각이 아예 없었다. 하지만 나는 무언가 다른 것을 시도하게끔 나를 몰아가기를 좋아한다. 뒤죽박죽으로 뭐든 하고 싶은 대로 한다. 반면 카버에게는 자기만의 영역이 있었고 그 안에 머물렀고 거기에서 탁월했다.

정해진 것은 아무것도 없다. 그냥 되는 대로 한다. 우리가 할 수 있는 일은 「대성당」 같은 이야기를 읽고 그게 우리에게 어떤 의미인지, 어떻게 썼는지 길게 토론하는 것뿐이다. 예술의 의미가 바로 그런 데 있다고 생각한다. 독자를 자극하는 것. 예술은 도저히 의미를 알 수 없는 우주를 이해하도록 도와준다. 내가 이야기의 신이 되기 때문이다. 그 어떤 것도 내뜻대로 되지 않는 세상이지만 이 이야기는 내가 만들고 나만의 방식으로 모든 형태를 다 보고 마음대로 통제할 수 있다. 예술가들은 누구나 예술에 대해 비슷한 감정이리라고 확신한다. 그래서 예술이 우리에게 그렇게 중요한 것이다.

3장

사랑하는
문장

*
*

이 조각들로 내 폐허를 버텨 왔다.

—T. S. 엘리엇, 「천둥이 한 말」

클레어 메수드 ————

1966년생 미국 작가이자 교수. 『다시 살고 싶어』, 『이 기묘하고 놀라운 인생사 This Strange Eventful History』 등의 저서가 있다. 대학에서 문예 창작을 가르치고, 매체에 글을 기고하는 등 폭넓은 분야에서 활약 중이다. 미국 예술·문학 아카데미에서 수여하는 멧카프상과 스트로스리빙상을 수상했다.

*

이 조각이 내 폐허를
떠받친다

어릴 때 엘리엇의 시를 읽은 일이 지금의 나를 만든 경험 가운데 하나였다. 특히 『황무지』. 요새도 예전처럼 학교에서 이 시를 읽게 시키는지는 잘 모르겠지만, 내 나이대의 많은 사람이 「천둥이 한 말」을 일찍이, 아마 중학교 때쯤 처음 읽고 고등학교 때 또 읽고 대학에 가면 다시 읽곤 했을 것이다. 지금 이 시를 몇 년 만에 다시 보니 여전히 기억나는 부분이 꽤 많아 놀라웠다. 나는 체처럼 숭숭 빠져나가는 기억력의 소유자인데 말이다. 이 시를 외웠다고 할 수는 없지만 마치 작년 연극 공연 때 외웠던 내 대사를 다시 읽는 것처럼 익숙하게 들렸다.

특히 여러 해 동안 마음에 품고 살았던, 시 끝부분에 나오는 한 줄이 있다.

| 이 조각들로 내 폐허를 버텨 왔다.

문득 '이게 다 무슨 의미일까?' 하는 의문이 들 때 나는 이 시행을 생각한다.

죽으면 모든 것이 사라진다. 하나도 남김없이. 우리의 뇌에는 삶의 매 순간이 기록된다. 다시 불러올 수 있건 없건 간에. 물론 대부분은 불러올 수 없다. 그러나 우리가 했던 모든 생각, 느꼈던 온갖 냄새, 빛의 변화, 포옹 하나하나, 모든 것이 그 안에 있다. 우리가 죽으면, 이 순간들은 결코 불러올 수 없는 것이 된다. 사라진다. 영원히.

인간 경험의 대부분은 소멸될 것이다. 우리 할아버지가 나이를 많이 드시고 90대가 되었을 때 아파트 창가에 앉아 계시던 모습이 생각난다(할아버지는 94세까지 사셨다). 할아버지는 프랑스 사람으로, 프랑스 남부에서 지중해가 내려다보이는 집에 사셨다. 할아버지가 창밖으로 드넓은 바다를 내다보시길래 30대 초반이었던 나는 속으로 생각했다. '아, 할머니 생각을 하시나 보다. 아니면 죽음에 대해 생각하시려나.' 그런데 내가 "할아버지, 무슨 생각하세요?"라고 묻자 할아버지는 이렇게 대답했다. "1954년 사하라사막에 있는 유정油井에 갔던 때 생각이 나는구나."

나는 할아버지가 사하라사막에 있는 유정에 가셨던 사실을 몰랐다. 사람은 정말 여러 삶을 살고 많은 경험을 하고 그 사람을 가장 잘 안다고 생각하는 이들도 모르는 게 있다는 증거였다. 그런데 누군가가 죽으면, 전부 사라진다. 남김없이.

우리가 글로 적은 것이 우리 폐허를 떠받치는 조각들이다. 종이 위에 적은 말의 조각들이 우리보다 오래 남을 것이다. 대양 반대편 해안으로 쓸려 온 쓰나미로 파괴된 잔해처럼, 건지고 구해 낼 수 있는 것들이 글이다. 물론 자취를 남기는 다른 방법도 있다. 부자라면 도서관이나 건물이나 병원 한 동쯤을 남길 수 있다. 하지만 글쓰기는 특정한 시기에 이 세계에 사는 것이 어떠했던가에 관한 구체적인 감각을 남긴다. 글쓰기는 사람으로 산다는 것이 어떤 의미였는지 들려준다.

어떤 형태의 예술이건 어떤 면에서는 그렇다. 회화는 누군가가 세상을 실제로 어떻게 보았는지를 알려 준다. 음악은 풍부한 감정과 말로 표현되지 않는 경험을 전달하는 또 다른 언어다. 그렇지만 글은 우리가 일시적으로 다른 사람의 세계에 들어갈 수 있게 하고 시간과 공간의 한계를 넘게 해 준다는 점에서 특별하다. 나는 헌터대학에서 대학원 학생들을 가르치는데 이번 학기 초에 톨스토이의 『유년시절』을 읽었다. 『유년시절』을 읽으면 1840년대 러시아 시골 영지에서 귀족 집안 아이로 사는 것이 어떠한지 정확하게 알게 된다. 머리로 아는 것이 아니라 절대적으로 몸으로 느낀다. 어떤 그림도 어떤 음악도 그렇게는 할 수 없다. 독자는 그곳에 가 있게 된다. 그 방 안에 있다. 그 아이들과 같이 있다. 문학만이 지닌 힘이다. 지구상에 이제 존재하지 않는 세상을 친밀하게 알게 하는 힘.

하지만 우리에게는 너무 조금밖에 없다. 조각밖에는 남지 않는다. 우리는 톨스토이가 글로 썼기 때문에 톨스토이의 유년시절에 대해서는 안다. 하지만 톨스토이의 경험, 환경, 시대의 많은 부분은 영원히 사라졌다. 게다가 톨스토이는 톨스토이와 같은 순간에 지구상에 살았던 무수한 사람 가운데 단 한 사람일 뿐이다. 그 사람들 중에서 몇몇은 우리가 알지라도 헤아릴 수 없이 많은 나머지 사람은 모른다. 글로 적히지 않은 것은 알 수가 없다. 책에 적힌 것만 건져 낸다면 과거의 극히 일부만 간신히 남기는 셈이다.

그것조차도 다 가질 수 없다. 책은 바닷가의 조개껍데기처럼 무수하지만 평생 골라 읽을 수 있는 책의 수는 한정되어 있다.

이에 더해서, **읽었다고** 하더라도 기억할 수 있는 것은 한

줌밖에 되지 않는다. 어떤 감정, 어떤 생각, 어떤 이미지, 혹은 지금 내가 언급한 시행처럼 단 한 줄이 떠오를 뿐이다. 토마스 베른하르트의 『몰락하는 자』의 화자는 위대한 철학자들이 우리 책장 위에 기이하게 쪼그라든 모습으로만 남았다고 아름다운 장광설로 탄식한다. 칸트의 전부가 쪼그라든 머리 하나로 축소되고 말았다고 한다.

우리 일상의 삶도 살아가면서 이렇게 축소된다. 가장 잘 알고 사랑하는 사람들에 대해서도 정말 아는 게 없다. 몸짓이나 습관이나 반응은 알아도, 그러니까 이를테면 내가 우리 아이들이 식당에서 뭘 고를지, 어떤 모습으로 자는지, 어떤 책을 좋아하는지는 알더라도 아이들 삶에서 내가 모르는 부분이 훨씬 많다. 그리고 당연히 아이들이 자랄수록 모르는 게 점점 더 많아질 것이다. 내가 극히 일부분밖에 알 수 없는 때가 올 것이다.

우리가 직접 **경험한** 것에서도 많은 부분이 기억에서 흔적도 없이 사라질 것이다. 평범한 상황이어도 정말 많이 잊지만 순식간에 기억력이 떨어질 수도 있다. 우리 어머니는 삶의 말년에 기억을 무척 빨리 잃고 말았다. 어느 날 어머니에게 이렇게 물었다. "엄마, 무슨 생각하세요?" 그 순간 어머니는 마치 델포이 신전의 신탁을 전하는 사제 같았다. 나를 보더니 다정한 웃음을 띠며 이렇게 말했다. "기억의 조각, 새로 발견된 세계."

이렇게 많이 잃어버리지만, 그렇다고 해서 우리가 **보존하는** 작은 조각들이 덜 소중해지지는 않는다. 오히려 그 반대다. 스토리텔링은 인간의 본능이고 의미를 만드는 것도 그렇다. 우리는 세상을 이해하고 싶고 언제나 우리가 가진 몇 안 되는 파편으로 더 충만한 이야기를 하려고 애쓸 것이다. 폼페이를 생각해 보라. 너무 많이 파괴되었고 너무 많이 묻혀 버렸어도 우리는 남은 조각을 가지고 이야기를 만들어 낸다. 말레이시아항공 여객기 실종 사건도 그렇다. 우리는 이유를 납득하고 싶다. 어떤 일이 일어났는지 알고 싶다. 우리가 가진 조각들을 가지고 새로이 발견해 낼 세계가 늘 있다.

가진 게 많지 않으면 아주 작은 것이라도 붙들게 된다. 소설이란 결국 이런 것이다. 나의 한평생을 증류하여 뒤에 남길 앙금으로 응축한다. 이러한 축소의 원칙, 잠식되어 가는 폐허를 조각들로 지탱한다는 것은 글쓰기 과정의 은유로도 적절하다. 어떤 경험을 글로 짜내려고 할 때에는 축소할 수밖에 없고 무언가를 잃게 된다. 그걸 가지고 무언가 아름다운 것을 만들어 낼 수 있다 하더라도 일부는 사라진다.

나는 나에게 주어진 시간이 유한함을 안다. 평생 쓸 수 있는 책은 몇 권 되지 않을 것이다. 내가 보고 아는 것에서 글로 다룰 수 있는 것은 일부분에 지나지 않는다. 그러니 현명하게 선택하려고 애써야 한다. 바닷가를 따라 걸을 때처럼, 조개껍데기 하나하나가 너무 예뻐서 다 줍고 싶지만 전부 들고 갈수는 없다. 몇 개만으로 손이 꽉 찰 테고 이번에 주운 조개가 마지막이 될지도 모르니까.

그런데 글을 쓸 때는 정말 이상하고 놀라운 일이 일어나곤 한다. 우리가 소설을 쓸 때 하는 일에는 도무지 말로 표현할 수 없는 무언가가 있다는 생각이 종종 든다. 그건 분명 마법일 것이다. 글이 잘 풀리면, 내가 그 세계 속으로 너무 멀리 들어가 있어 문득 고개를 들고 이런 생각을 하기도 한다. "내가 지금 어디에 있지?" 삶으로부터 멀어져 다른 곳으로 들어간다. 그런데 그 세상도 현실이고, 인물들도 현실이다. 엄밀히 말해 실제로는 존재하지 않는 세상이지만. 글을 쓸 때는 산만하게 흩어진 경험을 압축해 더 좁지만 더 오래 남을 것으로 만든다. 나 자신의 **전부**를 담지는 못할지라도 나보다 더 오래 남을 무언가로 줄인다. 운이 좋다면 이 조각들이 인간이란 무엇인가라는 더 넓은 대화의 일부가 될 수 있을 것이다.

작가로서, 어떤 조각을 쌓을지를 어떻게 고르는가? 초고를 쓰는 일은 머리보다는 몸의 과정이다. 머릿속에 희미한 윤곽은 있지만, 미리 계획한 경로를 따르는 게 아니라 느낌으로 간다. "좋아, 이런 일을 할 장면을 써야 해"라는 식으로 생각하지 않는다는 말이다. 최대한 효율적으로 쓰려고 노력하지만 그래도 엄청나게 많이 쓰게 된다. 수정을 할 때에는 일종의 창조적 파괴가 시작된다. 세 장면을 썼는데 각각이 인물의 다른 면을 탐구하거나 다른 사람과의 관계를 보여 준다거나 하는 등 다른 역할을 한다고 하자. 그런데 한 장면으로 세 장면에서 하는 일을 다 할 수 있다면 그편이 더 좋다. 더 효율적이고 밀도 있는 조각이 더 좋은 조각이다. 그러니까 감칠맛을 내려고 소스를 졸일 때처럼 줄여서 압축하는 것이다.

또 보고 아는 것을 줄여서 글에 담으려고 하는 과정에서 나 자신의 최선의 면도 넣을 수 있으리라고 기대하면서 쓴다.

물론 장기적으로는 이 가운데 어떤 것도 남지 않을 것이다. 얼마 전에 라디오에 과학자가 나와 무시무시한 이야기를 하는 것을 들은 적이 있다. 과학자는 '한참 후에는 어떻게 될까요? 이를테면 1000년 뒤에는 우리 세상에 뭐가 남아 있을까요?'라는 질문에 이렇게 대답했다. "콘크리트요. 유리도 좀 남을 수 있겠군요." 그럼 종이는 어떻게 될까? "종이는 탄화되고 책이란 책은 다 시커먼 직사각형 모양의 무엇이 되고 그 안의 내용은 완전히 잊히겠죠." 문학과 예술과 음악 모두 사라질 것이다. 폼페이에서도 남은 것은 그릇과 냄비, 프레스코화 등 단단한 것뿐이었다. 무른 물건들은 모두 사라졌다.

하지만 사라지지 않고 남아 있는 한, 책은 우리에게 무언가 다른 것을 줄 수 있다. 문학은 우리가 이 지구에서 유일한 존재가 아님을 일깨워 준다. 이 시대에 우리는 혼자 있지 않다. 이 경험도 혼자만의 것이 아니다. 이 도시, 이 나라, 이 순간에서 혼자가 아닐뿐더러 **역사** 속에서도 혼자가 아니다. 고대 그리스의 시인 사포도 같은 심정이었다. 혹은 셰익스피어도, 존 던도. 이렇게 연결된다. 우리는 일종의 대화를 할 수 있다. 우리의 폐허를 버티는 데 쓰는 조각—우리가 읽은 모든 것, 간직하는 자그마한 것들은 우리가 세상을 이해하고 바라보는 방식, 우리가 우리 자신과 세상과 나누는 대화의 일부다.

이 시행은 「천둥이 한 말」의 거의 끝부분에 나온다. 이 시에는 토머스 키드의 『스페인의 비극The Spanish Tragedy』이나 베다 경전 등 여러 다른 목소리의 조각이 나온다. 과거 작품들을 언급하는 것도 시간을 넘어선 인간 사이의 대화다. 이제는 엘리엇 자신도 이런 인용의 대상이 되었다. 엘리엇은 우리가 이런 조각들을 지니고 살아간다는 사실, 저자들이 이미 세상을 뜨고 한참 지난 뒤에도 이 조각들이 우리 머릿속에서 속살거린다는 사실을 이야기한다. 그래서 내 책에서는 전부 어떤 형태로든 엘리엇을 인용했다. 문학은 대화고, 그 대화가 계속된다는 것을 잊지 않기 위해서다.

*
*

나 이제 일어나 가리, 밤이고 낮이고

호숫가에 조용히 찰싹이는 물결 소리가 들리니

찻길 위에서나 잿빛 보도 위에 서 있을 때에

가슴속 깊은 곳에서 들리니

— W. B. 예이츠, 「이니스프리 호수 섬」

빌리 콜린스 ━━━━━━━

1941년에 태어난 미국의 시인이자 교육자. 『목적 없는 사랑Aimless Love』, 『죽은 자를 위한 별자리Horoscopes for the Dead』 등 다수의 시집을 출간. 미국 예술·문학 아카데미 회원, 2001년~2003년 미국 계관시인 역임.

*

시를 갖는
가장 완벽한 방법

대학에 다닐 때 「이니스프리 호수 섬」을 예이츠의 대표작들과 함께 처음 읽었다. 그때 읽은 예이츠 작품 가운데 몇몇은 좀 어렵게 느껴졌다. 특히 「비잔티움으로의 항해」와 「1916년 부활절」을 이해하려면 역사적 배경지식이 필요했다. 하지만 「이니스프리 호수 섬」은 열두 행밖에 되지 않는 짧은 시라 마음에 쏙 들어왔다.

시에 담긴 정서는 뚜렷하다. 화자는 어떤 섬에 가겠다고 열렬히 마음을 먹었고 자기가 그곳에 있다고 상상한다. 언어가 정말 영롱하다. 아름답고 운율이 있고 거의 최면을 거는 듯하다. 서정적이면서도 유기적으로 치밀한 구조를 갖추었다. 네 행으로 이루어진 각 연에서 나름의 이야기를 하는데, 첫 번째 연은 이렇다.

> 나 이제 일어나 가리, 이니스프리로 가리.
> 그곳에 작은 오두막을 진흙과 욋가지를 섞어 짓고
> 콩 아홉 이랑 심고 꿀벌 기를 벌통 하나 놓고
> 벌 소리 요란한 빈터에서 홀로 살리.

시인은 먼저 자기가 가려고 하는 이상향인 섬에 독자를 데려다 놓는다. 물리적 공간과 물리적 필요를 이야기한다. 거처가 필요하므로 오두막을 지을 것이다. 또 먹을 것도 필요하니 콩을 심고, 꿀을 얻을 수 있게 벌을 칠 것이다(콩과 꿀로 어떤 요리를 할 수 있는지는 모르겠지만, 아무튼).

두 번째 연은 한 단계 올라간다. 물질적 욕구에서 고개를 돌려 정신적 욕구를 이야기한다.

> 그리고 거기에서 평화를 누리리. 천천히 방울져 떨어지는 평화를.
> 똑똑 아침의 장막에서 귀뚜라미 우는 곳으로 떨어지는.
> 한밤은 온통 가물거리고 정오는 자줏빛으로 빛나는 곳

저녁은 홍방울새 날갯짓으로 가득한 곳.

꿀과 콩에 더해, 평화를 누릴 것이라고 말한다. 시인은 "아침의 장막"에서 시작해 깊은 밤까지 우리를 데려가고, 우리는 이 감정이 어떻게 펼쳐지는지를 보게 된다. 하루의 시간을 한 바퀴 돌면서 평화가 어떻게 해의 일주를 따라 퍼지는지 보여준다.

마지막에서는 떠나겠다는 의지를 반복하며 결심을 다시 다진다.

> 나 이제 일어나 가리, 밤이고 낮이고
> 호숫가에 조용히 찰싹이는 물결 소리가 들리니
> 찻길 위에서나 잿빛 보도 위에 서 있을 때에
> 가슴속 깊은 곳에서 들리니.

시인은 "호숫가에 조용히 찰싹이는 물결 소리"를 계속 듣는데, 여기 반전이 있다. 실은 **도시**에서 섬의 소리를 듣고 있는 것이다. 시인은 "찻길 위에서", 그리고 "잿빛 보도 위에서" 물소리를 듣는다. 소망을 환상으로 본다. "일어나 가리"라고 하지만 실제로 몸을 일으키지는 **않는다.** 호숫가에 물결이 찰싹이는 소리를 듣지만 몸은 도시에 있다. 런던 시내에서 그

소리를 듣는다. 이니스프리는 마음속에 있는 공간, 상상의 공간이며 안에서부터 그를 부르는 안식처이지 실제로 몸소 갈 수 있는 곳이 아님을 우리는 알게 된다. 시의 마지막 행은 마음속 깊은 곳으로 들어가는 내적 움직임을 강력하게 전하며 끝을 맺는다. "가슴속 깊은 곳에서 들리니."

'나는 지금 이곳보다 더 좋은 어딘가에 가고 싶다'라는 단순한 감정을 아주 강력하게, 뜻밖의 방식으로 전달하는 행이다.

이 시를 처음 읽고 얼마 지나지 않아 예이츠가 이 시를 직접 낭송한 녹음을 들었다. 예이츠의 낭송이 무척 마음에 들었다. 마치 **노래**하듯이 음악적인 목소리로 단어를 늘여 가며 읽는다. 듣다 보면 소름이 돋는다.

시를 낭송하기 전 소개하는 부분에서 예이츠는 약간 성마른 말투로 자기 의도를 설명한다. 시의 운율과 소리를 만드는 데 공력과 시간을 많이 들였으니 그 부분을 살려 낭독하겠다고 말한다. 시를 마치 주문을 외우거나 노래를 부르는 듯 낭독하는 까닭을 미리 일러두는 것이다.

시는 대중음악에 비해 불리한 데가 있다. 대중가요는 운전하면서 듣기만 해도 자연스럽게 머리로 들어간다. 폴 사이먼 노래는 일부러 외우지 않아도 그냥 기억에 남아 따라 부르게 된다. 하지만 시는 일부러 마음을 먹고 외워야 한다. 「이니스프리 호수 섬」도 그랬다. 수도 없이 읽고 수업 시간에 가르쳐서 아주 잘 아는 시였지만 어느 순간 아예 '이 시를 내 것으로 만들어야겠다'는 결심이 생겼다. 아주 잘 아는 것에서 완벽하게 통달하는 것으로 넘어가는 과정은 도전이지만 기쁨이기도 하다. 한 행 한 행 반복해 읽다 보면 더 집중해서 읽을 수 있다. 자음 하나 모음 하나에 민감해진다.

몇 해 전에 나는 「시, 쾌락, 쾌락주의적 독자Poetry, Pleasure, and the Hedonist Reader」라는 글을 쓰면서 시가 주는 근본적 즐거움 대여섯 가지를 열거했다. '의미의 기쁨'이 최종적으로 얻을 수 있는 기쁨 가운데 한 가지인데, 시가 주는 정서적 효과가 의미로 응결되어 말로 표현할 수 있게 되는 순간을 말한다. 이보다 더 궁극적인 기쁨은 '동반의 기쁨'인데 시를 외울 때 누리는 기쁨이다. 어떤 시를 내면화하면 내 안에 시가 있게 된다. 시를 지니고 다닐 수 있다. 동반자가 된다. 그렇게 되면 시를 객관화해서 평가하기는 어렵게 된다. 누군가가 그 시를 비판하면 내 안에 품은 내 것을 비판하는 것 같다.

오래전에 MRI 검사를 받게 되었는데 담당 신경과 의사가 아주 꽉 막히고 무신경한 사람이었다. MRI 기술이 널리 보급된 지 얼마 되지 않았을 때라 나는 그 검사가 처음이었다. 엑스레이나 CT 촬영과 비슷하겠거니 생각했고, 무심한 신경과 의사도 아무런 대비를 시켜 주지 않았다. 첨단 기술로 만들어진 관 안에 산 채로 묻히는 것이나 다름없다는 것도 알려주지 않았다. 신경안정제 반 알을 먹어 두라거나 커피를 마시지 말라는 등의 조언도 없었다.

그래서 검사실에 갔을 때 방사선사가 이렇게 묻길래 깜짝 놀랐다. "음악을 틀어드릴까요, 말까요?" 처음에는 무슨 뜻으로 묻는 건지 몰랐다. 방사선사가 첨단 기술 관을 가리키며 말했다. "저 안에 30분 동안 누워 있어야 해요." 그래서 음악 없이 하겠다고 했다. 닐 다이아몬드 히트곡 같은 걸 내내 들어야 할까 봐 겁이 났기 때문이다.

나는 폐소공포증이 없는데 폐소공포증이 없는 사람도 MRI 기계 안에서는 폐소공포증을 느낄 수 있다. 생매장되는 기분이다. 나는 눈을 감고 누워서 기억 속에서 「이니스프리 호수 섬」을 소환했다. 머릿속에서 눈앞에 시 전체를 펼쳤다. 천천히 암송을 시작했다. 다음에는 더 느리게 암송했다. 몇 번 되풀이하고 나서 시를 마치 도표처럼 만들어서 정신을 집중했다. 각운을 이루는 행 마지막 단어들만 읽어 보았다. Innisfree, made, honey-bee, glade, slow, sings, glow, wings. 다음에는 한 행씩 건너뛰면서 읊어 보려고 했다. MRI가 끝날 무렵에는 뒤에서부터 거꾸로 읊고 있었다. 이 시가 마치 좋은 동반자처럼 곁을 지키며 내가 공포에 질리지 않게 구해 준 것이다.

「이니스프리 호수 섬」은 이렇듯 마음을 달래는 효과가 있다. 도시의 중심부에서 자연과 섬으로 이루어진 천국을 그리는 시니까. 특히 힘든 일을 겪는 상황에서 안전하고 평화로운 곳이 부르는 소리를 듣는 이야기다. 예이츠는 "잿빛 보도 위에" 서서 그 소리를 들었다고 한다. 하지만 MRI 기계 안에 누워 있을 때나 유치장에 갇혀 하룻밤을 보낼 때, 엘리베이터에 갇혔을 때, 혹은 버스가 오기를 기다릴 때 들을 수도 있다. 꼭 극단적인 상황에 있어야 하는 것은 아니지만 극단적인 상황에서도 유용하다. 일단 시를 기억 속에 설치하고 나면 어느 상황에 있든 시가 위안을 주거나 아니면 적어도 다른 데로 주의를 돌릴 수 있게 해 준다.

나는 내가 문학을 가르치는 학생들에게 에밀리 디킨슨 시처럼 짧은 것도 좋으니 시를 한 편 외우라고 시키는데 시의 이런 쓸모 때문이기도 하다. 학생들은 처음에는 엄청 저항한다. 과제를 내주면 한목소리로 징징거린다. 암기가 힘든 일이기 때문이겠지. 에세이 문제에 답을 쓸 때처럼 모르면서 아는 척할 수는 없고, 외우거나 못 외우거나 둘 중 하나다.

그렇지만 일단 외운 **후** 학생들은 신이 나서 내 연구실로 와 시를 암송한다. 암기를 따분한 일이라고 생각하던 학생들이 시를 내면화하고 자기 것으로 만드는 일이라고 생각하게 되는 모습을 보면 기분이 좋다. 이렇게 되면 시는 교과서에 있는 무언가가 아니라 내 안에 새겨진 무언가가 된다. 살아 있는 시인의 시를 외운다면 어떤 면에서 그 시인보다 우월해 지는 것일 수도 있다. 자기 시를 외우지 못하는 시인들도 많 으니까, 시를 외우면 정작 지은 사람은 하지 못하는 방식으로 그 시를 소유할 수 있게 된다. 짜릿한 일이다.

시가 산문보다는 외우기 쉬운데 외울 수 있게끔 설계되었 기 때문이다. 「이니스프리 호수 섬」 같은 정형시는 운율이 규 칙적이고 두 행씩 깔끔하게 묶여 거의 제발 외워 달라고 사정 한다. 이 시는 4행 3연의 열두 행으로 완벽하게 구성되었고 흔한 리듬에 ABAB 각운 구조를 맞추었기 때문에 격자판을 머릿속으로 그리며 그 안에서 움직일 수 있다. 산문은 직선적 이고 완결된 흐름으로 추진력에 의해 앞으로 나아가지만, 시 는 책장 위의 침묵을 대신하는 어떤 도안이 된다. 시는 그 안 에서 헤매고 돌아다닐 수 있다. 한 행씩 건너뛰며 읊을 수도 있다. 구조 안에 들어가 형태 안에서 놀 수 있다. 힘든 일을 겪 을 때(내가 MRI 검사를 받을 때 그랬듯이) 온갖 종류의 도식으로 만들어 볼 수 있다.

정형시의 운율, 각운, 모음운, 두운을 음미하다 보면 시의 기원은 기억을 돕기 위한 장치였다는 사실이 떠오른다. 시적 장치들은 정보를 축적하는 방법이고 문자가 생기기 이전 시 대에 글로 적지 않고도 기억할 수 있도록 개발된 기법이었을 것이다. 과거에는 시가 생존에 필요한 기본 정보, 이를테면 사냥법이나 농사법 등을 쉽게 떠올리도록 도와주었다. 한편 더 모호하고 덜 구체적인 것들, 우리 민족이 어디에서 왔는지 라든가 수백 년 전에 우리 부족이 무엇을 했는지 등에 대한 이야기도 시로 저장했다. 이렇듯 시가 개인과 집단의 정체성에 대한 정보를 축적할 수 있게 했다. 주술사나 이야기꾼이나 음유시인은 이런 정보를 가장 잘 간직하는 사람이고 시를 외우고 암송하는 과정에 매혹을 느끼는 사람들이었을 것이다.

문자가 생기면서 실질적으로 시의 실용적 기능은 사라진 셈이다. 그리하여 시는 다른 쓸모를 띠기 시작했다. 일종의 깨달음, 혹은 내면의 삶을 기록하는 방식이 되었다. 하지만 글이 생기기 전에 이용하던 강력한 특성을 여전히 유지하고 있다.

나는 이런 점을 인식하면서 시를 쓴다. 행의 리듬, 문장의 리듬, 구문의 흐름 등 시가 잘 외워지게끔 만드는 요소가 중요하다. 내가 쓰는 시는 정형시가 아니고 규칙적인 박자나 각운도 거의 쓰지 않지만 그래도 시를 쓸 때 음악적인 부분에 공을 많이 들인다. 자유시는 당연히 정형시보다 외우기 힘들지만, 사고와 구문의 단위인 행으로 나뉘어 있어서 산문보다는 외우기 쉽다. 나는 프로스트나 예이츠처럼 시가 흘러가고 구문적 결속력을 갖게 하려고 애쓴다. 다만 시에 규칙적 율격과 각운이 없을 뿐이다. 시의 리듬에 신경을 많이 쓰기 때문에 내 시는 외우기 쉬운 편이라고 생각한다.

자유시를 쓸 때는 어떻게 하면 내가 원하는 느낌이나 리듬이 살아날지 명확히 알기 힘들다. 설명하기는 어렵지만 그게 느껴질 때는 알 수 있을 것이다. 나는 그 느낌이 우아함과 관련이 있다고 생각한다. 우아한 행과 우아한 문장을 쓰고 싶다. 나는 아주 단순하게 쓰려고 애쓴다. 쉬운 어휘를 쓰고 문장도 주어, 서술어, 목적어 등만으로 평범하게 구성한다. 특히 문장구조를 쉽게 쓰려고 한다. 시를 통한 여행이 언어의 여행일 뿐 아니라 상상의 여행이기를 바란다. 한편으로 내가 상상적 경험으로 이끄는 독자에 대해서도 생각한다. 시가 독자에게 주는 전율이(만약 시가 그런 것을 이끌어낼 수 있다면) 언어를 멋들어지게 혹은 독특하게 사용하는 데에서 오기를 바라지 않는다. 시 자체가 **상상력**의 전율이기를 바란다. 독자를 이상한 곳, 힘겨운 곳, 길을 잃게 되는 곳으로 데려가고 싶은데, 비교적 단순한 언어를 이용해서 그렇게 하려고 한다. 언어 자체가 여행이 되는 것은 바라지 않는다. 우리가 거쳐 가려는 상상의 공간이 그 여행이 되기를 바란다.

우리가 읽는 시 가운데는 언어가 목적인 시도 있다는 것을 안다. 물론 시는 당연히 단어로 이루어져 있고 단어를 다룬다. 하지만 나는 언어를 열심히 보는 것만이 시의 경험이 되지 않았으면 좋겠다. 나는 독자를 캔자스에서 오즈로 데려가고 싶다. 평범하고 익숙한 곳에서, 약간 이상한 곳으로.

시에는 명료한 것과 신비스러운 것이 섞여 있다. 언제 어느 쪽이 되어야 할지를 아는 게 아주 중요하다. 어떤 것을 명료하게 하고 어떤 것을 신비스럽게 남길지를. 내가 도저히 못 읽겠다고 생각하는 시들은 내내 신비스러우려고 하는 시들이다. 독자가 시의 첫머리에서는 어떤 방향을 잡았다고 느껴야 한다. 아니면 나중에 길을 잃은 듯한 느낌을 받을 수가 없다. 그런데 시의 첫 행부터 완전히 길을 잃은 듯한 느낌을 주는 시가 많다. 나는 그곳에 가고 싶지만, 억지로 떠밀려가는 게 아니라 이끄는 대로 따라서 가고 싶다. 아니라면 제목을 읽은 다음에 바로 달려오는 기차 앞으로 떠밀리는 느낌일 것이다.

시가 이렇게 된 까닭은 요새 시를 읽는 사람이 많이 줄어든 탓도 있다. 오늘날 시를 읽는 사람은 사실상 한 부류다. 시인들. 그래서 최근 30년 동안 좋은 일도 있고 나쁜 일도 있었다. 좋은 일은 시와 관련된 활동이 많아진 것이다. 누구나 마이크를 잡을 수 있는 오픈 마이크 행사, 워크숍, 낭독회, 시상식 등. 나쁜 소식은 이런 행사에 참여하는 사람들이 시인들뿐이라는 것이다. 전과 달리 시 전문가가 아닌 사람들은 시에 별 관심이 없다. 오늘날 시인들은 영향의 불안(문학평론가 해럴드 블룸의 개념으로 신진 작가들이 이전 작가들의 영향에서 벗어나 독창적인 작품을 쓰려할 때 느끼는 갈등과 불안을 가리키는 말이다― 옮긴이)이 아니라 명료성의 불안에 시달린다. 투명하게 들여다 보일까 봐 불안해하는 시인이 많은 듯하다.

하지만 나는 시의 공적 입지가 많이 줄었음에도 지금도 이전 여느 때 못지않게 시가 중요하다고 생각한다. 시를 읽어 보면 효용이 뚜렷하게 느껴진다. 시는 주관성을 무엇보다도 우선한다. 시인의 내면을 전경에 내세우고 그 안으로 독자를 끌어들이려 한다. 그러면 독자는 자기 자신의 주관적 삶과 접촉하게 된다. 요즘에는 이런 일이 특히 소중하다. 우리가 사는 사회를 보면 우리는 끊임없이 공적 생활로 끌려 나온다. 프라이버시를 스스로 반납하는 듯한 페이스북 등 SNS는 말할 것도 없고, 요새는 어디에도 프라이버시라는 신성한 공간이 드물다. "피자 먹으러 간다"든가 "조앤이 소파에서 뻗었어" 따위의 사소하기 그지없는 일이 전 세계에 중계된다. 최근에 어딘가에서 읽었는데 지금 우리는 정보의 범람이 아니라 무의미의 범람에 시달린다고 한다. 시는 우리를 끝없이 사회적, 공적 영역으로 끌어당기는 힘에서 벗어나게 해 주는 오아시스나 피난처가 될 수 있다.

시는 전혀 다른 힘으로 우리를 끌어당긴다. 시는 의미와 주관성으로 이끄는 힘이다. 호숫가에 찰싹거리는 물결 소리다. 매슈 아널드는 시 「도버 해변Dover Beach」에서 영국해협에서 밀려오는 파도 소리를 묘사하면서, 소포클레스도 오래전 에게해에서 이 소리를 들었다고 말한다. 지금까지 살았던 모든 사람이 들었던 소리다. 잔 다르크도 들었고, 키케로도 들었다. 시는 우리에게 이런 감각을 준다. 역사를 가로질러서, 가슴속 깊은 곳의 중심에 닿는 느낌을.

*
*

롤리타, 내 삶의 빛, 내 국부의 불. 나의 죄, 나의 영혼. 롤 ―
리 ― 타. 혀끝이 입천장을 따라 세 발짝을 걷다가 세 걸음째에 앞
니를 살짝 건드린다. 롤. 리. 타.

―블라디미르 나보코프,『롤리타』

한야 야나기하라 ─────────

1974년생 아시아계 미국 소설가. 출판사와 매거진에서 일하면서 소설을 쓰고 있다. 『리틀 라이프』, 『투 파라다이스』, 『숲 속의 사람들People in the Trees』을 썼다. 커커스문학상을 수상했다.

*

언어를 해부하여
내장까지 음미한다

열세 살 때 아버지가 나에게 블라디미르 나보코프의 『롤리타』를 주셨다. 아버지가 알려 준 읽기 방법에 따르면 『롤리타』는 사랑에 대한 책도 소아성애에 대한 책도 절대 아니다. 누군가 『롤리타』를 사랑 이야기라고 말하면 아버지가 성을 내시던 것이 기억난다. 아버지에게 이 책의 핵심은 언어였다. 영어가 모국어가 아닌 화자가 식재료를 가지고 장난치는 듯한 기쁨이 절절히 느껴지는 책이라고 했다. 과도한 바로크 스타일과 만들어 낸 형용사들이 화자의 기분 나쁘고 느끼한 면을 전달하는 역할을 하는 것도 사실이다. 그렇지만 나보코프

가 다른 언어 안에서 뛰놀며 느끼는 순수한 기쁨이 담겨 있기
도 하다.

내가 『롤리타』에서 좋아하는 것도 그런 부분이다. 과장됨,
언어를 화려하게 의식적으로 허세를 부리며 쓰는 것. 험버트
가 미국식 언어를 접하고 조롱하면서도 매우 즐거워하는 모
습, 한편으로 험버트가 영어 자체에 푹 빠져 탐닉하는 모습이
병치된다. 이러한 과도함, 험버트가 언어를 조작하는 방식, 문
장을 굴리는 방식이야말로 이 책의 핵심이고 이 책의 중요성
과 천재성을 보여 준다고 아버지는 늘 이야기했다.

매우 드문 재능이다. 작가에게 그런 재능이 없다면 꾸밈
없이 쓰는 편이 낫다고 생각한다. 하지만 『롤리타』는 아무 일
도 아니라는 듯 태연하게 기교를 부리고 겸손함이라고는 전
혀 없는데 그런 점이 미칠 듯이 매력적이다. 나보코프는 나비
연구가로도 유명한데 이 책에는 언어를 해부하여 언어의 내
장을 연구하는 게 어떤 느낌인지에 관한 감각이 담겨 있다.
그러면서 동시에 단어를 재조합해서 완전히 다른 무언가를
만든다. 아마 그래서 내가 이 책을 끝까지 읽지 않은 것 같다.
이야기 자체는 전혀 중요하지 않다. 책 3분의 1 정도, 롤리타
의 어머니 샬럿 헤이즈가 자동차 사고로 죽은 직후 정도까지
갔다. 몇 년에 한 번씩 앞부분 100쪽을 다시 읽지만 그 이상
은 읽어 본 적이 없다.

아버지가 나에게 이 소설의 시작 부분을 외우라고 했는데 사실 여기에 이 책의 정수가 모두 담겨 있다. 맨 앞 두 문단은 시를 읽을 때처럼 소리 내어 읽어야 한다.

롤리타, 내 삶의 빛, 내 국부의 불. 나의 죄, 나의 영혼. 롤 ─ 리 ─ 타. 혀끝이 입천장을 따라 세 발짝을 걷다가 세 걸음째에 앞니를 살짝 건드린다. 롤. 리. 타.

이 행들을 읽으면 체조 선수의 연기를 볼 때와 비슷한 느낌이 든다. 언어의 구조와 리듬을 고려해서 움직이고 생각하는 것이 보인다. 나보코프는 롤리타의 이름을 살아 있는 무언가로 바꾸고, 나비가 되게 만든다. 이름을 시로 만들기는 극히 어려운 일이다.

다음 단락은 이렇다.

아침에 양말 한 짝만 신고 4피트 10인치로 서 있을 때는 로, 그냥 로였다. 바지를 입으면 롤라. 학교에서는 돌리. 서류에 이름을 적을 때는 돌로레스. 하지만 내 품 안에서는 언제나 롤리타였다.

작가가 어떻게 단어를 선택하는가, 어떻게 이름을 붙이는

가, 어떻게 해서 무언가가 여러 이름을 가질 수 있는가 하는 생각을 이 부분에서 밝혀 놓은 듯하다. 예를 들어 작가가 왜 '벌레' 대신 '곤충'이라는 단어를 고르거나 '배' 대신 '복부'라는 단어를 택하는가? 단어가 내는 소리 때문이다. 뜻은 같지만 살짝 다른 단어들이 완전히 다른 것을 표상할 수 있기 때문이다. 이 문단은 작은 글쓰기 수업 같다. 언어의 중요성을 보여 주기 때문이기도 하지만, 무언가에 이름을 붙이는 행위로 대상을 어떻게 바꾸어 놓을 수 있는지를 보여 주기 때문이기도 하다. 이 책에서 사랑의 본질, 자기 충족의 본질, 우리가 원하는 것을 정당화하려고 자신에게 하는 이야기의 본질을 탐구하면서 같은 주제가 반복된다.

그다음에 험버트는 애매한 말을 한다. "그해 여름 내 나이는 그때로부터 롤리타가 태어나기까지의 햇수와 비슷했다"라며 소설 속 사건을 일부러 불분명한 시간대에 놓는다. 언어가 할 수 있는 자의식적 은폐의 사례다. 언어가 어떻게 감추고, 숨기고, 드러내고, 또 조작될 수 있는지를 보여준다. 그러니까 험버트라는 인물에 대해 알고 싶을 만한 정보는 첫 두 문단 안에 전부 들어 있다.

이 책에서는 화자의 목소리가 아주 가까이에서 생생하게 들린다. 그렇지만 요즘 편집자라면 좀 자제하라고 할 것이다. 험버트를 더 호감 가는 사람으로 만들 필요까지는 없어도 그래도 좀 더 **비위에 맞는**, 어쩌면 더 이해가 갈 만한 사람으로 만들라고 설득할 것 같다. 소설에 이런 잣대를 들이대는 건 비극이다. 나는 『롤리타』가 오늘날에 쓰인다고 하더라도 그대로이기를 바라지만 요새 편집자는 좀 더 미니멀하게, 좀 더 매끈하게 만들어 달라고 주문할 것이다. 요즘은 문학적으로 좀 덜한 것, 좀 더 깔끔하고 세련된 것에만 매달리는 듯하다. 만약 오늘날 편집자가 이 원고를 만났다면 키질을 해서 언어를 많이 고르고 걸러내지 않았을까 싶다.

안타까운 일이다. 문학은 작가가 큰 걸음으로 도약을 할 때 이루어지기 때문이다. 플롯이건 인물이건 구조이건 어조이건 언어이건 책은 적어도 **한 가지** 면에서는 위험을 감수해야 한다.

그렇다. 『롤리타』는 깔끔하게 정돈된 풀기 없는 책은 아니다. 하지만 단정하고 심심하기만 한 책은 쓸 가치가 없다. 작가는 새로운 무언가를 만들려고 노력해야 하고 나보코프는 이 책에서 언어를 새롭게 만들었다. 거의 문장마다 새로 만들어진 무언가가 있고 독자는 그게 만들어지는 과정을 실시간으로 볼 수 있다. 동시에 작가가 전에 어떤 것들이 있었는지 보려고 어깨 너머를 흘금거리지 않는 게 느껴진다. 나보코프는 반응이 어떠할지 보려고 미래를 기웃거리지도 않는다. 작가는 바로 이런 '현재 시제성'을 지녀야 한다. 실시간으로 종이 위에서 일어나는 일만이 중요하다는 확신 말이다.

작곡가이든 화가이든 작가이든 예술가로 산다는 것은 지금까지 배워온 것을 잊으려는 필생의 과정일 때가 많다. 피카소의 청소년 시절 작품을 보면 이때는 피카소가 소묘 화가였음을 알 수 있다. 피카소는 어떻게 그리는지를 배운 사람이다. 그렇지만 이렇게 배운 것을 피카소가 잊어버릴 수 있었다는 점이 결정적으로 중요하다. 작가가 쓰면 안 되는 방식 혹은 지금까지는 쓰이지 않은 방식으로 언어를 사용하는 것과 마찬가지다. 이런 사람은 규칙을 망각하는(혹은 선택적으로 무시하는) 재능을 가진 사람이다. 일단 어떻게 해야 하는지를 배워서 알아야 그러기가 쉽다. 그러면 실제로 작업을 하면서 익힌 것을 벗어 버릴 수가 있다. 하지만 꼭 그래야 하는 것은 아니다. 나보코프는 여러 분야에서 독학을 한 사람이고 재능이 뛰어난 독학자들이 쓰는 방식으로 글을 쓴다.

글을 쓰기에 가장 좋은 때는, 원고는 팔렸지만 아직 출간된 책은 없을 때다. 이때는 아무것도 모르고 쓸 수 있다. 작가가 된다는 것과 저자가 된다는 것을 구분해야 한다. 저자는 어떤 역할을 수행해야 하는 자리지만 작가는 아니다. 글을 쓸 때는 공적 페르소나를 잊을 수 있어야 한다. 글을 쓸 때는 출판사에 대해 책임을 느낄 필요가 없다. 독자들에 대해서도 마찬가지다. 이야기에 대해서만 책임을 느끼면 된다.

어떤 이야기고 어떻게 전달하든 간에 이야기에 봉사하는 것만이 유일한 목표임을 늘 염두에 둘 수 있다면 그게 작가에게 필요한 유일한 보험이고 보호 장치다. 아주 기본적이지만 잊기 쉬운 조언이다. 하지만 그렇게만 하면 절대 틀어지지 않을 것이다. 언어 선택이건 플롯 전환점의 문제건 서사 자체에 봉사한다는 목표에 집중하면, 완성된 책이 아니라 서사, 이야기, 인물에만 집중하면, 그때 최상의 결과를 얻을 수 있다. 이렇게 집중하다 보면 대범하게 창작, 오직 창작을 위해 옳은 선택을 할 수 있다.

내가 모든 게 이야기에 봉사해야 한다고 말했지만, 사실 『롤리타』는 그 규칙마저 제대로 깨뜨린 드문 책이다. 이 책의 놀라운 점은 처음 100쪽을 뜯어내어 조각조각 잘라 흩트린 다음 아무 조각이나, 한 문단이건 한 문장이건 한 줄이건 아무 데나 집어 읽더라도 독특한 읽기 경험을 할 수 있다는 점이다. 책이 시적이라고 말할 때는 보통 언어의 아름다움에 탐닉하는 글이거나 혹은 언어에 모호성이 있다는 뜻일 때가 많다. 『롤리타』는 이와는 다른 종류의 시다. 날카롭고, 불쾌하고, 가시가 돋쳐 있고, 그렇지만 또 장난기 가득하고 유쾌하고 송곳니가 있기도 하다. 가장 재미있고, 가장 즐겁고, 가장 큰 쾌락을 주는 언어이면서 또한 가장 사악하고 울림이 깊은 언어다. 나는 더 많은 사람이 이 책을 이런 식으로 읽으면 좋겠다. 충격적 스캔들과 그것을 둘러싼 논쟁이 이런 면을 가리지 않길 바란다.『롤리타』를 읽는 데에서 오는 순수한 기쁨이 이 책이 오늘날까지 계속 읽히게 만드는 힘이니까.

*
*

뇌는 신의 무게와 똑같다 ―

왜냐면 ― 그 둘을 달아보라 ― 파운드 대 파운드 ―

다르다면 ― 그 차이는 ―

음절과 음성의 차이 ―

― 에밀리 디킨슨, 「뇌는 ― 하늘보다 넓다 ― The Brain – is wider than the Sky –」

메릴린 로빈슨 ————————————————————

1943년생 미국의 소설가, 수필가, 영문학자. 저서로는 소설『길리아드』,『하우스 키핑』,『라일라』,『홈』, 에세이『우리에게 주어진 것들에 관하여』 등이 있으며, 아이오와대학교 작가 워크숍과 일리노이대학교 영문과에서 학생들을 가르쳤다. 풀리처상, 전미도서비평가협회상, 오렌지상, 박경리문학상 등을 수상했다.

*

우리가 가진
놀랍고 이례적인 능력

에밀리 디킨슨을 좋아하는 까닭 가운데 하나는 디킨슨의 시는 읽을 때마다 처음 읽는 듯한 느낌이 든다는 점 때문이다. 아주 오랜 기간에 걸쳐 여러 번 읽어야 서서히 펼쳐지는 의미의 샘이 있다. 시가 극도로 압축되어 있고 불필요한 것은 전부 들어내어 단어 하나하나의 효능을 크게 증폭해서이기도 할 것이다. 디킨슨은 언어를 극히 인색하게 씀으로써 언어에 특별한 압력을 넣는다. 하지만 디킨슨은 언어만 좁게 제한한 것이 아니라 자기 삶도 그렇게 살았다. 이런 삶을 통해 미국 문학에서 무엇과도 견줄 수 없는 시들이 나왔다.

나는 부차적 정의나 비본질적인 장치와 장식을 버리고 본질을 향해 다가가는 이런 움직임에 끌린다. 사람들이 나에게 왜 이름도 장소도 돈도 아무것도 없는 인물들에 대한 글을 자꾸 쓰냐고 묻는데, 이런 상황에서야 사물과 사람과 경험을 진정으로 정의할 수 있기 때문이다. 디킨슨은 그렇게 살았다.

「뇌는—하늘보다 넓다—」는 내가 가장 좋아하는 디킨슨 시 가운데 하나인데 이 시에서도 디킨슨이 어떻게 짧은 몇 행으로 어마어마한 규모의 느낌을 담아냈는지 볼 수 있다. 이 시는 정신의 광대함, 곧 방대하고 추상적이고 직관적인 것을 받아들이는 우리의 놀랍고 이례적인 능력을 이야기한다. 광대한 대상을 우리 관점에서 상대화할 수 있는 뇌의 능력, 우리가 가늠할 수 없는 규모를 이해할 수 있다는 사실을 찬미한다.

이 시는 세 연으로 되어 있는데 각 연에서 인간의 정신(디킨슨은 '뇌'라는 단어를 썼지만 나는 '정신'으로 해석한다)을 각각 다른 종류의 거대함과 대적시킨다. 첫 번째 연은 하늘에 집중하는데 뇌가 하늘을 삼키고도 공간이 남는다("당신마저" 포함한다고 하여 디킨슨은 정신의 수용량이 자아까지 포괄하게 한다). 이런 수사는 디킨슨이 속한 청교도 전통에서 나온 것이다. 인간이 아주 오래전에 우주를 측정하여 별의 움직임, 행성의 상대적 크기와 거리 등 천상의 움직임을 이해할 수 있게 되었다며 인간의 능력에 경탄하는 전통이다. 우리의 뇌는 이 멀고 먼 공간을 생각하고 담을 수 있을 만큼 크다. 별의 위치를 보고 작은 배로 바다를 항해하는 등의 실질적인 일을 해낸다. 두 번째 연에서는 이렇게 바다에 대해 이야기하며 뇌는 바다도 다 담을 만큼 크다고 한다. 뇌는 거대한 스펀지처럼 세상의 물을 다 끌어들여 머금을 수 있다는 비유를 든다.

마지막 연에서는 우리의 이해 능력은 신과 다르지만 깊은 층위에서는 같다고 한다.

> 뇌는 신의 무게와 똑같다 —
> 왜냐면 — 그 둘을 달아보라 — 파운드 대 파운드 —
> 다르다면 — 그 차이는 —
> 음절과 음성의 차이 —

이 부분에서는 처음으로 규모가 우리 쪽이 더 크다고 하지 않고 뇌가 신의 무게와 '똑같다'고 한다. 둘 사이의 관계가 동등해 보인다. 디킨슨이 여기에서 사실상 무게를 달 수 없는 두 가지를 무게의 개념으로 이야기하는 것이 흥미롭다. 신을 두고 파운드 대 파운드라고 말하며 이 상황에 무게를 거론하는 게 적절하다고 생각한 것은 정말 이상하다. 에밀리 디킨슨이 읽은 어떤 글에도 신에 대한 이런 개념은 없었을 텐데.

하지만 비교 불가능성이 바로 디킨슨이 말하고자 하는 핵심이다. 뇌와 신이 비슷하다고 주장하려면, 비교가 가능하다고 말하려면 둘 다에 부적절한 언어로 들어가야 한다. 차이가 있다면, 그 차이는 발화(우리를 '음절'에 비유한다)와 발화의 **능력**, 곧 음성 사이의 차이다. 시의 마지막 행에서 디킨슨은 절대적이면서 우리의 필멸성을 조건으로 하는 유사성이라는 신비(다른 무슨 말로 표현할 수 있겠는가?)에 눈을 돌린다. 너덧 개의 단어만으로 영원히 계속될 형이상학적 질문을 제기한다.

마지막 진술이 인간의 발화에 막대한 중요성을 부여하고 신성시한다. '태초에 말씀이 있었다'는 말을 떠올리게 한다. 우리의 언어가 어떤 면에서 신의 창조력과 비슷하다고 암시하는 것이다.

언어로 이루어진 이런 신학에 중요한 의미가 있다고 나는 생각한다. 언어가 거대한 정신처럼 작동하여 필요할 때 우리가 그걸 파고들 수 있다는 것은 특별한 일이다. 개인의 정신-뇌가 책과 문학을 통해 알 수 있는 지식에 의해 확장됨을 생각해 보라. 우리가 결코 경험할 수 없었을 세계, 사람, 생각 등 개인 안에 담을 수 있는 것보다 훨씬 더 큰 것들을 알 수 있다. 사람들은 이런 것을 갈망한다. 고대에는 모든 사람이 호메로스를 외웠고 『길가메시 서사시』를 읊었다. 이런 문학이 문학적 정신을 기르고 드넓혔다. 우리는 이런 것들을 만들어

내지는 못할지라도 그걸 소유할 수 있다. 아니면 **그것들**이 **우리**를 소유하거나. 문학 작품들은 언어의 가능성을 넓히고 표현 능력을 벼린다.

이런 경험이 경외감을 불러일으킨다. 이 경외감이 바로 「뇌는 ─ 하늘보다 넓다 ─」의 표면적 주제지만, 다른 주제를 다루는 작품이라도 같은 기능을 한다. 우리의 잠재력이 얼마나 기적적인지 일깨운다. 주요한 문학 작품들은 거의 대부분 인간임을 기껍게 느끼게 하고 다른 사람의 인간성을 사랑하고 숭앙하게 만든다. 어떤 예술에든 이런 힘이 있다.

이렇게 보면 우리의 언어에는, 특별히 강력한 문학에는 엄청난 힘이 있다. 조너선 에드워즈가 17세기 영국 작가의 글을 인용한 것을 읽고 큰 충격을 받은 적이 있는데 이런 내용이었다. 우리가 한 말은 뭐든 우리가 사라진 후에도 남으며, 우리가 한 말이 살아 있는 사람의 마음속에 남아 있는 한 우리는 계속 살아 있다는 말이었다. 그러니까 우리는 두 차례의 심판을 받게 된다. 우리 목숨이 다했을 때, 그리고 우리 삶이 미친 영향이 다했을 때. 곧 좋은 말이든 나쁜 말이든 우리가 한 말이 더 이상 살아 있지 않게 되었을 때가 그런 때다.

보통은 우리가 미친 영향에 대해 이런 식으로는 잘 생각하지 않는다. 지금 무언가 잔인하고 파괴적인 말을 하면서 그 여파가 세대를 거쳐 이어질 수 있다는 생각은 하지 않는다.

하지만 그게 정말 진실이라는 생각이 들었다. 그 생각을 하니 두려웠고 지금 우리의 정치적 삶이 무서워졌다. 말을 할 때에는 스스로 이렇게 물어야만 하는 것이다. 이 말이 결과적으로 어떻게 펼쳐질 것인가? 이렇게 많은 사람이 거칠고 난폭한 언어를 사용했을 때의 도덕적 결과가 어떠할까? 아무 영향도 없을 수는 없다. 말이 그저 사라지지는 않는다. 수세대 동안 사람들의 마음에 남을 것이다.

이런 생각이 뚜렷하게 표현된 글을 읽고 나는 흠칫했고 그 말에 명백한 진실이 담겼음을 알았다. 이미 아는 사실이지만 그렇게 정확히 표현되었을 때에야 절절하게 느끼게 된 듯한 감각이었다. 이상한 일이지만 정말 마음에 드는 새로운 생각을 맞닥뜨리면 마치 이미 알던 것을 알아본 듯한 기분이 든다. 그게 마음에 든 까닭이 바로 전에 한 번도 생각해 보지 못했기 때문인데도. 어떤 아름다움이나 생각은 이런 식으로 일종의 선험적 지식을 불러일으키는 면이 있다. 책을 읽을 때도 같은 기대를 해야 한다. 시 읽기를 좋아하지 않는 사람들이 시를 좋아하지 않는 건 시에서 신비스럽게도 이미 알고 있던 어떤 사실을 발견하리라는 기대가 없기 때문이 아닐까. 그런데 사실 그런 일이 꽤 흔히 일어난다. 내가 아무리 정신에 대해 많이 생각해도 에밀리 디킨슨이 아니었다면 그 광대함을 표현할 방법을 도무지 몰랐을 테지만, 그래도 에밀리 디킨슨의 시를 보는 순간 내가 말하고 싶었던 무언가가 바로 이런 것이라고 알아보았다.

이런 '알아봄'의 경험은 다른 사람의 생각을 맞닥뜨렸을 때에도 일어나지만 어떤 한 단어에서도 일어난다. 글을 쓸 때, 아직 떠오르지는 않았지만 완벽한 단어가 있다는 사실을 알 때가 있다. 그 단어를 계속 찾다 보면, 알 수 없었던 그 단어가 언젠가는 나타날 것이다. 마음으로는 그게 있다는 걸 알았던 것이다. 어떤 때에는 너무나 절묘하게 딱 맞는 단어라 어떻게 이 단어가 지금까지 살아남았나 싶은 생각이 들기도 한다. '이 단어는 근대 초기 영어에서 내려왔거나 아니면 고대 영어에서 시작됐을 거야. 이 단어가 어떻게 생겨났을까? 어떻게 살아남았을까? 누가 처음 이 단어가 필요해서 만들어냈을까?' 이런 궁금증이 든다. 정말 신비한 일이다. 지난 300년 동안 이 단어의 쓸모를 느낀 사람이 몇 명이나 되었을까 싶지만, 어쨌든 필요해서 쓴 사람이 있었다는 거다.

글쓰기는 탐험이어야 한다. 무얼 말하고 싶은지 안다고 미리 가정하면 안 된다. 언어와 춤을 시작하고 나면 애초에 말하고 싶다고 생각했던 것 이전이 있고 이후가 있고 더 절대적인 무언가가 있음을 알게 된다. 글을 쓰다 보면 기대했던 것과 다른 의미가 드러난다. 천사와 씨름하는 일과 비슷하다. 한편으로는 어떤 말을 할 수 있을지에 제약을 느끼지만 다른 한편으로는 무한한 잠재력을 느낀다. 언어라는 것 자체, 또 언어를 자기 뜻에 따라 구부리고자 하지만 실제로는 그럴 수 없다는 문제만큼 흥미로운 것은 없을 것이다. 우리가 할 수 있는 일은 오직 언어에 담긴 무언가를 찾아내는 것뿐이다. 거기에 늘 놀라움이 있다.

*

*

"엄청나게 큰 옷장인가 보네!" 루시는 부드러운 코트 자락을 옆으로 밀어내며 더 깊숙이 들어갔다. 그때 발밑에서 뽀드득거리는 소리가 났다. 루시는 "좀약인가?" 하고 생각하면서 몸을 숙여 손으로 바닥을 만져 보았다. 그런데 단단하고 매끄러운 나무 바닥이 아니라 무언가 부드러운 가루 같고 차갑디차가운 것이 손에 닿았다. "진짜 이상하네." 루시는 중얼거리며 한두 걸음을 더 내디뎠다.

—C.S. 루이스, 『사자와 마녀와 옷장』

레브 그로스먼

1969년생 미국의 작가이자 저널리스트, 시나리오작가. 2002년부터 2016년까지
『타임』에서 기사를 썼고, TV 시리즈로도 제작된 〈마법사들〉 3부작과 『코덱스
Codex』, 『빛의 검The Bright Sword』 등의 다수의 소설은 물론 영화 〈아주 작고 완벽한
것들의 지도〉의 대본을 집필했다.

*

마법을 부리지 않고
마법을 만들어 내는 법

내가 『사자와 마녀와 옷장』을 처음 읽은 게 언제인지 정확히
는 기억이 나지 않는다. 내가 글을 딱히 일찍 깨치지는 않았
기 때문에 일고여덟 살 이전은 아니었을 것이다. 하지만 〈나
니아 연대기〉 시리즈 책들은 우리 집에서 늘 특별한 위치를
차지했다. 우리 어머니는 영국인이고 런던에 살았는데 독일
군 공습 당시에 루시 페번시와 비슷한 나이였다. C. S. 루이스
소설 속 아이들처럼 어머니도 공습을 피해 런던을 떠나 시골
에 가게 되었다. 이 책은 페번시 남매들이 시골집에 도착하면
서 시작되기 때문에 배경이 낯설고 암울한 분위기다. 전쟁이

계속되고 있고 등장인물들은 가까스로 위험을 벗어난 상황이다.

당연하지만 우리 어머니는 페번시 남매들처럼 옷장을 통해 마법 세계에 들어가 모험을 하지는 못했다. 어머니 말이 어머니가 하도 말썽을 부려서 어머니를 맡아 데리고 있던 집에서 다시 런던으로 돌려보냈다고 한다. 어떤 짓을 했는지는 모르지만 애는 차라리 히틀러가 보낸 폭탄에 맞는 편이 낫겠다 싶을 정도로 못된 짓이었던 모양이다. 당시 런던 도시 빈민과 영국 시골 사람들 사이에는 문화적 간극이 엄청나서 두 세계가 서로 이해할 수 있는 공통 기반을 찾기가 힘들었다. 어머니 경우도 그랬을 것이다.

그러니 〈나니아 연대기〉 시리즈 책들이 어머니에게는 특별할 수밖에 없었다. 그래서 우리에게도 뭔가 특별한 느낌으로 읽어 보라고 내주신 듯싶다. 『사자와 마녀와 옷장』이 내가 처음으로 완전히 푹 빠진 책이었다. 소설이란 어떠해야 하는지를 나에게 알려 준 책이라고 생각한다. 책이 어떻게 작동하는지, 또 좋은 책은 독자에게 어떤 영향을 미치는지를 알려 주었다. 앞으로 죽 이어질 황홀한 독서 경험의 원형이 되어 준 작품이었다.

C. S. 루이스가 나에게 왜 그렇게 중요할까? 기술적으로, 그러니까 작법의 관점에서 말하자면 루이스는 모범이 될 만

큼 지극히 경제적인 방식으로 이야기를 들려준다.

『사자와 마녀와 옷장』을 예닐곱 쪽 정도만 읽어도 우리는 페번시 남매 네 명 모두를 알게 되고 아이들이 서로를 어떻게 생각하는지도 알 수 있게 될 뿐 아니라 루시는 이미 옷장을 통해 나니아로 가 있다. 루이스는 엄청난 속도로 인물들을 소개한다. 한두 가지 정도의 세부 사항만 적절하게 제시하는데도 이미 아는 사이가 된 기분이다. 그리곤 바로 모험 속으로 뛰어든다.

그것보다 더욱 중요한 것은 루이스가 언어를 사용하는 방식이다. 루이스는 이전 판타지 작가들하고는 전혀 다른 방식으로 글을 쓴다. 그리움의 정서가 없다. 중세풍의 현란한 장식도 없다. 옛이야기처럼 어린 독자에게 교훈을 주지도 않는다. 아주 솔직하고 아주 깨끗하다. 렌즈에 바셀린을 발라 뽀샤시 효과를 내지 않는다. 반짝이를 뿌리지도 않고 경이로 포장하지도 않고 아주 구체적인 감각을 통해 전달하기 때문에 모든 것을 또렷하게 볼 수 있다. 루시가 옷장을 통해 나니아로 들어가는 장면을 어떻게 묘사했는지 찬찬히 보자.

"엄청나게 큰 옷장인가 보네!" 루시는 부드러운 코트 자락을 옆으로 밀어내며 더 깊숙이 들어갔다. 그때 발밑에서 뽀드득거리는 소리가 났다. 루시는 "좀약인가?" 하고 생각하면서 몸을 숙여 손으로 바닥을 만져 보았다. 그런데 단단하고 매끄러운 나무 바닥이 아니라 무언가 부드러운 가루 같고 차갑디차가운 것이 손에 닿았다. "진짜 이상하네." 루시는 중얼거리며 한두 걸음을 더 내디뎠다.

다음 순간 루시는 얼굴과 손에 스치는 것이 부드러운 털이 아니라 딱딱하고 거칠고 따끔거리기까지 하는 무언가임을 느꼈다. 루시는 깜짝 놀라 소리쳤다. "어, 꼭 나뭇가지 같은데!" 그때 앞쪽에 불빛이 보였다. 옷장 뒷벽이 있을 위치인 코앞에 빛이 있는 게 아니라 저 멀리에서 빛났다. 무언가 차갑고 부드러운 것이 루시의 머리에 내려앉았다. 잠시 뒤 루시는 자신이 캄캄한 숲 한가운데에 있고, 발아래에는 눈이 있고 하늘에서 눈송이가 떨어지고 있다는 걸 알았다.

루시는 부드러운 털 코트의 감촉을 느끼고, 발아래에서 무언가 뽀드득거리는 소리를 듣고, 허리를 굽혀 눈을 만져 보고, 따끔거리는 나뭇가지를 느낀다. 그렇게 루시는 옷장을 통해 나니아로 간다. 이 장면에는 특수 효과가 없다. 루이스는 마법을 부리지 않고 극히 일상적인 신체감각으로 마법을 만들어 낸다. 매우 강력하고 또 새롭다. 루이스 전에는 이렇게 쓴 사람이 없었다. 루이스는 마법을 이전보다 더 사실적으로 느껴지도록 그려 내는 새로운 방법을 만들었다.

루이스가 리얼리즘의 도구를 이용해 판타지를 쓰기 때문에 가능한 일이다. 루이스에게는 경이롭고 낭만적인 갈망과 그리움이 있으나 마치 모더니스트처럼 글을 쓴다. 헤밍웨이처럼, 『더블린 사람들』의 조이스처럼 쓴다. 루이스가 글을 쓴 시기는 모더니즘이 막 끝난 무렵이지만, 루이스는 모더니스트처럼 환상이라고는 전혀 없다는 듯 신중한 태도로 현실을 관찰한다. 그런데 이런 도구들이 완전히 다른 효과를 자아내는 것이다.

이 소설은 현대 판타지 소설의 시작점이다. 여기에서 처음으로 원자가 쪼개지는 걸 볼 수 있다. 그 뒤에 쓰인 수없이 많은 작품은 바로 이 소박한 순간, 루시가 옷장을 통과하는 순간에서 태동했다.

『사자와 마녀와 옷장』은 무엇보다도 판타지가 왜 중요한지를 강력하게 강변한다. 〈나니아 연대기〉 시리즈가 기독교를 옹호하고 기쁨과 사랑을 찬미하는 작품인 것은 사실이다. 그렇지만 어릴 때 내가 느낀 것은(작품을 분석해서 느끼는 수준은 아니었겠지만) 이 책에 숨겨진 깊은 슬픔이었다. 특히 처음으로 옷장을 통과할 때가 그랬다. 전쟁은 싹 치워 버리고 무언가 좀 더 나은 것을 찾고 싶은 루이스의 분노와 슬픔과 절망감이 느껴진다. 루이스가 이렇게 말하는 게 느껴진다. '끔찍하지, 정말 최악이라는 거 알아. 하지만 이게 전부가 아니야. 다

른 길이 있어.'

옷장 안으로 들어간 루시는 그 다른 길을 택한 것이다. 나도 어릴 때 그런 기분이었던 게 기억난다. 이런 생각을 했다. "그래, **당연히** 있고말고. 이게 전부가 아니야. 뭔가 다른 게 **틀림없이** 있어."

루이스가 '그래, 나도 똑같은 기분이야'라고 말한다는 게 나에게는 얼마나 엄청난 일이었는지 모른다.

그렇지만 환상 문학을 도피주의라고 지칭하는 말을 들으면 나는 발끈한다. 나는 그런 말은 정확한 설명이라고 할 수 없고 판타지는 자기 자신에 대한 이해에 도달하게 해 주는 막강한 도구라고 생각한다. 여기에 쓰이는 마술 트릭—교묘한 손놀림이 어떤 것인가 하면, 포털을 통과해 판타지 세계에 들어가서도 실제 세계에 남겨 두고 왔다고 생각한 문제들을 다시 만난다는 점이다. 에드먼드는 옷장을 통과했어도 평소의 불만이나 성격 문제가 하나도 해결되지 않은 상태로 그대로 있다. 오히려 문제가 더욱 심화되어 나니아에 위기를 가져오게 된다. 나니아에 가도 고민거리는 계속 따라온다. 나니아는 문제에 맞서고 해결하려고 분투하는 장이 된다.

모더니즘-리얼리즘 전통의 중심에는 주위 세상을 관찰하는 자아가 있다. 세상이 내 안에서 일어나는 일과 얼마나 이질적인지, 얼마나 낯선지, 얼마나 다른지를 느끼는 일이다. 판타지에서는 이게 거꾸로 뒤집힌다. 내가 사는 세상이 나의 내면을 비추는 거울이다. 내 안에 있는 것이 밖으로 나와 돌아다니고 어떤 장소, 사람, 사물, 마법으로 형상화한다. 이렇게 외면화되면 그것에 가닿을 수 있다. 맞붙어 싸우고, 친구가 되고, 죽이고, 유혹할 수 있다. 판타지는 내면 깊은 곳에 있는 것을 전부 꺼내어 눈으로 보고 상대할 수 있도록 한다.

〈나니아 연대기〉는 기독교에 관한 책이다. 그런데 우리 집은 기독교를 믿지 않을 뿐 아니라(우리 어머니는 영국 국교회 신도로 자랐지만 우리 집안에는 기독교적인 분위기가 거의 없었다) 어떤 종류건 종교라는 게 없었다. 나에게 종교는 알 수 없는 것이었고 지금도 어느 정도는 그렇다. 나는 이 책을 종교에 대한 이야기로는 전혀 느끼지 않았다. 심리적 드라마로 경험했을 뿐이다. 겉보기에는 탈출 같았던 것이 실은 나 자신과 나의 문제를 만나는 길이 된다는 마법의 손놀림을 나는 읽기와 소설의 기본 원리로 생각했다.

그렇게 해서 『사자와 마녀와 옷장』의 포털은 독서 자체에 대한 탁월한 은유가 된다. 루시가 옷장 문을 여는 것은 마치 책의 표지를 열고 그걸 통해 다른 곳으로 가는 것과 같다. 그 대목을 읽을 때 독자에게 일어나는 경험과 똑같은 일이다. 독자는 루시가 자기가 하는 것과 똑같은 일을 극적이고 변형된 방식으로 하는 모습을 본다.

옷장을 정신분석학적으로 읽으면 자궁으로 돌아간다는 의미라고 할 것이다. 털 코트 사이를 헤치고 안전한 곳으로 기어들어 간다든가 하는 부분이. 이런 생각을 텍스트를 근거로 뒷받침할 수야 있겠지만 중요한 해석이라고 생각한 적은 없다. 나에게는 옷장 문이 책처럼 열려서 루시를, 그리고 독자들을 새로운 상상력의 세계로 끌어들이는 것으로 보였다. 나는 그런 작가가 되고 싶다. 독자가 현실 세계에서 환상의 땅으로, 실제 삶에서 독서의 세계로 아무 걸리는 데 없이 매끈하게 통과할 수 있게 거드는 작가.

사실 루이스가 어떤 면에서 매우 엉성한 작가였다는 게 재미있다. 루이스가 『사자와 마녀와 옷장』을 위해 만들어 낸 세계는 아귀가 딱딱 들어맞지는 않는다. 완전한 생태계를 만들어 냈다고 할 수 없다. 루이스는 파우누스를 넣고 싶으면 파우누스를 넣는다. 산타클로스를 넣고 싶으면, 산타클로스도 넣는다. 여기저기에서 다 끌어오고 뭔가 예쁜 걸 보면 '와, 예쁘다!' 하고 책에 넣는다. 톨킨에게는 참을 수 없는 일이었는데, 톨킨은 세계를 아주 꼼꼼하게 만드는 작가이기 때문이다. 루이스는 전혀 개의치 않고 열정적이고 즉흥적으로 써 내려갔다. 허술한 세계지만 나 자신을 포함해 많은 사람이 이 세계를 전적으로 믿는다.

오늘날 판타지 작가들은 아주, 아주 신중하게 써야 한다는 관습을 따르는데 루이스는 이런 통념에 전적으로 어긋나는 글을 썼다. 요새 판타지 작가들은 자신이 만들어 내는 허구적 세계가 완벽하게 작동하는 모델이어야 한다고 생각한다. 예를 들면 사람들은 웨스테로스(조지 R. R. 마틴의 〈얼음과 불의 노래〉의 세계다―옮긴이)의 생태계에 대해서 수없이 토론을 벌인다. 계절은 어떤 식으로 작동하나? 기후 패턴은 어떠한가? 생물권이 어떻게 유지되나? 경제에 대해서도 고민해 봐야 한다. 제대로 돌아가는 봉건제도를 만들었나? 어느 정도냐 하면 인물이 마법을 부릴 때 작가가 이런 식으로 열역학을 언급하기도 한다. '좋아. 이 사람이 마법으로 촛불을 켰어. 방 안 다른 곳에서 열기를 끌어와서 에너지의 균형이 유지된 걸까?'

이런 관습은 톨킨이 중간계Middle-earth의 개념을 매우 꼼꼼하고 철저하게 창조해 내면서 시작되었다. C. S. 루이스는 다른 유파에 속한다. 루이스에게 마법은 훨씬 과격하고 기이한 것이다. 길들지 않은 것이다. 나는 나중에 『사자와 마녀와 옷장』을 다시 읽으면서 우리가 진짜 마법, 루이스가 쓴 그런 마법에서 너무 멀어졌다는 생각을 했다. 열역학에 관한 고민은 그만두고 루이스가 아무렇지도 않은 듯 만들어 내는 경이감을 이루기 위해 더 애쓰는 게 좋지 않을까 싶다.

한편 루이스가 해낸 것 중에 도저히 재현해 내기 힘든 것도 있다. 숲 속의 가로등. 책 첫머리에 나온 이 이미지가 끝부분에 가면 다시 나오는데 설명할 수 없이 야릇하고 낭만적인 느낌을 준다. 루이스 작품을 읽다 보면 이 사람한테 배워야겠다는 생각이 든다. 그렇지만 때로는 손을 놓고 이런 생각을 할 수밖에 없다. 어떻게 그렇게 한 건지 나는 결코 알 수 없을 거야. 나는 옥스퍼드에 나니아 가로등이라고 불리는 가로등을 보러 가봤다. 내가 보기에는 그냥 평범한 가로등 같았다. 나라면 그 가로등을 보고 집에 가서 『사자와 마녀와 옷장』을 쓰지는 못했을 것이다. 그 가로등을 그렇게 볼 수 있는 사람은 루이스밖에 없다.

C. S. 루이스와 관련된 우리 어머니의 일화 하나를 기록 삼아 남겨 둔다. 어머니는 런던으로 돌아갔고, 히틀러에게 폭격을 당하지 않고 성장해서 옥스퍼드대학에 진학했다. 어머니가 4학년 때 기말고사를 보러 가는 길이었는데 구술시험이었다고 한다. 어머니는 결의를 다지기 위해 맥주 한 잔을 마시러 펍에 들렀다. 그런데 바 끝에 어떤 늙수그레한 남자가 앉아 있었다. 두 사람은 대화를 나누게 되었고 그 사람이 이렇게 말했다고 한다. "시험 보러 가는 길이라면 브랜디를 마셔야 해요."

어머니는 그전까지는 브랜디를 마셔 본 적이 없었다. 바에 앉아 있던 남자는 물론 C. S. 루이스였다. 루이스가 어머니에게 브랜디를 사주었고 어머니는 마셨다. 어머니는 그날 그

이후에 있었던 일은 아무것도 기억이 안 난다고 한다. 그래
도 어쨌든 시험을 통과했으니 그렇게 나쁘지는 않았던 모양
이다.

＊
＊

몇 분 동안 즉각적이고 순수한 기쁨을 느꼈으나 곧 그 기쁨은
사라졌고 자기가 터널에서 몰리에게 한 말이 다시 떠올랐다. 조
용한 가운데 — 새로운 소리가 들리며 다른 모든 소음을 눌렀
다 — 머플러를 뗀 자동차의 굉음이 길을 갈랐고, 뚜껑을 열어
젖힌 새빨간 모델 A 로드스터 자동차가 둑 옆에 레이스처럼 흰
꽃을 피운 채진목 사이로 나타났다가 사라지는 게 보였다.

— 진 스태퍼드, 『퓨마The Mountain Lion』

아일린 마일스 ────────

1949년생 미국의 작가, 교수. 『첼시의 소녀들Chelsea Girls』, 『인페르노Inferno』 등의
소설을 비롯해 『나 아님Not Me』 등의 시를 썼다. 국내에는 글쓰기에 관한 논픽션
『낭비와 베끼기』가 소개되었다. 구겐하임 펠로십을 수상했으며, 미국 예술·문학
아카데미의 회원이다.

*

시대도, 문학도, 현실도 초월하는 소설

진 스태퍼드의 『퓨마』를 나는 텍사스주 마파에 있는 재활용
가게에서 발견했다. 서부 소설을 좀 읽어 볼까 하는 생각을
할 때였다. 그런데 제목이 『퓨마』라니, 대체 **이런 걸** 누가 읽을
까 싶었다. 거의 장난삼아 샀다. 나는 마땅히 읽어야 할 책을
순서대로 읽는 것을 좋아하지 않는다. 특이한 책들을 모아 장
서를 구성하기를 좋아해서 한동안 다른 곳에서 지내게 되면
늘 책을 산더미처럼 사 모은다. 어디에 살든 작은 헌책방 안
에 있는 듯한 느낌을 재현하기를 좋아한다. 그래서 이 책도
충동적으로 집어 들었다.

진 스태퍼드가 얼마나 탁월한 문장가인지 대번에 느낄 수 있었다. 당시 시대의 산물인 한계도 물론 있다. 놀라울 정도로 아무 생각 없는 인종주의라든가. 하지만 책장을 넘기다 보니 어떤 이중성이 눈에 보이기 시작했다. 스태퍼드는 자기 시대에 대해 진실하게 이야기하면서도 그 시대에 속하지 않는다. 정말 놀라운 작가였다.

『퓨마』는 가족 소설인데 과부인 어머니와 같이 사는 네 아이로부터 시작한다. 어머니는 몇 차례의 결혼을 거쳤고 지금은 로스앤젤레스에 사는데, 아이들이 콜로라도에 있는 할아버지 집에 가서 지내게 된다. 술을 달고 살고 큼직한 장화를 신고 다니며 어머니가 못마땅하게 여기는 할아버지다. 이 집 남매들은 두 패로 나뉜 듯한데, 위의 두 딸은 완벽하고 말쑥한 모범생인 반면 동생들은 어리숙하고 비쩍 마르고 몸도 약한 편이다. 이 두 아이가 소설의 화자인 몰리와 랠프다.

둘은 콜로라도에서 꼬박 1년을 보내게 되는데, 늘 붙어 다니던 두 아이의 사이가 그 한 해 동안 서서히 멀어진다. 몰리는 점점 더 이상한 아이가 되지만 랠프는 머리통도 굵어지고 뼈도 굵어져 남자다워지기 시작한다. 할아버지는 한 해쯤 전에 세상을 떴고 할아버지와 비슷하지만 좀 더 둔하고 투박한 삼촌 클로드가 이들을 서부 세계로 이끈다. 클로드는 랠프와 가까워져 사냥에도 데려간다. 그러다가 목장 근처에서 목격한 퓨마를 잡는다는 엄청난 사냥 계획을 세우기 시작한다. 이 지역에서 수십 년 동안 자취를 감추었다는 퓨마였다. 클로드 삼촌이 랠프에게 같이 퓨마를 추적하자고 말하자 랠프는 자기가 퓨마를 쏘아 죽일 수도 있을 거란 상상을 한다. 상상 속 승리의 짜릿한 순간에 이어 다음 구절이 나온다.

> 몇 분 동안 즉각적이고 순수한 기쁨을 느꼈으나 곧 그 기쁨은 사라졌고 자기가 터널에서 몰리에게 한 말이 다시 떠올랐다. 조용한 가운데 — 새로운 소리가 들리며 다른 모든 소음을 눌렀다 — 머플러를 뗀 자동차의 굉음이 길을 갈랐고, 뚜껑을 열어젖힌 새빨간 모델 A 로드스터 자동차가 둑 옆에 레이스처럼 흰 꽃을 피운 채진목 사이로 나타났다가 사라지는 게 보였다.

마치 영화의 한 장면 같다. 나타났다가 사라지는 로드스터의 움직임과 기세. 소설에서 세부 사항을 표현하는 매우 현대적인 방식이다. 차가 나타났다가, 차가 사라진다. 그래서 무언가가 움직이고 있음을 알 수 있고 소설 속 장소를 실제 장소로 느끼게 된다. 빠른 동작 하나로 시간과 공간을 지정한다. 우리는 시간과 공간에 대해 원시적인 사고를 한다. 어린아이의 까꿍 놀이 같은 식이다. '없어졌다?' '있다?' 그래서 나는 처음 읽었을 때 이 구절에 바로 끌렸다.

그런데 나중에 이 책을 두 번째로 읽을 때는 이 한 문장이 믿기지 않게 복잡하다는 것을 깨달았다. 순간 나타났다 사라지는 로드스터가 레이스의 섬세함과 대비되어 남성성과 여성성의 조화를 이룬다. 이에 더해 시간이 복수로 존재한다는 사실이 있다. 기차가 움직이는 시간. 나무 열매가 자라는 시간. 로드스터가 나타났다 길 아래로 사라지는 시간. 정확하고 생생하며 현실감 있어 회화적인 것, 심지어 문학적인 것을 초월하는 듯하다. 진 스태퍼드는 무지를 많이 허용하기도 한다. 채진목이라는 게 뭔지 굳이 찾아보지 않았지만 그래도 어째서인지 그 단어가 순간의 실재성을 더해 준다.

책을 읽은 사람은 랠프와 몰리가 탄 기차가 터널로 들어가려는 순간 랠프가 동생에게 이렇게 말했음을 알 것이다. "네가 아는 추잡한 말 다 해 봐." 이 일이 두 남매의 관계가 멀어지는 계기가 됨을 직감할 수 있다. 이 문장은 랠프의 큰 기쁨으로 시작했다가, 그 기쁨이 터널에 들어갈 때 몰리에게 했던 말의 여파로 곧 깨어져 버린다. 스태퍼드가 묘사하지는 않지만 아마 몰리의 얼굴에 충격이 어렸을 것이다. 이 감정, 오빠가 더러운 사람이라는 감정이 이 책의 남은 4분의 1 전체를 물들인다. 그리고 랠프 자신도 엄청난 죄책감을 느낀다. 랠프는 막 성에 눈뜬 참이라 몰리가 뭘 아는지 알고 싶다. 그런 한

편 멋진 차의 등장이 의미하는 바는, 랠프가 좋아하는 여자한 테 로드스터를 모는 남자친구가 있다는 사실이다. 번쩍이는 로드스터는 섹스와 죄책감과 동의어다. 그걸 담고 파도처럼 닥쳐 온다.

여기 담긴 감정은 정말 진짜다. 기쁨으로 인한 흥분감, 그 리고 느닷없는 거지 같고 더러운 느낌, 이어지는 고요함. 쾌 락과 수치, 내면과 외면, 자연과 기계를 쌍으로 묶는다. 그리 고 갑자기 랠프가 좋아하는 여자가 차를 타고 등장해, 마치 랠프가 한 문장 안에서 순식간에 미래의 사랑에게 배신을 당 하거나 사랑을 빼앗긴 것이나 마찬가지인 꼴이 된다. 마치 영 화의 한 장면처럼 동시에 이렇게 많은 것을 해낸다는 사실 이 믿기지 않을 정도다. 책에 영화 같은 특징이 있는 게 우연 은 아닐 것이다. 이 책이 나온 1947년에는 모든 작가, 모든 사 람의 머릿속이 영화적인 것들로 가득했다. 이때는 영화의 눈 으로 보지 않고는 세상을 볼 수가 없었다. 그렇지만 텍스트는 더 높은 차원의 영화다. 이 부분에는 여러 시간이 하나로 합 해져 있는데 영화에서 이런 것을 이렇듯 매끈하게 해내기는 힘들 것이다.

한편 이 글을 쓴 작가의 의식 또한 흥미롭다. 여기에서는 여성 작가가 남자의 기쁨을 묘사하고 있다(그 기쁨이 일종의 성 적 폭력과 연결되어 있기도 하다). 랠프의 죄의식의 폭력성, 순수함을 잃는 순간의 달콤함 등을 여성 작가가 남성 인물을 구성해 이야기한다. 이 구절이 이렇게 아름답고 섬세하고 활기 있는 까닭이 여기에 있을 수도 있다. 우리는 문학에서 다른 정체성을 입는 것에 익숙하지만, 여성 작가가 쓴 남성 캐릭터를 읽을 때는 자신이 남자의 몸 안에 들어가 있고 남자의 몸을 안다는 것을 입증해야 한다는 압박감이 느껴질 때가 많다. '남자가 땀을 흘릴 때는 이런 기분일 거야' 하는 식으로. 얼마 전에 내가 남자인 친구가 집필 중인 소설 초고를 읽었을 때도 비슷한 일이 있었다. 여자가 화장실에 가는 내용이 필요해서 묘사했는데 전혀 여자 같지 않게 그린 것이다. 그런데 스태퍼드의 이 부분은 정말 가볍다. 스태퍼드는 남자의 감정을 잡아냈고 이걸 통해 우리는 누구나 젠더 면에서 꽤 유동적임을 알 수 있다. 위대한 예술은 젠더를 초월하는 것이기도 하다.

내가 이 책을 우연히 집어 들었다는 사실이 특히 재미있다. 아마 무언가 훨씬 더 묵직한 것에서 탈출하려고 그랬을 것이다. 정말 관심 있는 주제에 관한 책이라면 지루하고 더딘 학술 서적이라도 1년에 한 권 정도는 즐길 수 있다. 아마 무언가 그런 책을 읽다가 도피처로 진 스태퍼드를 찾았을 듯싶지만 큰 기대를 하지는 않았다. '아, 정겨운 구식 소설이겠구나. 기분 전환으로 한번 읽어 봐야지' 하는 생각이었다. 사람들은 최근에 읽은 책에 대한 반발로 그것에 해독제가 될 만한 책을 찾곤 한다. 만약 내가 더 계획적으로 살면서 **읽어야 할** 책을 읽어 나가고 남들이 다 읽는 책을 나도 일삼아 읽는다면 지금처럼 더 풍부하고 다양하게 읽을 수는 없을 것이다.

나는 대학이 너무 좋기도 하고 싫기도 했는데 태어나서 처음으로 남이 짜 준 틀에 따라 책을 읽었기 때문이다. 꼭 읽어야 하는 책들이 있었다. 그러다 보니 차일피일 미루거나 억지로 꾸역꾸역 읽기도 했다. 지금도 그런 경험을 한다. 어떤 목적 때문에 읽어야 하는 책이 있으면 일종의 반항심처럼 다른 책들을 나란히 같이 두고 읽곤 한다. 특히 엉뚱한 책을 이런 용도로 쓴다. 나는 모든 사람이 읽는 최신 화제작보다 어젯밤 애버뉴 A 떨이 판매대에서 건져 온 책을 더 읽고 싶다.

그런다고 해서 내가 진짜 쓰레기 대중소설을 읽는다는 것은 아니고, 내가 현재 읽는 책에 비해 적당히 온건하고 보수적인 것들을 읽는다. 지금 나는 토마스 베른하르트에 열광하는데 거의 10년 동안 읽지 않으려고 버티다 이제 읽게 됐다. 지금 뜨는 작가에 대해서는 어쩐지 거부감이 든다. 그러니까 내가 언제쯤 칼 오베 크나우스고르를 읽게 될지 알 수 없다는 말이다. 다양한 핑계를 대며 안 읽고 있지만 가장 주된 이유는 읽어야 할 것 같아서 안 읽는 거다. 나는 삐딱하게 읽어야만 한다. 독서는 절대적으로 나만의 공간이고 언제나 그랬고 나는 늘 그걸 다시 확보하려 한다. 작가인 우리에게는 드러누

위 시간을 낭비하고 몽상하고 혼자 있고 흘려보낼 많은 시간이 필요하다. 나에게 무슨 생각을 하라고, 무얼 보라고, 무얼 알라고 누가 지시할 수는 없다.

나는 그 삐딱한 기쁨을 늘 되찾고 싶고 심지어는 나 자신에게서도 되찾는다. 내가 어릴 때 가톨릭 학교에 다닐 때에는 책상 아래에 그런 책을 감추었다. 지금, 내가 일종의 문학적 퀴어로 여겨지는 지금도 나는 무언가 다른 걸 읽고 싶다. 내가 어떤 사람인지 알게 되는 순간 그 사람이 되기 싫다고나 할까. 자아를 끝없이 파괴하고 재구성하는 것이기도 하다. 글은 바뀌지 않지만 우리는 바뀐다. 이렇게 렌즈를 바꾸면서 계속해서 살아 있는 읽기를 할 수 있다.

요즘에는 헌책방에 가야 책을 더 폭넓게 훑어볼 수 있는 것 같다. 일반 서점은 너무 선택적이다. 작가들은 다들 자기 책이 매대 위에 놓이기를 바라지만 서점에 매대가 있다는 사실 **자체**가 짜증 나는 일이기도 하다. 나는 세인트 마크스 플레이스에 있는 카페 모가도 근처의 서점을 좋아한다. 아마 이름이 이스트사이드 북스인가 그럴 것이다. 이름도 생각이 안 나지만 정말 오래전부터 그 자리에 있던 서점이고 그곳에서는 늘 무언가를 찾으러 갔다가 다른 걸 들고나오게 된다.

실체가 없는 인터넷 세상이나 소셜 미디어 등에서 일어나는 온갖 일들을 생각해 보면 낡은 헌책방의 존재가 전보다 더 소중하게 느껴진다. 나는 아방가르드 문학을 대학 수업 시간이 아니라 헌책방에서 알게 되었다. 아무거나 집어 들고, 이게 대체 뭐지? 하며 들여다보게 되는 곳이다. 열성 독자는 손과 눈이 뗄 수 없이 서로 연결되어 있기 마련이다.

나에게는 인터넷이 읽는 곳이라기보다는 쓰는 곳이다. 컴퓨터로 글을 읽는 것은 정말 별로다. 1999년, 2000년 무렵 몇 년 동안 생활한 타임스퀘어에 있는 다락방은 뉴욕에서 살아 본 최고의 공간이었다. 컴퓨터로 일을 하다가 문득 '아 내가 마침내 이렇게 아름답고 멋진 곳에 있게 되었구나' 싶었고 '컴퓨터라는 실체도 없는 쓰레기 같은 공간 안에 들어가려고 이 아름다운 곳으로부터 등을 돌렸다니' 하는 생각이 들었다. 컴퓨터가 이 모든 걸 다 앗아가 버린 것이었다. 그래서 나는 늘 휴대용 프린터를 가지고 다니면서 뭐든 출력해서 본다.

우리가 유럽을 특히 사랑하는 까닭 가운데 서점들의 세상이라는 점도 있을 것이다. 미국은 여러 면에서 서점과 거리가 먼 곳이 되었다. 나에게 돈이 있다면 도서관에 기부하고 싶다. 이건 정말로 진심이다. 내가 만나 본 작가들 가운데 도서관에서 무언가 이상한 것을 맞닥뜨렸는데 그게 자기 삶을 바꾸어 놓았다고 말한 사람이 얼마나 많던가? 이런 곳이 반드시 존재해야 한다.

나는 행복한 우연을 찬미하고 싶다. 내가 진 스태퍼드를 발견한 곳은 서점도 아닌 재활용 가게였는데, 그래서 더욱 신기하다. 엉뚱한 곳에서 책을 찾는다는 것. 책 한 권을 다 읽으면 나는 카페 바깥쪽 벤치 위에 놓고 오곤 한다. 그 책이 쓰레기통으로 들어갈 수도 있겠지만 누군가가 집어 들 수도 있을 것이다. 나는 엉뚱한 독자, 뜬금없는 책을 믿는다. 우리는 공간 속에서 움직이는 육체고 때로 정말 우연하게 무언가를 집어 든다……. 제목이 마음에 들어서, 표지가 마음에 들어서, 혹은 그냥 그게 가까이에 있어서. 지구상 어딘가의 게스트하우스에 묵게 되었는데 거기 있던 책 세 권 가운데 한 권이 내 인생을 바꾸어 놓을 수도 있다. 나 자신이 이런 우연을 일으킬 수 있다면 좋겠다. 어딘가에 책 한 권을 두고 왔을 때 과연 무슨 일이 일어날지는 결코 알 수 없는 거니까.

＊
＊

나는 무한한 경이, 무한한 연민을 느꼈다.

— 호르헤 루이스 보르헤스, 「알레프」

마이클 셰이본 ──────────
1963년생 미국 소설가이자 시나리오작가.『피츠버그의 마지막 여름』,『캐벌리어와 클레이의 놀라운 모험』,『유대인 경찰연합』등의 저서가 있다. 풀리처상, 휴고상, 네뷸러상 등을 수상했다.

*

무한한 세계가 펼쳐지는
마법의 주문

「알레프」는 이상한 집, 비밀을 지닌 이상한 가족, 그리고 아무것도 모르고 여기에 깊이 얽힌 화자가 지하실에 숨겨진 끔찍한 무언가에 속수무책으로 끌리는 이야기다. H. P. 러브크래프트 공포 소설의 전형적 패턴을 따르는데, 사실 러브크래프트의 작품들은 에드거 앨런 포의 단편을 모델로 삼았다. 하지만 「알레프」는 공포 소설보다는 놀라운 이야기에 가깝다. 「알레프」는 만약 러브크래프트가 진정으로 위대한 작가였다면, 역사상 가장 위대한 작가 중 한 명이었다면 썼을 법한 소설이다. 나는 예나 지금이나 러브크래프트를 좋아하지만 러브크래프트가 보르헤스는 아니니까.

러브크래프트의 소설에서 우주는 거대하고 사악한 존재인데 우리의 평범한 일상—우리가 '현실'이라고 부르는 것과 아주 얇디얇은 막으로 분리되어 있다. 러브크래프트는 위대한 작가다운 강박적 열의로 매우 설득력 있게, 우주적인 포식성 파괴가 저 밖에서 늘 안으로 침투할 기회를 엿보며 막이 가장 얇은 지점을 더듬고 있다고 말한다. 하지만 그다음 단계로는 나아가지 않는다. 이런 경험을, 오랜 상실과 슬픔과 힘겨운 애정 관계 등의 과거를 지닌 성숙하고 의식 있는 개인이 겪고 있다고 믿게 만드는 경지다. 「알레프」에서 보르헤스는 러브크래프트가 할 수 없었던 것을 해낸다. 무한과의 조우를, 입에서 입냄새가 나고 주머니에는 먼지 뭉치가 있는 살아 숨쉬는 인간으로 사는 것이 어떤 것인가 하는 의식과 완전하게 통합한다.

「알레프」의 첫 부분에서 우리는 화자가 막 세상을 뜬 여인을 사랑한다는 것을 알게 된다. 독자는 화자의 상실감을 충격적인 첫 문장을 통해 목격한다. 만약에 나에게 가장 좋아하는 첫 문장을 고르라고 한다면 당연히 강력한 후보가 될 문장이다.

타는 듯한 2월의 어느 아침, 베아트리스 비테르보가 단 한 순간도 자기 연민이나 두려움에 내주지 않고 혹심한 고통에 맞서 싸우다가 세상을 뜬 날, 나는 꼰스띠뚜시온 광장 주변 길거리 광고판에 새로운 미국 담배 광고가 붙어 있는 것을 알아차렸다.

이 문장을 처음 읽었을 때 나는 입을 쩍 벌렸다. 언어와 속도에 완전히 매료되었다. 이 문장에 담고자 하는 현상, 그러니까 사랑하는 누군가가 막 죽고 난 뒤에도 세상이 아무 일도 없었던 듯 진부하게 계속 돌아가는 느낌을 내가 실제로 겪어 본 적이 없는데도 사로잡혔다. 이 한 문장으로 보르헤스는 당신이 사랑하는 사람에 대해 우주는 철저하게 무관심하다는 것을 포착해 전달한다. 나는 오랫동안 첫 문장을 쓸 때 이 문장을 다양하게 흉내 내어 보려고 했다.

화자는 해마다 베아트리스가 죽은 날에 베아트리스 비테르보 가족을 방문하기로 한다. 그러다가 그 집에 사는 베아트리스의 사촌인 카를로스 아르헨티노 다네리라는 남자와 가까워지는데 두 사람 관계는 좀 복잡하고 전적으로 우호적이지는 않다. 화자는 작가고 다네리도 문학적 야심이 있는 사람이다. 마침내 다네리는 자기가 서사시를 쓰고 있다는 사실을 털어놓는데, 이 시는 마치 우주의 목록처럼 세상의 모든 것을 묘사하는 시가 될 것이라고 한다. 어느 날 다네리가 평생 집

안에 감추어 두었던 비밀을 보여 주겠다고 화자를 초대한다. 어떤 '발견'이라고 다네리는 말한다.

　다네리는 화자를 자기 집 지하 창고로 데리고 가더니 천 조각 같은 것을 준다. 자루처럼 보이는 것을 접어서 주면서 거기에 무릎을 대고 꿇어앉아 어떤 지점, 일종의 창을 들여다보라고 한다. 머리 높이가 정확한 위치에 있으면 그게 보일 거라고 한다. 화자가 다네리가 제정신이 아닌 건가, 그래서 자기를 죽이려고 지하실로 데려왔나 하는 생각을 하는 짧은 순간은 에드거 앨런 포의 「아몬티야도 술통」을 의도적으로 연상시킨다.

　그런데 화자가 눈을 뜨자, 갑자기, 알레프가 보인다.

　알레프(알레프는 히브리 알파벳의 첫 글자다)란 우주의 모든 지점을 가능한 한 모든 관점에서 볼 수 있는 지점이었다. 보르헤스는 '우주'라는 단어를 쓰지만 여기에서의 우주는 무수한 별이 있는 칼 세이건의 우주가 아니라 좀 더 국지적인 버전, 우리가 '세상'이라고 부를 법한 것이다. 어쨌든 간에 무한하다. 화자는 자기가 본 것을 표현할 수 있는 언어가 없음을 시인한다.

　그 막대한 찰나에 나는 유쾌하기도 하고 끔찍하기도 한 수백만 가지 행위를 보았다. 그 가운데 단 하나도 같은 공간을 차지하지 않았고 겹치거나 투명하지도 않았다. 내 눈으로 본 것은 동시적이었지만 이제부터 내가 쓰는 것은 언어가 순차적이기 때문에 순차적일 수밖에 없다. 여하튼 떠올릴 수 있는 것을 기억해 보겠다.

보르헤스가 이렇게 밑밥을 까는 게 나는 너무 좋다. 왜냐하면 이건 불가능한 일이니까? 온 세상을 가능한 한 모든 관점에서 동시에 시야가 겹치지 않게 본 경험을 전달할 도리는 없다. 한 문단의 공간으로는, 아니 단편 하나, 장편 하나, 책 전체, 책으로 가득한 도서관의 전체 공간을 들여도 할 수 없는 일이다. 그래서 보르헤스는 처음에 불가능성을 인지하고 들어간다. 작가가 쓸 수 있는 아주 유용한 전략인데 나도 이 글에서 그 전략을 배웠다. 들어가기 전에 보르헤스는 일단 신중하게 기대를 낮추어 놓는다.

이렇게 기대를 낮춘 다음에 이 길고 기가 막힌 문단, 내가 지금껏 읽은 어떤 것보다도 충격적인 구절을 제시한다.

나는 일렁거리는 바다를 보았고, 새벽과 해거름을 보았고, 아메리카의 군중을 보았고, 검은 피라미드 중심의 은빛 거미줄을 보았고, 조각난 미로(런던이었다)를 보았고, 마치 거울처럼 내 눈 안에서 스스로를 응시하는 무한한 눈을 가까이에서 보았고, 지구상의 모든 거울을 보았는데 그중 어떤 것도 나를 비추고 있지 않았다.

이 문단은 그냥 나열이다. 나열된 형태로 되어 있다는 사실을 감추지 않는다. 보르헤스는 '나는, 보았다'라는 두 단어를 '나는 이걸 보았고 나는 저걸 보았고' 하는 식으로 계속 되풀이한다. 그런데 어째서인지 반복이 신기한 주문 같은 힘을 부여하고 무한의 느낌을 전달한다. 마법의 주문을 걸고 독자를 설득한다.

긴 목록을 열거한 뒤에 ─ 세상의 곤충과 동물과 정원과 눈^雪, 플리니우스의 번역본, 유방암에 걸린 스코틀랜드 여인 등을 늘어놓은 뒤에 이 문단은 이렇게 끝난다.

한때 달콤한 베아트리스 비테르보였던 썩은 가루와 유골을 보았고, 내 검은 피의 순환을 보았고, 사랑의 교합과 죽음의 수정을 보았고, 알레프를 모든 시점과 각도에서 보았고, 알레프에서 지구를 보았고 그 지구에서 알레프를 보았고 그 알레프에서 지구를 보았고, 내 얼굴과 내 내장을 보았고, 당신의 얼굴을 보았고, 나는 정신이 아찔해져 눈물을 흘렸는데, 내 눈이 모든 사람이 흔히 아는 이름이지만 아무도 보지 못했던 비밀스러운 가상의 대상 ─ 상상할 수 없는 우주를 보았기 때문이었다.

나는 무한한 경이, 무한한 연민을 느꼈다.

나는 이 나열의 마지막으로 나오는 눈부신 항목을 좋아한다. 나는 **당신의** 얼굴을 보았다. 보르헤스는 이 단편을 1939년 혹은 1940년에 썼는데 그때 읽었더라도 이 행이 강력하게 느껴졌을 것이다. 당신, 독자가, 여기에서 묘사된 우주 안의 한 사물이 된다. 그런데 수십 년이 지난 지금 이 문장을 읽으니 마치 보르헤스가 시간을 넘어 손을 뻗는 것 같다. 바로 연루되는 느낌이다. 끝부분에 등장한 이 짧은 문구는 지금까지 말한 모든 것의 정점을 이루며 강력한 힘을 지닌다.

물론 보르헤스가 여기에서 정말 **모든 것**, 혼돈과 복잡성의 우주 전체를 모조리 드러내지는 않는다. 어떻게 그럴 수가 있겠는가? 대신 이 구절은 우주적인 것, 화자가 본 적 없는 것, 가 본 적 없는 곳이 매우 사적인 것들과 함께 통렬하고 전략적으로 겹쳐진 믿기지 않는 조합으로 되어 있다. 자기를 사랑하지 않는 여인을 속절없이, 말없이 사랑한 남자의 낭만적이고 감정적인 고통을 강화하는 세부 요소들이다. 화자가 오랜 세월 품어 온 이루어지지 않은 사랑이 이 세부 요소를 통해 드러난다. 이게 바로 소설가가 반드시 해야 하는 기본적인 일 가운데 하나다. 창해와 같이 많은 요소 가운데 적절한 세부 요소를 뽑아내는 것. 그럴듯할 뿐 아니라, 인물이 어떤 사람인지를 드러내는 것들을 택해야 한다. 작가로서 우리는 본질적으로 무한한 세부 사항 가운데 선택하는데, 그럴 때 어떤 방식으로 골라야 하는지 이 구절이 가정과 예시를 통해 보여준다.

문학의 모든 것은 결국 시점의 문제로 압축될 수 있다고 생각한다. 누구의 이야기인가, 누가 그 사람의 이야기를 하는가? 궁극적으로 이 문제는 단어 선택으로 귀결된다. 이것이 특정 인간의 시점이라고 독자를 설득하기에 알맞은 단어를 골라야 한다. 글을 쓸 때는 결국 내가 하려는 이야기에 딱 맞는 목소리를 찾아야 한다. 딱 맞는 화자, 딱 맞는 목소리, 정확한 시점을 찾으려고 애쓴다. 제한적 시점일 수도 전지적 시점일 수도 있고 일인칭일 수도 삼인칭일 수도 있다. 그 감을 잡고 나면 어떤 어조를 택할지, 글의 내용과 화자의 관계는 어떠한지를 고민해야 한다. 일인칭 화자라면, 지금 이야기하려는 사건 뒤에 시간이 흐르고 깨달음을 얻은 다음에 돌아보는 회상의 문체를 택할 것인가? 아니면 사건이 한창 진행 중일 때 전달하는 방식을 쓸 것인가?

이런 문제들이 일시에 해결되기도 한다. 내가 두 번째 소설 『원더 보이스Wonder Boys』를 쓸 때에는 첫 문장이 글을 쓰면서 벼락처럼 떠올랐고 그게 그대로 출간된 책에 실렸다. 이런 일인칭 문장이다. "내가 처음으로 만나 본 진짜 작가는 작품 전부를 오거스트 밴 존이라는 이름으로 발표한 남자였다." 그러고 나니 답해야 할 질문들이 줄줄이 생겼다. 오거스트 밴 존은 누구고 화자는 또 누구며 왜 밴 존을 처음으로 알게 된 작가라고 하는가? 소설의 씨앗, 곧 누가 이야기를 하고 무엇에 대한 이야기를 할지가 번뜩 떠오른 이 첫 문장에 들어 있었다. 나는 그걸 꺼내기만 하면 되었고 그렇게 해서 책을 완성했다. 이 책은 실제로 상당히 빠르게 저절로 쓰였다.

이럴 때보다는 적당한 시점을 찾기 위해, 정확한 위치를 잡고 그 소설의 알레프를 들여다보기 위해 한참 동안 끙끙 애를 써야 할 때가 훨씬 많다. 어쩐지 적절해 보이는 것이 눈에 들어오면 그걸 붙들고 세부 사항이 모여서 일관성 있는 화자를 이루기를 기대한다. 목소리를 찾고 나면 그걸 끝까지 유지해야 한다. 이어 붙인 데 없이 일관성 있는 어조가 책을 읽을 때 가장 큰 만족을 주는 요소 가운데 하나일 것이다. 그런 글이 되려면 단어 하나하나의 선택이 중요하다.

보르헤스의 단편 속 화자의 알레프에 대한 반응("나는 무한한 경이, 무한한 연민을 느꼈다.")이 내가 글을 쓰면서 일상적으로 느끼는 감정은 아니다. 하지만 이 문장이 글을 쓸 때, 인간의 행동과 세상을 묘사할 때 어떤 감정을 **가져야 하는가**를 일깨워준다. 책상에 앉아 알레프를 들여다보며 세상을 보고 그것을 전달하고 제대로 표현하려고 할 때 무한한 경이와 무한한 연민을 느껴야 한다. 경이는, 새로운 것에 대한 마땅한 반응이기 때문이다. 작가로서 작품이라는 개인적 알레프를 들여다볼 때는 사물을 늘 새로운 눈으로 봐야 할 의무가 있다. 나 자신이 아닌 허구적 인물의 눈으로 세상을 볼 때 전에 보지 못했던 방식으로 사물을 보게 된다.

무한한 연민이란 인물에 대해 취해야 할 마땅한 태도라고 생각한다. 우리가 흔히 생각하는 연민, 곧 우월한 존재가 열등한 존재를 내려다보며 딱하게 여긴다는 뜻에서의 연민이 아니다. 보르헤스가 말하는 연민은 그런 것이 아니고 그런 연민은 여기에 필요 없다. 자기 자신을 포함한 대상에 느끼는 연민에 가깝다. 인간이 지닌 비극적이고 일상적인 결함, 작품의 인물들이 스스로 정한 목표에 가닿지 못하는 모습, 바로나 자신이 미치지 못하고 주저앉는 것과 마찬가지로 좌절하는 모습들을 보며 느끼는 연민이다.

물론 뛰어난 작가 중에 이런 연민이 비교적 적다고 할 수 있는 사람도 있다. 이런 작가들의 작품은 인물의 허물뿐 아니라 인류 전체의 약점을 무자비하게 가차 없이 공격해 무너뜨린다. 이들 중에도 중요하고 훌륭한 작가들이 있다. 하지만 나는 가장 위대한 작가는, 이를테면 톨스토이처럼, 가장 무력하거나 우유부단하거나 편협한 인물조차도 용서까지는 아닐

지라도 깊이 이해하고 공감하는 넓은 포용력을 드러낸다고 생각한다. '우리 누구나 그렇지 않아?'라고 말할 뿐 아니라, 근본적으로 이렇게 말하는 작가다. '내가 이래. 내가 그렇기 때문에 나는 나무랄 수가 없어. 우리의 모든 모습에 공감하며 그릴 뿐이야.' 내가 알레프를 들여다볼 때마다 이런 경지에 도달할 수는 없다. 하지만 내가 이루려고 애쓰는 바를 명문화해 놓은 유용하고 소중한 문장이다.

*
*

황제가 — 사람들이 말하길 — 임종의 자리에서 당신에게, 당신 한 사람에게, 가련한 신민이며 태양과 같은 황제로부터 가장 먼 곳에 피신해 있던 조그마한 그림자 같은 당신에게 메시지를 보냈다. 황제는 전령에게 침대 옆에 무릎을 꿇으라고 시킨 다음 귀에다가 그 메시지를 속삭였다.

— 프란츠 카프카, 「황제의 전갈」

벤 마커스 ────────────

1967년생 미국의 작가이자 교수. 『불꽃 알파벳The Flame Alphabet』, 『리빙 더 시
Leaving the Sea』, 『철사와 끈의 시대The Age of Wire and String』 등 다양한 장단편 소설과
에세이, 비평 등을 쓰며 다양한 작품 활동을 하고 있다. 구겐하임 펠로십, 베를린
상 등을 수상했다.

✳

두려움과 아름다움의
황홀한 혼재

내가 카프카의 우화를 처음 읽은 것은 대학교에서 철학 수업
을 들을 때였던 듯하다. 아마 이때 카프카를 처음 접했을 것
이다. 카프카의 우화는 불안, 두려움, 피해망상의 세계로 들어
가는 진입점일 뿐 아니라 내가 카프카 작품에서 떠올리는 갈
망, 아름다움, 낯설음도 여기에서 접할 수 있었다. 내가 처음
으로 읽은 우화는 「사원의 표범」인데 아주 짧은 글임에도 아
름답고 기이하고 으스스하게 논리적이었다. 나중에 「황제의
전갈」을 읽었는데 이게 내가 가장 좋아하는 작품이 되었다.

　이 짧은 글은 아주 강력한 진술로 첫머리를 연다. 황제, 한

문명의 정점에 있는 인물이 '당신', 독자에게 메시지를 보낸다. 도입부의 설정은 읽는 사람을 아찔하게 사로잡는다. 극도로 중요한 사람이 당신에게, 오직 당신 한 사람에게만 전할 말이 있다는 것이다.

> 황제가 ─ 사람들이 말하길 ─ 임종의 자리에서 당신에게, 당신 한 사람에게, 가련한 신민이며 태양과 같은 황제로부터 가장 먼 곳에 피신해 있던 조그마한 그림자 같은 당신에게 메시지를 보냈다. 황제는 전령에게 침대 옆에 무릎을 꿇으라고 시킨 다음 귀에다가 그 메시지를 속삭였다.

그러나 이 글은 메시지가 도착하는 것이 불가능함에 초점을 맞춘다. 알고 보니 왕궁이 겹겹의 고리 모양의 벽으로 둘러싸여 있고 벽을 통과하면 또 외궁이 연달아 나와 전령은 하나씩 계속 통과하고 또 통과해야 한다. 설령 이 일을 해내 궁 밖으로 나간다고 하더라도 ─ 화자가 말하기를 전령은 결코 그럴 수 없다고 한다. 왕궁이 너무나 광대하고 불가해하다 ─ 전령이 다다른 곳은 도시의 한복판이다. 도시는 사람과 쓰레기와 온갖 종류의 장애물로 가득하다. 그러니 절대 통과할 수 없을 것이다.

결말 부분은 충격적이다. 당신만을 위한 그 메시지를 당신은 결코 듣지 못한다.

만약 전령이 마침내 가장 바깥쪽 문을 통해 나온다면 — 그
러나 그런 일은 결코 일어날 수 없다 — 제국의 수도, 세상의
중심, 층층이 쌓였고 퇴적물로 가득한 도시가 그의 눈앞에
펼쳐진다. 여기를 통과할 수 있는 사람은 아무도 없다. 더더
군다나 죽은 사람이 보낸 메시지를 지니고 있는 사람이라면.
그럼에도 당신은 창가에 앉아 저녁이 내려앉을 때 그 메시지
를 꿈꾼다.

가슴을 찢어 놓는 대목이다. 무언가 중요한 것이 전해졌
는데, 그걸 영영 들을 수 없다. 그래도 당신은 당신 방 창가에
홀로 앉아 그것을 꿈꾸어 본다. 막대한 갈망과 희망이 불가능
성과 허망함과 함께 뒤섞인다. 양립할 수 없는 느낌이 동시에
덮쳐 온다. 이 글이 나에게는 그저 완벽하게 느껴졌다.
「황제의 전갈」이 어떤 면에서 읽기에 대한 우화라는 사실
을 놓치기는 어렵다. '이 글은 이야기를 한다는 게 무슨 의미
인가 하는 글이야!'라고 한마디로 잘라 말하기에는 거부감이
들긴 하지만, 그런 면이 분명히 있긴 하다. 그래도 나는 이 이
야기가 누군가가 말을 걸어 주기를 우리가 얼마나 절박하게
바라는지를 일깨우는 글이라고 생각하고 싶다. 우리는 누군

가가 불러 주기를 바란다. 중대한 메시지가 우리를 향해 오고 있기를 바란다. 그렇지만, 그걸 바란다는 건 얼마나 부질없는 일인가. 이 이야기는 문학적 역설을 보여 주는 데 그치지 않고 진정으로 **누군가와** 교감하는 일이 얼마나 지극히 어려운지 암시한다. 카프카의 작품을 읽을 때는 늘 이런 암울한 허망함을 느낀다. 그렇지만 허망함이 무력하고 비관적으로 느껴지지는 않는다. 불가능성에도 불구하고 어떻게든 뚫고 오려고 영웅적으로 분투하는 전령이 여전히 존재하기 때문이다. 이 우화는 그 역설적인 감정을 탁월하게 포착한다.

이 작품은 내가 글이라는 것에서 느끼고자 하는 바의 표본이다. 다른 사람들이 내가 쓴 글을 읽을 때에도 같은 감정을 느끼기를 바란다. 정반대인 상충하는 감정에 움직임을 부여해 온갖 역경에도 불구하고 양립하는 듯 느껴지게 만든다는 점에 나는 사로잡힌다. 어려움, 덧없음, 엄청난 장애물의 감각이 추구, 갈망, 욕망, 희망과 얽힌다.

글이란 나에게 그런 것이다. 짧은 글을 읽고, 그 글을 읽는 짧은 시간 동안에 내가 달라진 듯한 기분이 드는 것. 지적으로 썼어도 환상적이고 아름다운 글도 있다. 그렇지만 나는 궁극적으로는 무언가를 느끼게 만드는 문학을 원한다. 조금으로는 부족하다. 글이 내가 느낄 수 있는 가장 강렬한 형태의 감정이기를 바란다. 마치 감정을 크게 바꾸거나 더 강하게 하거나 촉발하기 위해, 다시 말해 더욱 살아 있다고 느끼기 위해 단어를 조합하듯이 쓴 글이면 좋겠다. 내가 글을 쓰고 단어를 엮는 까닭도 일부는 그런 것이다. 글은 강렬한 감정을 전달하는 가장 막강한—아마도 독보적으로 그러한—장치이기 때문이다. 카프카가 은밀하게 전달하는 감정에 특히 매혹되는 까닭은 모순과 갈등, 두려움과 아름다움의 혼재가 양립할 수 없는 듯한 감정을 고양하여 우리에게 전하기 때문이다.

이런 감정에 닿으려고 하지 않는다면 어떻게 글을 써야 할지조차 모르겠다. 짧은 글들로 이루어진 『철사와 끈의 시대』를 쓰면서 내가 추구한 부분도 바로 이런 것이었다. 단 한 문장이 우리 머리와 가슴에 어떤 작용을 할 수 있는가에 관심을 쏟으며 표현과 구문과 언어를 사용했다. 하나의 문장이 사람을 꿰뚫을 수 있다고 생각한다. 마치 몸에 약이 들어왔을 때와 비슷하다. 나는 책을 읽으면서 작은 알약을 삼켰을 때처럼 나 자신이 새로이 배열되고 다른 곳으로 이동하는 느낌을 받는다. 나는 내 혈류로 바로 들어와 나를 달뜨게 하는 문장을 사랑한다.

「황제의 전갈」은 어딘지 알 수 없는 배경에서 펼쳐지기 때문에 더욱 강한 정서적인 힘을 갖는다고 생각한다. 여기에 묘사되는 세계는 우리 세계와 다르다. 우리가 사는 곳에는 왕궁을 둘러싼 겹겹의 성벽을 통과해야 가닿을 수 있는 황제가 없다. 카프카는 자기 세계에서 비스듬히 벗어나 고대 신화의 세계를 향한다. 그러면서 동시에 우리를 '당신'이라고 지칭하면서 바로 이야기 안에 집어넣는다. 우리가 각자 창가에 앉아 누군가 중대한 사람, 신, 혹은 알 수 없는 어떤 존재(메시지가 도착하기까지 너무나 오랜 시간이 걸리기 때문에 이 존재는 이미 죽었다고 카프카는 말한다)가 우리에게 무슨 말을 전했을지를 꿈꾸게 만든다.

엄청난 '낯설게 하기' 기법이다. 이곳은 현실 세계가 아니지만 그래도 아주 낯익은 곳이다. 이야기나 신화나 전설에서 흔히 접한 세계다. 꿈과 비슷하다. 그렇다고 '불신을 유예'하고 믿어야 할 정도로 허구적이지는 않다. 평범한 정상성과 **우리** 세계의 진부한 특징이 있으면서도 또 다른 세계 같다. 나는 이런 효과를 좋아하는데 삶에서 일어나는 일들을 우리가 너무 당연히 받아들이기 때문이다. 길을 걷다가 한 그루의 나무라는 게 얼마나 이상한지, 사람이 지구 표면에서 떨어지지 않고 걸을 수 있다는 게 얼마나 이상한지, 집이라는 것을 만들고 그 안에 숨는 건 또 얼마나 이상한지 이런 생각은 평소에 하지 않는다. 그렇지만 내가 아는 것을 잊으려고 애쓰다 보면 세상에 민감해지고 그 자체에 경탄하게 된다. 당연한 가정들을 떨쳐 버리고 아는 사실을 잊을 수만 있다면 마치 처음 보는 것처럼 세계 속으로 들어갈 수 있다. 세상을 새롭게 보려는 시도는 아찔하고 강렬하고 무시무시한 경험이다. 그래도 나는 이런 문학적 공간을 탐구하기를 좋아한다.

사람은 책을 읽으며 저마다 다른 것을 추구하는데 물론 무엇이든 존중해 마땅하다. 읽은 것의 의미를 '이해'하는 것이 일차적인 욕구인 사람도 있다. 지극히 정당한 욕구다. 하지만 내가 좋아하는 글 가운데에는 바로 이해할 수가 없어서 좋은 글이 많다. 물론 아무 의미도 없는 글, 뒤죽박죽 단어 샐러드를 읽고 싶지는 않다. 그렇지만 나는 쉽게 의미를 붙잡을 수 없는 글, 이렇게도 읽히고 저렇게도 읽히는 글, 읽을 때마다 다르게 느껴지는 책에 매혹된다. 문학 작품을 한 번에 정체를 전부 드러내는 상품으로 간주할 수도 있다. 신기한 사실은 그런 작품도 있다는 것이다. 그런 책을 원한다면 아무 서점에 가서 구할 수 있다. 그렇지만 알듯 모를 듯 더 수수께끼 같은 작품도 존재한다. 어느 쪽이든 존재 이유가 있다고 본다.

좋은 예가 J. M. 쿳시가 쓴 『예수의 어린 시절The Childhood of Jesus』이다. 이 책을 좋아하지 않아 비판하는 평론가도 꽤 있지만 나에게는 너무나 매력적이고 기이하고 흥미진진한 작품이다. 쿳시도 가즈오 이시구로처럼 어딘지 알 수 없는 배경의 카프카적 공간으로 독자를 데려가는 작가다. 이 작품에서는 한 남자가 아이를 데리고 어떤 정착지에 도착한다. 과거가 없고, 맥락도 없고, 빌어먹을 **회상** 장면 하나 없고, 어떤 설명도 제공되지 않는다. 이를 걸림돌로 느낄 독자도 있을 것이다. 하지만 나는 그런 것이 없다는 사실에 끌린다. 나를 끌어당기고 호기심을 불러일으킨다.

호기심이란 참 미묘하다. 학생들을 가르칠 때, 어떤 작품을 두고 이야기하다가 학생이 "이 인물에 대해 더 알고 싶어요"라고 말하는 일이 종종 있다. 인물의 더 많은 정보를 원하는 것은 흔히 있을 수 있는 반응이다. 하지만 인물에 관해 알아야 할 내용을 전부 알려 준다고 생각해 보자. 줄 수 있는 정보를 모두 제공하고, 과거 회상도 하고, 어린 시절도 보여 준다고 하자. 그러면 더 좋은 이야기가 될까? 반드시 그렇지는 않다고 생각한다. 텍스트에 **정보**를 잔뜩 넣는다고 해서 문학적 경험이나 극적인 면이 강화되지는 않는다. 어느 정도 충족되지 않은 호기심을 안고 가려는 독자도 있다. 이 호기심이 계속 앞으로 나아가게 만들기 때문이다. 하지만 어떤 독자는 정보를 주지 않고 숨기면 답답해한다. 이런 독자는, 이를테면 쿳시의 책을 읽다가 이 데이비드라는 아이가 정말 예수인지 알고 싶어 한다.

쿳시의 소설에서 특히 흥미로운 점은 제목이 얼마나 많은 영향을 미칠 수 있는가 하는 점이다. 본문 어디에서도 데이비드가 어린 예수라고 대놓고 말하지 않기 때문이다. 그렇지만 제목이 『예수의 어린 시절』이라는 사실을 염두에 두고 책을 읽으면 지금 읽는 이야기가 겉보기보다 신화와 훨씬 깊이 연관되어 있다고 생각하게 된다. 이 책을 읽다가 나는 압도감을 받았다. 쿳시가 배경 설명을 거의 하지 않음에도 그 세계가 설득력 있게 다가온다는 사실에 경탄할 수밖에 없었다. 쿳시는 주위 사방이 철저하게 텅 비어 있는 순간으로 독자를 데려간다. 나에게는 극히 카프카적인 경험으로 느껴졌다.

나는 보통 무언가가 '무엇에 대한 것'인지 명확하게 알려고 하기보다는 신비스러운 곳으로 이끌려 가기를 더 좋아한다. 그런데 내가 쓴 글이 바로 내가 읽고 싶었던 것, 내가 하고 싶었던 것이라는 '확신'이 든다면 처참한 실패다. 그럴 때면 '이제 이걸 전부 뒤집어 봐야겠는데' 하는 생각이 든다. 이 접근 방식에 함몰되어 놓친 부분이 무엇인지 살펴본다. 지금까지 쓴 내용을 바탕으로 계속 경로를 수정한다. 나는 늘 지금까지 해 보지 않은 것을 시도해 보려고 애쓰고 전에 경험하지 못한 것을 경험하려고 한다. 그래서 내 글이 글쓰기란 무엇인가에 대한 편협한 시각을 선전하는 듯 느껴지면 불안해진다. 자꾸 틀에 박히고 이상한 문장을 쓰거나 그런 문장이 눈에 들어온다면 빤히 보고도 알아차리지 못했던 쉬운 문장을 시도해 보아야 할 때다.

사실 문학의 수단과 방법은 알 수 없는 것이기 때문이기도 하다. 누군가가 시를 읽을 때 어떤 일이 일어나는지 우리는 모른다. 작가가 적확한 문장을 쓰려고 공을 들이고 또 들이더라도 전달 과정에서 많은 부분이 사라지고 만다. 얼마나 많은 것이 전달될지 알 수 없다. 그래서 언어의 복잡함과 다양성에 무한한 경의를 바치지 않을 수 없다. 작가는 단어를 특정한 순서로 배열하면 독자를 다른 세계로 보낼 수 있다고 믿는다. 어떤 감정을 느끼게 하고, 감각을 경험하게 하고, 상상력 깊은 곳의 무언가를 잡아 끌어낼 수 있다. 다만 어떻게 그런 일이 일어나는지 체계적으로 설명할 수는 없다. 말하자면 '좋은 단편을 쓰려면 바로 이렇게 해야 해. 이렇게 해야 좋은 소설을 쓸 수 있는 거야. 문학이라면 자고로 이래야지, 저래서는 안 돼' 하는 식으로 이야기할 수는 없는 일이다. 이런 주제로 토론을 할 수야 있겠지만 어떤 방식이 잘 통했다고 해서 그 방법을 재탕할 수는 없다.

책이 이루어지는 방식은 말로 설명이 불가능하다. 이 과정에 관해 내가 아는 바가 이렇게 적다는 사실, 그래도 그것에 무한히 끌린다는 사실이 내가 계속 여기로 돌아오게 되는 이유다.

카프카의 우화를 읽을 때 나는 낯설음과 아름다움, 그리고 슬픔을 느낀다. 독창적인 글이지만 이 독창성은 심해와 같이 깊은 감정에 매여 있다. 바로 이게 중대하고 소중한 부분이다. 멀고 먼 세계의 무언가가 내 감정 깊은 곳에 갈고리를 건다. 이 글이 나에게는 그저 완벽한 글이다.

＊
＊

가장 높은 초는 얼마나 높은 곳까지 어둠을 밝히는지.

— 윌리스 스티븐스, 「마음속 연인의
마지막 독백Final Soliloquy of the Interior Paramour」

에이미 벤더 ───────

1969년생 미국 소설가. 현재 서던캘리포니아대학교에서 문예 창작을 가르치고 있으며, 『레몬 케이크의 특별한 슬픔』, 『보이지 않는 사인』, 『나비 전등갓The Butterfly Lampshade』, 『가연성 스커트의 소녀The Girl in the Flammable Skirt』 등의 소설을 썼다. 알렉스상, 푸시카트상 등을 수상했다.

*

어떤 장례식에서 만난
인생 문장

「마음속 연인의 마지막 독백」이라는 시를 나는 어느 장례식에서 처음 들었다. 규모가 크고 무척 슬픈 장례식이었다. 어느 시인이 조문객들에게 이 시를 읽어 주었는데, 가슴이 뭉클하면서도 뭔가 설명할 수 없는 도움을 받는 느낌이 들었다. 이 시는 좀 모호하면서 비밀이 숨어 있는 듯하고 언어도 신비스럽다. 그렇지만 이 시를 처음 듣는데도 느낄 수 있었다. 유족을 위로하고 죽은 이의 삶에 경의를 표하러 모인다는 것이 어떤 의미인지 이야기하는 시임을.

시를 낭독한 시인은 스티븐스의 시를 잘 알았다. 마치 시가 몸 안에 녹아 있는 듯했다. 시인이 그 시를 완전히 흡수했기 때문에 우리도 잘 흡수할 수 있었다. 온전히 이해하기 힘든 것들을 짚는 시에서 연금술 같은 신비로운 힘이 느껴졌다. 죽음을 생각하니 무척 슬펐지만 시인이 들려준 시구가 장례식장에 모인 사람 모두에게 위로가 되었다.

낭송을 들으면서 나중에 이 시를 찾아서 다시 읽어 봐야겠다는 생각이 들었다. "우리는 신과 상상력이 같은 것이라말한다"는 구절이 특히 가슴에 박혔다. 이 행에는 수수께끼같은 아름다움이 있다. 내가 느끼는 상상력의 광대함과 신비로움이 시에 담겨 있었다. 상상력을 거의 종교적 경외감으로다루는 점이 마음에 들었다.

내 친구이자 문예지 『틴 하우스Tin House』 편집자인 체스턴 냅이 쓴 글이 있다. 냅은 젊을 때 프로스트의 시를 외웠던일을 이야기하면서, 허세를 부리느라 그랬다며 자신을 우스꽝스럽게 그렸다. 그런데 나는 재미있게도 그 글을 읽으며 이런 생각을 했다. '나도 외우고 싶어.' 과시하고 싶어서가 아니었다. 낭독회 같은 것은 싫었다. 그냥 그 말들을 머릿속에 담고 있으면 좋을 것 같았다. 나는 시를 좋아하니까, 스티븐스의 시를 내 안에 지니고 싶었다. 그것과 같이 살고 싶었다. 지금까지는 무언가를 외워야 할 일이 없었다. 학교에서 시를 외우게 시키던 나날은 아주 오래전에 지나갔다. 그런데 갑자기 시를 외우고 싶어졌다.

시를 외우는 데 시간이 좀 걸렸다. 로스앤젤레스에서 운전하며 이동할 때마다 시를 반복하며 외웠다. 시를 되풀이해서 읊다 보면 아주 작은 구석 하나하나까지 들여다보게 된다. 거기 부정관사 'a'가 붙었나 정관사 'the'가 붙었나? 그 부분이 '기적적인 영향'이 맞던가? 하고 계속 묻게 된다. 시를 읽고 전부 받아들이려면 아주아주 천천히 곱씹어야 한다. 한 글자 한 글자 전부 씹어 소화하려고 하다 보니 행에서 행으로 이어지는 흐름이 느껴졌다. 시의 형체를 이해하게 된 것이다.

그러다 놀라운 일을 경험했다. 전부 외우고 나니 감정이 **고양**되는 느낌이었다. 단어를 전부 머릿속에 담자 신체 반응이 일어났다. 정말로 몸에 전율이 일었다. 충격이었다. 한편으로는 그럴 만하다 싶기도 했는데 이미 장례식에서 똑같은 일을 겪었기 때문이다. 시 낭송을 들을 때도 몸에서 마법 같은 일이 일어나는 걸 느꼈는데, 내 입으로 외울 때도 그때처럼 강렬한 느낌이 들었다. 시를 입 밖에 내자 낭송을 들었을 때처럼 몸 안에서 어떤 작용이 일어났다.

시의 의미도 달라진 것 같았다. 처음에 무척 마음에 들었던, "우리는 신과 상상력이 같은 것이라 말한다"는 행이 더 암울하게 느껴졌다. 인간의 한계를 인정하고, 우리가 스스로 위안하기 위해 무언가를 만들어 낸다고 말하는 듯했다. 눈으로 읽을 때는 전혀 눈에 들어오지 않았던 다음 행이 그때 절절하게 와 닿았다. "가장 높은 초는 얼마나 높은 곳까지 어둠을 밝히는지."

이 이미지는 확장하면서 동시에 제한한다. 스티븐스는 우리의 가장 드넓고 광대한 생각도 실은 우리 안에 있고, 신이나 다른 무언가 위대한 것에 대한 감각도 우리 정신 안에 있을 뿐이라고 말한다. 무언가 엄청나고 대단한 것이 존재하는 듯하지만 사실은 우리 머릿속에 있다. 그런데 이 생각이 "가장 높은 초는 얼마나 높은 곳까지 어둠을 밝히는지"라는 행과 함께 뒤집힌다. 인간적 한계 안에 있음에도, 우리는 얼마나 아름다워질 수 있는가. 한 자루의 초일 뿐이지만, 얼마나 드높이 비추는가. 우리의 아름다움, 생각하고 느끼고 함께하는 포용력. 인간성은 드넓고 성숙하고 근사하고, 스티븐스가 시 끝부분에서 말하듯 우리가 "같이 있는 것만으로 충분"하다. 시는 우리가 상상하는 것의 본질에 닿기 위해 분투하지만 결국에는 사람과 사람이 이어지는 곳으로 간다. 그러니 궁극적으로 이 시는 낙관적이다.

살면서 어떤 순간에든 이 시를 꺼내 볼 수 있으면 좋겠다고 생각했다. 그래서 시를 외웠다. 힘들 때나 기쁠 때 내가 어떤 기분인지 생각해 보고 표현할 수 있게 도와줄 글을 지니고 싶었다. 그런 글은 많을수록 좋다. 책에 대한 우리의 기억은 대체로 희미하다. 소중히 여겼던 어떤 구절이 기억 속에서 가물가물해지다가 어느덧 사라진다. 암기는 나에게 글과 더 정확하고 영구적인 관계를 강제로 맺게 해 줄 방법이었다. 글을 외우면 어떤 신비한 구조물이 머릿속으로 들어가 그 안에서 뭉근히 끓게 된다. 이토록 정교하게 빚은 언어를 만지작거리다 보면 가슴이 뛰고 '예술이 이런 것까지 할 수 있구나' 하는 깨달음이 든다. 나도 신체적 반응을 겪었다. 카페인에 취한 기분이었다. 그리고 그 기분이 아주 오래갔다.

내가 단어를 사랑하는 사람이라 그럴 수도 있다. 나는 원래 시를 좋아하니까 그랬을지도 모른다. 그렇더라도 시가 신체적 감각에 영향을 미친다는 건 충격이었다. 우리는 언어에 생물학적으로 영향을 받는 듯하다. 언어는 아주 깊고 깊게 양분을 공급할 수 있다. 비유적으로 하는 말이 아니라, 꼭 세포에 영양이 흡수되는 느낌이다. 아름답고도 흥미롭게 조각한 언어는 몸에도 좋은 것 같다. 영양과 활기를 준다. 일반적으로 문학에 대해 이런 식으로 생각하지는 않을 것이다. 문학은 보통 머릿속에서 일어나는 일로(혹은 감정의 영역이라고) 생각한다. 스티븐스의 시를 읽고 기운이 솟는 느낌은 언어가 어떻게 우리 육체에 새겨지는지를 일깨워 준 독특한 경험이었다. 문학이 중요하다는 구체적 증거 같았다.

어느 날 쥐라기 기술 박물관Museum of Jurassic Technology(로스

앤젤레스에 있는 진기한 물건 박물관이다―옮긴이)의 큐레이터 데이비드 윌슨과 이야기를 나누다 이런 말을 들었다. "왜인지는 모르겠지만 이야기가 어디로 갈지 모른다는 게 기운을 북돋워 줘요." 나는 그 말이 마음에 들었다. 맞는 말이다. 이야기가 어디로 가는지 모를 때 더 신난다. 몰랐다가 나중에 깜짝 놀라게 되면 진짜로 좋은 기분이 몸으로 느껴진다. 공들인 언어는 마치 선물과 같다. 인간에게는 언어가, 잘 다루어진 언어가 필요하다. 쉽게 내뱉는 문장만으로는 충분하지 않다. 훌훌 넘겨 가며 가볍게 읽는 것만으로는 부족하다. 속도를 늦추어야 한다. 그러면 뇌에 좋다. 나도 스티븐스의 시를 외우려니 속도를 늦출 **수밖에** 없었다. '운전할 때 라디오를 켜지 않아도 되네. 시를 소리 내어 외우고 어떤 일이 일어나는지 볼 수 있어.' 이런 생각이 드니 기분이 좋았다.

때로 내가 쓴 글에서 몸의 자양분을 얻을 때도 있다. 마음에 드는 글을 쓰면 그 언어가 어딘가에 딱 들어맞아 몇 주 동안 나를 지탱한다. 가끔은 잘 쓴 문단 하나가 있으면 몇 주 동안 나쁜 문단이 이어지고 글이 줄곧 진창 속을 걷는 것 같을 때도 버틸 수 있다.

나는 특히 내 글이 신비스러울 때 잘 쓴 것 같은 생각이 든다. 길에서 벗어날 때, 살짝 놓아 버릴 때, 뜻하지 않은 내가 될 때 그런 글이 써진다. 내가 쓴 글을 내가 완전히 이해하지 못할 때 가장 마음에 든다. 무언가 더 쓸 말이 있고 탐험할 수 있는 열린 문이 있다는 기대가 솟는다. 그럴 때 글쓰기가 정말 재미있어진다. 문장에서 어떤 발견이 일어나길 기다리는 기분이다. 그것이 나를 움직이게 한다.

언어는 플롯과 인물을 만나기 위한 입장권이다. 둘 다 언어로 만들어지기 때문이다. 30일 동안 날마다 하루에 한 쪽씩 쓴 다음 언어가 잘 작동하는 부분을 가려내면 플롯과 인물이 저절로 나타난다. 나는 글을 쓸 때 단어에서 바로 플롯과 인물이 생겨나는 느낌이 든다. 인물이나 사건이 머릿속에서 전구가 켜지듯 떠오르는 것이 아니라. 나는 그런 식으로는 쓰지 못한다. 어떤 작가들은 그런다는 것을 알지만 나는 할 수가 없다. 아, 인물이 떠올랐어, 싶다가도 막상 자리에 앉아 글로 쓰려고 하면 너무 작위적인 것 같고 결국 몇 분 못 버티고 스러진다. 두 줄 정도 쓰고 나면 더 쓸 말이 없다. 무언가를 찾으려면 반드시 문장에서 찾아야 한다. 그리고 할 말이 더 있는 듯한 미묘한 느낌을 주는 문장에 매달려야 한다. 그런 문장이 있다는 것은 내가 의식하지 못한 무언가를, 밖으로 끄집어내야만 알 수 있는 애매한 무언가를 찾아냈다는 의미다. 깊은 곳에서 그게 느껴지면 계속 써 나갈 수 있다.

이게 내가 스티븐스의 시를 좋아하는 까닭이기도 하다. 이 시는 스티븐스가 완전히 파헤치지 않으면서 표현한 거대한 신비 안에 존재한다. 어떤 신비가 드러나지만 전부 다 밝혀지는 않는다. 좋은 시는 조금 신비스러워야 한다. 최고의 글은 그렇다. 단어들이 제자리에 딱 맞아 들어가고 신비스러운 무언가를 에워싼다. 살아 있는 어떤 대상을 감싸 형체를 만들고 그것이 무엇인지 암시는 하지만 확 드러내지는 않는다. 내 글도 그랬으면 좋겠다. 신비스러운 것을 담는 그릇 역할을 하는 단어들을 쓰고 싶다. 언어적인 것 아래에 무언가가 감도는 듯한 기분이 든다면, 월리스 스티븐스가 말하는 신비스러운 감정의 자리 같은 것이 느껴진다면, 분명 잘된 글이다.

언어는 한계가 있고 결함이 있는 도구다. 하지만 그 말들이 저 높은 곳까지 어둠을 밝힌다.

엮은이 조 패슬러 Joe Fassler

픽션과 논픽션을 넘나들며 다방면으로 활동하는 작가. 아이오와 작가 워크숍을 수료한 후 집필 활동을 시작했다.『뉴욕타임스』,『블룸버그 비즈니스위크』,『가디언』등에 논픽션을 썼고, 매거진『애틀랜틱』에서 문학 칼럼「바이 하트」를 통해 다양한 작가들을 오랫동안 인터뷰 했다. 2024년 첫 소설『하늘은 우리 것이었다The Sky Was Ours』를 발표하며 왕성하게 작품 활동을 이어가고 있다.

옮긴이 홍한별

글을 읽고 쓰고 옮기면서 산다.『이처럼 사소한 것들』,『클라라와 태양』,『상실』,『나는 가해자의 엄마입니다』,『천 척의 배』등의 책을 옮겼다 .『밀크맨』으로 제14회 유영번역상을 수상했다. 저서로는『흰 고래의 흰에 대하여』,『아무튼, 사전』,『우리는 아름답게 어긋나지』(공저),『돌봄과 작업』(공저) 등이 있다.

인생 문장

1판 1쇄 인쇄 2025년 10월 28일
1판 1쇄 발행 2025년 11월 4일

엮은이 조 패슬러
옮긴이 홍한별

펴낸이 이지예
펴낸곳 이일상
디자인 곰곰사무소

출판등록 제2022-000187호
주소 (10414) 경기도 고양시 일산동구 중앙로 1192, 601호
대표전화 070-8064-7494 팩스 0504-056-2026
전자우편 2140@2140.co.kr
인스타그램 instagram.com/2140b.studio

ISBN 979-11-994296-0-4 03840